# 经济学原理

主　编　赵莎莎

副主编　张　萌　张　伟　徐荣丽

人民邮电出版社

北　京

**图书在版编目（CIP）数据**

经济学原理／赵莎莎主编 . — 北京：人民邮电出
版社，2013.6
ISBN 978-7-115-32040-7

Ⅰ.①经… Ⅱ.①赵… Ⅲ.①经济学 Ⅳ.①F0

中国版本图书馆 CIP 数据核字（2013）第 109822 号

## 内 容 提 要

本书以建立学生的经济学原理基础知识为目标，将内容分为两大部分。第一部分为微观经济学
理论，包括市场理论、消费者行为理论、厂商理论、市场结构理论、分配理论、政府微观经济政
策；第二部分为宏观经济学理论，包括国民收入核算理论、凯恩斯两部门国民收入决定理论、货币
市场、失业与通货膨胀、开放经济理论、政府宏观经济政策。全书突出了经济学原理的基础性和应
用性。

本书可作为高职高专院校经济学及相关专业的教材，也可作为相关从业者和研究人员的参考
用书。

◆ 主　编　赵莎莎
　　副主编　张　萌　张　伟　徐荣丽
　　责任编辑　乔永真
　　执行编辑　王楠楠
　　责任印制　杨林杰

◆ 人民邮电出版社出版发行　　　北京市崇文区夕照寺街 14 号
　　邮编 100061　电子邮件 315@ ptpress. com. cn
　　网址 http://www. ptpress. com. cn
　　中国铁道出版社印刷厂印刷

◆ 开本：787×1092　1/16
　　印张：19　　　　　　　　　2013 年 6 月第 1 版
　　字数：230 千字　　　　　　2013 年 6 月北京第 1 次印刷

定价：35.00 元
读者服务热线：（010）67129879　印装质量热线：（010）67129223
反盗版热线：（010）67171154
广告经营许可证：京崇工商广字第 0021 号

# 前　言

　　经济学原理是本科及专科院校经济管理类各专业的基础课程。本教材符合教育部职业教育培养目标以及经济学专业的教改目标，结构合理，系统论述了经济学的基本概念和基本理论。本教材主要内容包括两个研究专题：微观经济学专题，包括市场理论、消费者行为理论、厂商理论、市场结构理论、分配理论、政府微观经济政策；宏观经济学专题，包括国民收入核算理论、凯恩斯两部门国民收入决定理论、货币市场、失业与通货膨胀、开放经济理论、政府宏观经济政策。本教材的特点主要体现在以下几个方面。

　　1. 在内容上，根据高职高专宽基础、重实践的培养要求，保留经典的经济学基础理论，并首次将政治经济学里的经典理论与西方经济学经典理论相融合。

　　2. 在编写过程中，将知识结构进行优化，力求使有关知识点短、精、简。通过划分专题，使经济学理论框架明晰，并增强了学生对经济学理论的系统掌握。

　　3. 在编写方法上，对知识点采用图表、插图等多种形式表现，使经济学中较难的知识点变得通俗易懂，便于学生的理解、掌握和消化。

　　4. 章节后附有相关案例，这些案例与现实社会的经济现象相结合，可以增加学生对经济基础理论的运用和实践能力，有利于高职高专学生在学好基础理论的前提下提高实践能力和应用能力。

　　5. 章节后附有课后习题。针对该章的重要知识点，同时侧重与当前的经济现象相关联来设计问题，以便加强学生对知识点的掌握，并提高其应用经济理论解决实际问题的能力。

　　本书编写分工如下：张萌负责编写第一、第六章；赵莎莎负责编写第二、第四、第五、第七章；张伟负责编写第三章；马丽负责编写第八、第九章；吕鹏负责编写第十章；夏静负责编写第十一章；徐荣丽负责编写第十二、第十三章，全书最后由赵莎莎统稿修改。刘庆林、付宏华负责审稿，并提出了修改意见，对本书做了进一步的补充和完善，在此表示衷心感谢。

　　在编写本书的过程中，编者们试图在结构和内容上有所创新，但是由于水平有限和时间较紧，书中难免有错误和疏漏之处，在此恳请广大读者批评指正。

　　此外，本书除了得到单位领导和各位编者的大力支持外，还借鉴了大量国内外有关文献资料以及公开发行的教材和著作，在此对相关人员表示衷心的感谢！

# 目　录

## 上篇　微观经济学理论

# 下篇　宏观经济学理论

# 第一章　经济学导论

1. 经济学的定义；
2. 经济学的研究对象；
3. 经济学的发展过程；
4. 微观经济学和宏观经济学的区别；
5. 西方经济学与政治经济学的区别。

1. 能用经济学方法分析经济现象；
2. 深刻理解经济学研究对象的意义。

对某种经济现象进行调查，运用经济学知识对其进行分析和评价。

## 无孔不入的经济学

经济学自诞生以来便以较快的速度向各个领域渗透。我们在书架上可以看到各种各样的经济学，如发展经济学、管理经济学、金融经济学、政府经济学、国防经济学、家庭经济学、制度经济学、城市经济学、区域经济学、产业经济学、劳动经济学、政治经济学、人口经济学、婚姻经济学、社会问题经济学，等等，似乎什么问题都可以利用经济学的理论来解释。正是因为经济学是一个如此强大的思想武器，谁掌握了经济学，谁就能拥有大智慧，就能驾驭多个领域，所以才造就了今天的繁华局面。

那么，到底什么是经济学呢？为什么它几乎什么问题都可以研究呢？

# 第一节　经济学的研究对象及有关概念

经济学是西方经济学的简称，它是研究人们在稀缺条件下，出于成本—收益考虑而做出理性选择的学科。经济学的基本逻辑是，由于经济资源的稀缺性，人们必须要对资源的利用做出选择，而选择就要有标准。经济学的标准就是成本—收益原则。

## 一、稀缺性

西方经济学家认为，经济学产生于客观存在的"稀缺性"以及由此引起的选择的需要。他们认为，人们从事生产活动的目的就是满足人类自身的欲望或者消费需要。欲望是经济学研究的出发点。

人类的欲望必然通过物品的消费来满足，但是人类欲望的满足是相对的，原有的欲望得到满足以后，会产生新的、更高层次的欲望，因此欲望又是无限的。满足人类欲望的物品可以分为两类：一类是"自由物品"，它是指自然界存在的、人类可以不付任何代价就能自由取用的物品，如空气、阳光等。它的数量是无限的，但它在人类需要中所占的比重很小。另一类是"经济物品"，它是人类必须付出代价方可得到的物品，即必须耗费一定的资源，借助生产工具通过人类劳动才能生产出来的物品，它在人类生活中占有十分重要的地位。

"经济物品"要使用和消耗各种资源（如劳动、资本、自然资源等）才能生产出来。相对于人类无穷无尽的欲望而言，"经济物品"或者说生产这些物品的资源总是不足的，这就引出了经济学的一个重要概念——稀缺性。由于人们的欲望永无止境，资源稀缺的现象不可避免。

## 二、理性选择

如果资源是稀缺的，我们就要对资源的利用做出选择。举个例子来说，一个国家为了保卫自己的安全或侵略他国，所需要的大炮是无限的，为了提高本国人民的生活水平，所需要的黄油也是无限的。但是，能够用于生产大炮与黄油的资源是有限的。多生产大炮就要少生产黄油，而多生产黄油也就必须少生产大炮。于是人类在从事经济活动中就面临这样一个问题，即如何利用相对稀缺的资源去生产"经济物品"，来最大限度地满足人们的各种需要呢？经济学正是为了解决这一问题而产生的。

人们在运用稀缺性资源进行选择时，常常会面临以下几个问题。

生产什么？生产物品所用资源的用途通常是多方面的，并且可以相互替代。例如，一定量的土地和劳动既可以用于生产小麦，也可以用来生产棉花；一定量生产要素的组合既可以用于生产军舰，也可以用于生产机器。因此，人们在从事经济活动时就有必要进行选择，将稀缺的资源以最优的方式用于某些物品的生产，同时决定某种物品的生产数量。

如何生产？人们在运用稀缺性资源进行生产时，又会遇到采用何种方式来生产的问题。在通常情况下，生产一定数量的某种物品可采用不同的方法。如生产一定数量的鞋可以采用劳动密集型的生产方式，也可以采用资本密集型的方式。在生产什么已定的情况下，人们就有必要选择合适的生产方式，以达到最高效率利用现有资源的目的。

为谁生产？当产品被生产出来后，就面临着产品怎样在社会成员之间进行分配的问题。任何社会的生产都是一个周而复始的再生产过程，产品在社会成员之间如何分配，将影响生产要素的流向和配置。一般情况下，优质的劳动、资金、土地总是流向回报较高的部门和企业。为了合理配置各种生产要素，人们就要研究社会产品如何分配的问题。

在一个生产高度社会化的社会中，人们在资源配置的过程中面临的问题还包括一国的资源是否得到了充分利用、货币的购买力是否因为通货膨胀而下降、社会生产物品的能力是否能持续增长，等等。总之，稀缺性不仅引起了资源配置问题，还引起了资源利用问题。由于在不同的经济制度下，资源配置与资源利用问题的解决方法是不同的。现在世界上绝大多数国家采取的是由国家进行宏观调控的市场经济制度。因而，本教材所介绍的经济学是研究在市场经济制度下稀缺资源有效配置与利用的科学。

### 三、生产可能性边界和机会成本

#### （一）生产可能性边界

资源配置问题可以用生产可能性边界来描述。为了简化起见，假定这个社会用既定的资源和生产技术只生产两种产品 X 和 Y，多生产 X 就得减少 Y 的生产；反之亦然。假定全部资源用来生产 X，可生产 5 个数量单位，全部用来生产 Y，可生产 15 个数量单位。在这两个极端的可能性之间还存在着各种可能性，即通过将经济资源从一个用途不断地转移到另一个用途，会使两种产品的数量产生此消彼长的格局。假定共有 A、B、C、D、E、F 这六种可能性，如表 1-1 和图 1-1 所示。

表 1-1　X、Y 两种产品的生产可能性数据

| 可能性 | X 产品 | Y 产品 |
|---|---|---|
| A | 0 | 15 |
| B | 1 | 14 |
| C | 2 | 12 |
| D | 3 | 9 |
| E | 4 | 5 |
| F | 5 | 0 |

　　根据表 1-1 中的数据，用纵轴表示 Y，用横轴表示 X，找出坐标点，连接各点得到一条曲线，这条曲线即为生产可能性边界。其表明在既定的资源和技术条件下所能达到的两种产品最大产量的组合，又称为生产可能性曲线，如图 1-1 所示。

　　生产可能性边界直观地显示了资源配置问题的基本特征。

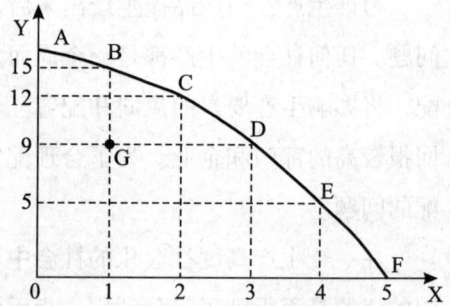

图 1-1　生产可能性曲线

　　（1）资源配置问题的根源是稀缺性。任何一个社会只能提供生产可能性边界及其以内的产出组合。生产边界以外的点所代表的产出组合是在既定资源和技术条件下达不到的。

　　（2）当社会生产处于生产可能性上时，表示社会经济处于有效率的充分就业状态。但在这种状态下，社会在选择两种产品的组合时必须确定最佳的比例，例如选择 A 点还是 B 点。生产可能性边界提供了社会选择的清单。

　　（3）如果实际产出组合位于生产可能性边界以内，如 G 点，表示社会未能充分利用资源，存在着资源的浪费。

　　（4）在社会经济处于有效率的充分就业状态时，为了多生产某种物品就得少生产其他物品。生产边界上产出组合的变化实际上是两种物品的相互替代。在图 1-1 中，由 B 到 C，即表明多生产 X 时，就得少生产 Y。这种为生产某种物品而放弃的另外一种物品的量被称为生产这种物品的机会成本。

## （二）机会成本

机会成本是用决策中所放弃的次优选择来反映当前选择的代价，或者说用丧失的机会来表达的成本。一般地，生产某种商品的机会成本是指生产者所放弃的使用相同的生产要素在其他生产用途中所能获得的最大收益。例如，同一块土地可以生产蔬菜，可以生产水果，也可以生产粮食，等等，这块土地的用途有很多种，那么当这块土地用来生产蔬菜时，所产生的机会成本就是这块土地所放弃的、在除生产蔬菜以外的用途中可能获得的最大收益。这个最大收益是在土地放弃的其他用途中比较后得出的最大收益。

【例1-1】

### "不买对的，只买贵的"

对于很多女人来说，"不买贵的，只买对的"是一句座右铭。但是，许多男人的座右铭却是"不买对的，只买贵的"。这些男人是不是缺乏理性？

一个女人要做到只买对的，必须付出一些代价，如货比三家，显然这要花费许多时间。家庭主妇的时间相对不值钱，买到质优价廉的物品能给她带来实实在在的收益。从这一角度来讲，女人是理性的。男人通常比女人承担更大的挣钱压力，在竞争压力下，他们在业余时间也要不断地学习。如果男人在购物时耗费过多的时间，就容易丧失获取更多收入的机会。对于许多男人来说，东西买得贵是较小代价，节约时间是较大收益。这样说来，男人也是理性的。

所有的人都自觉或不自觉地使用经济学的成本收益原则思考问题。但是，没有学过经济学的人往往只看到显性成本，即一目了然的成本，而忽略了隐性成本，即隐藏很深的那些成本。

【例1-2】

### 看电影的代价

假设某电影的票价是40元，这个代价是所有观众都能感受到的，它构成了电影的显性成本。但是，这不是看一场电影的所有成本。如果你是自驾车去看电影，那么，汽油的损耗、车辆的磨损和停车费也是相应的支出，它们是被忽略的隐性成本。对于大学生来说，如果你选择了看电影，便同时放弃了勤工俭学的机会。看电影的隐性成本还应包括丧失的获得收入的机会。看电影的代价是显性成本（票价）与隐性成本（交通费加时间价值）之和。很多人宁愿在家里看电视而不去看电影，主要原因不仅有显性成本，更有隐性成本。

# 第二节　微观经济学和宏观经济学

经济学研究的对象是稀缺资源的有效配置与利用，由此形成了研究不同问题的经济学分支。经济学的内容是相当广泛的，其中研究资源配置的微观经济学与研究资源利用的宏观经济学是其基础。本节主要从基本原理的角度对微观经济学与宏观经济学做概括性的介绍，以便读者进一步理解经济学研究的对象，并为阅读以后的内容提供一些预备性知识。

## 一、微观经济学

### （一）什么是微观经济学

表示"微观"的英文前缀为"micro"，原意是"小"。微观经济学（micro-economics）以单个经济单位为研究对象，通过研究单个经济单位的经济行为及其对相应的经济变量单项数值的决定，来说明如何利用价格机制来解决社会的资源配置问题。微观经济学又称个量经济学。这一定义包括以下几方面内容。

1. 研究对象是单个经济单位

单个经济单位指经济活动中最基本的单位：单个市场、单个消费者和单个生产者。在微观经济学的研究中假设居民户和厂商经济行为的目标是实现最大化，即消费者要实现满足程度（即效用）最大化，生产者厂商要实现利润最大化。微观经济学研究消费者和生产者的经济行为就是研究消费者如何把有限的收入分配于各种物品的消费，以实现其满足程度最大化，以及厂商如何把有限的资源用于各种物品的生产，以实现其利润最大化。

2. 解决的问题是资源的配置

解决资源配置问题就是要使资源配置达到最优化，即在这种资源配置下能给社会带来最大的经济福利。微观经济学从研究单个经济单位的最大化行为入手，来解决社会资源的最优配置问题。如果每个经济单位都实现了最大化，那么整个社会的资源配置也就实现了最优化。

3. 中心理论是价格理论

在市场经济中，居民和厂商的行为要受价格的支配，生产什么、如何生产和为谁生产都由价格决定。价格像一只看不见的手，调节着整个社会的经济活动，实现社会资源配置最优化。价格理论是微观经济学的中心，其他内容都是围绕这一中心问题展开的。因此，微观经济学也被称为价格理论。

4. 研究方法是个量分析

个量分析研究经济变量的单项数值是如何决定的。例如，某种商品的价格，就是价格这种经济变量的单项数值。微观经济学分析个量的决定、变动及其相互间的关系。

### （二）微观经济学的基本假设

经济学的研究是以一定的假设条件为前提的。就微观经济学而言，其基本假设条件有以下三点。

1. 市场出清

这就是坚信在价格可以自由升降的情况下，市场上一定会实现充分就业的供需均衡状态。具体来说，物品价格的调节使商品市场均衡，利率（即资本价格）的调节使金融市场均衡，工资（即劳动价格）的调节使劳动市场均衡。在这种均衡的状态下，资源可以得到充分利用，不存在资源闲置或浪费问题。因此，微观经济学就是在假设资源充分利用为常态的情况下，集中研究资源配置问题。

2. 完全理性

在微观经济学中，最优化行为起了关键作用。正因为每个消费者和厂商的行为都是最优化的，所以价格的调节才能使整个社会的资源配置实现最优化。这一最优化的基础就是完全理性假设。这一假设是指，消费者和厂商都是以利己为目的的经济人，他们自觉地按利益最大化的原则行事，既能把最大化作为目标，又知道如何实现最大化。这就是说，他们具有完全的理性。只有在这一假设之下，价格调节实现资源配置最优化才是可能的。

3. 完全信息

消费者和厂商只有具备完备而迅速的市场信息才能及时对价格信号做出反应，以实现其行为的最优化。完全信息假设是指消费者和厂商可以免费而迅速地获得各种市场信息。

只有在以上三个假设条件之下，微观经济学关于价格调节实现资源配置最优化，以及由此引出自由放任的经济政策才是正确的。

### （三）微观经济学的分析框架

现代微观经济学，不论内容如何安排，都有以下的框架和基本内容。

1. 市场供求原理

供求原理说明在理想市场环境下，产品价格是由供求关系决定的，并且价格起着调节经济运行的作用。如果政府对价格干预过度，就会造成资源配置扭曲。

【例1-3】

### 2010年生活必需品价格上涨

自2009年开始，从大蒜、大豆、玉米、姜、白糖到苹果，农产品价格轮番上涨，市民的菜篮子和钱袋子承受了一波波价格上涨的冲击，网友创造了诸如"蒜你狠"、"豆你玩"、"玉米疯"、"姜你军"、"糖高宗"、"苹什么"等新名词，从中折射出对现实的感慨和无奈。微观经济学对此的解释是价格上涨是由这些商品的市场供给逐渐减少造成的。2010年受自然灾害的影响，农作物减产，一度造成资源紧缺，加之商家囤积惜售，更是出现供不应求的局面，农产品价格随之不断上涨。

2. 消费者行为研究（家庭经济行为）

消费者行为研究说明消费者如何把有限的收入分配于不同物品的消费之上，以实现个人或家庭收益最大化。

家庭是经济社会的细胞，任何一个人，从总统到平民，从生产者到消费者，都是特定家庭的成员。家庭通常拥有一种以上的生产要素，通过提供生产要素取得尽可能多的收入，然后在这种收入的约束下优化自己的消费选择。经济学意义上的家庭，不仅仅是消费者，也是劳动者、投资者。因此，这就需要研究家庭经济、需求理论、消费理论、家庭决策（包括劳动就业、消费选择、储蓄投资）。

3. 生产者行为研究（企业经济行为）

生产者行为研究旨在说明企业投入与产出之间的关系，以及企业如何通过生产方法选择实现资源最优配置。就经济活动的生产、交换、分配、消费四大领域来说，企业生产物品和提供劳务是创造价值的源泉，居于决定性地位。企业按照经济社会的需要，有效地组合多种投入，以最小的成本取得一定的收入，或者以一定的成本取得最大的收入。为此，我们需要研究企业性质、生产理论、成本理论和企业决策。

4. 市场结构理论

市场结构理论旨在说明在完全竞争、完全垄断、垄断竞争和寡头垄断四种不同的市场环境中，追求利润最大化的企业如何做出选择，这种选择对社会产生什么样的影响，以及政府可采取什么样的政策解决相关问题。

5. 分配理论

分配理论又被称为生产要素理论。根据消费者提供的生产要素的数量和价格，生产要素的所有者可以获得一定的收入。劳动、土地、资本、企业家才能这四种生产要素的价格分别被称作是工资、地租、利息和利润。在收入分配过程中还存在着平等与效率的权衡问题。

6. 市场失灵和微观经济政策分析

市场失灵和微观经济政策分析旨在说明市场调节中存在的各种局限性，以及政府需要采取何种政策来解决市场失灵问题。

## 二、宏观经济学

### （一）什么是宏观经济学

表示"宏观"的英文前缀为"macro"，原意是"大"。宏观经济学（macro-economics）以整个国民经济为研究对象，通过研究经济中有关总量的决定及其变化，来说明资源如何才能得到充分利用。

在理解宏观经济学的定义时，要注意以下几点。

1. 研究的对象是整个经济

这就是说，宏观经济学所研究的不是经济中的各个单位，而是由这些单位所组成的整体，即不是树木，而是由这些树木所组成的森林。宏观经济学研究的是整个经济的运行方式与规律，从总体上分析经济问题。

2. 解决的问题是资源利用

宏观经济学把资源配置作为既定的前提，研究现有资源未能得到充分利用的原因、达到充分利用的途径以及如何增长等问题。

3. 中心理论是国民收入决定理论

宏观经济学把国民收入作为最基本的总量，以国民收入的决定为中心来研究资源利用，分析整个国民经济的运行。国民收入决定理论被称为宏观经济学的核心，其他理论则是运用这一理论来解释整体经济中的各种问题。

4. 研究方法是总量分析

总量是指能反映整个经济运行情况的经济变量。这种总量有两类：一类是个量的总和，例如，国民收入是组成整个经济的各个单位的收入之和，总投资是各个厂商的投资之和，总消费是各个居民消费的总和，等等；另一类是平均量，例如，价格水平是各种商品与劳务的平均价格。宏观经济学所涉及的总量很多，其中主要有国民生产总值、总投资、总消费、价格水平、增长率、利率、国际收支、汇率、货币供给量、货币需求量，等等。总量分析就是分析这些总量的决定因素、变动情况及其相互关系，并通过这种分析说明经济的运行状况，决定经济政策。因此，宏观经济学也被称为"总量经济学"。

### （二）宏观经济学的基本假设

根据微观经济学的论述，市场经济是完善的，它可以使经济在充分就业之下协调运行。但自从 20 世纪初，经济学家就对这一观点提出质疑，认为市场机制不能解决公共物品、外部效应、收入分配不公平等问题，这就是市场失灵论。微观经济政策正是据此提出的。

并且，对市场完善论打击最大的还是 20 世纪 30 年代的经济大危机。大危机彻底粉碎了充分就业的神话，于是经济学家们不得不求助于国家干预。宏观经济学正是以此为契机而形成的。

因此，宏观经济学的基本假设是市场失灵（market failure），即仅仅依靠市场机制不能解决充分就业问题。同时，政府通过研究、认识经济规律，并采取适当的措施，有能力调节经济运行。整个宏观经济学是建立在对政府调节经济能力信任的基础之上的。

### （三）宏观经济学的分析框架

宏观经济学是以社会层次加总的量作为载体研究国民经济运行的学科。宏观经济学研究的主要内容如下。

1. 国民收入核算和国民收入决定理论

国民收入核算和国民收入决定理论旨在说明国民收入核算的基本原理、国民收入由总需求决定，以及影响总需求的各项因素。

2. 货币市场理论

货币市场理论通过对货币供给和货币需求的介绍来研究货币市场的均衡状态，即均衡利息率的决定。

3. 失业与通货膨胀理论

失业与通货膨胀理论旨在说明失业和通货膨胀的原因及影响、失业与通货膨胀的关系，以及解决失业与通货膨胀问题的对策。

4. 开放经济理论

开放条件下的宏观经济运行理论主要说明国际贸易和国际金融对经济运行的作用以及政府相关政策的选择。

5. 宏观经济政策分析

宏观经济政策分析旨在说明政府调节经济运行的宏观经济目标、以财政和货币为主的政策工具和政策效应。

### 三、微观经济学和宏观经济学的关系

#### (一) 微观经济学是宏观经济学的基础，两者互为补充

微观经济学侧重于分析市场自发调节，宏观经济学侧重于分析政府干预。在整体经济中一切经济现象都基于个体的决定，而个体的决定又必须依赖于整体经济环境的现状及变化。例如，一家企业是否决定开发新产品，取决于消费者对产品需求的预期，而这些预期又取决于消费者的收入、偏好等是否发生变化，以及竞争者的赢利状况、产品开发情况等各种因素，而这些影响因素又与宏观经济状况密切相关。因此，微观经济学是宏观经济学的基础，并且两者互为补充。

#### (二) 微观经济学和宏观经济学都属于实证分析

实证分析是超脱价值判断对事物运行规律进行分析的，它只能回答"是什么"的问题，而不能回答"应该是什么"的问题。与实证分析对立的概念是规范分析，即依据一定价值判断处理事物的理论。人们在分析问题时经常提出价值判断标准，使得分析超出经济学范围。例如，失业被看成问题，而效率被看成好事。只要结论是能够检验的，经济学并不完全排斥规范分析。

## 第三节　不同的经济体制

上一节说明了经济学研究的是资源配置问题，而所有的社会都面临资源配置问题，不同经济体制的资源配置方式不同。经济体制是指一定生产关系下生产、交换、分配和消费的具体形式。不同经济体制的重要区别之一在于政府控制经济的程度。在人类已经实践的经济制度中，自由的市场经济、完全的计划经济以及二者某种程度的混合经济是主要的经济体制。

## 一、完全的计划经济

完全的计划经济，是指以计划作为资源配置主要方式的一种经济体制。在计划经济体制下，生产资料和各种资源都为国家所有或主要为国家所有，企业只是政府的附属物。资源配置是通过中央政府的统一计划进行的。

首先，中央政府要搜集和掌握各种有关资源的拥有量、社会对各种产品的需求量根据政府的特定目标来编制统一的国民经济计划，然后把这个计划按照行政层次逐层分解下达到企业和其他生产单位。就是说，由中央政府来决定生产什么、生产多少和如何生产等问题，企业或生产单位完全是计划的执行者，对资源配置没有什么影响。

## 二、自由的市场经济

所谓市场经济，是指以市场作为资源配置主要方式的一种经济体制。在市场经济体制下，资源配置是通过市场机制自发调节来实现的。

在市场经济中，每个消费者、生产者或经营者都是相互独立的，政府对企业的经营决策一般不进行直接干预，生产什么、生产多少和如何生产都是完全由企业按照自己的经营目标，根据市场价格的变动和市场供求状况来决定的。在这里，市场机制或价格机制就如同是一只"看不见的手"，引导着生产者、经营者和消费者的经济活动，从而支配着资源在社会范围内配置。

## 三、混合经济

混合经济是指既有市场调节，又有政府干预的经济。世界上大多数国家的经济体制都是混合经济。

在混合经济中，通过市场机制的自发作用，经济社会解决生产什么、怎样生产和为谁生产的基本问题，而在市场机制出现错误或者市场机制不能解决资源配置问题时，通过政府干预以促进资源使用的效率、增进社会平等、维持经济稳定和增长。

# 第四节　经济学发展简史

## 一、经济学的产生和发展

人类社会的存在和发展离不开从事物质资料生产的经济活动。人们在长期经济实践活动的基础上萌生出经济观点，并逐步形成了一些经济思想和经济理论。

"经济"这一概念的出现大约是在 3000 年前。古希腊人最早使用"经济"一词，它的原意为"家庭管理"。古希腊学者色诺芬在其著作《经济论》中论证了奴隶主怎样管理自己的财产，研究怎样组织生产、分配、流通、消费，才能使自己的财富得到增加。经济一词在管理财产、增加财富的意义上被沿用。我国古汉语原有的"经济"一词，具有"经邦济世"、"经国济民"的含义，即治理国家、拯救庶民。

1615 年法国重商主义代表人物安·德·蒙克莱田（Antoine de Montchrétien, 1575 –1622）发表了《献给国王和王太后的政治经济学》一书，其中最早使用了"政治经济学"一词，说明人们对于经济活动的探讨和研究已经超出了家庭经济管理的范围，而开始探讨整个国家和社会的经济问题了。

重商主义的观点冲破了自然经济的局限，开始从宏观上观察社会经济现象，并提出了一些由国家采纳和实行的经济政策，促进了商品货币关系的发展。但重商主义的研究仅限于流通领域的表象，对财富和价值的来源缺乏科学的理解，未能涉及社会经济关系的整体与本质。所以，重商主义学说是资产阶级政治经济学的"前史"。而"真正的现代经济科学，只是当理论研究从流通过程转向生产过程的时候才开始的"。

随着资本主义经济的产生和发展，商品货币关系逐步扩大，国际贸易日益频繁，经济关系在社会关系中的决定作用越来越突出，人们开始把经济问题同其他社会问题分离开来，进行专门的研究，从而产生了具有特定对象的知识体系，产生了经济科学。17 世纪中叶到 19 世纪初，处于上升时期的资产阶级要求从理论上说明资本主义制度下如何使财富增长，探讨财富生产和分配的规律，并且论证资本主义生产优越于封建资本主义生产。资产阶级古典经济学家亚当·斯密（Adam Smith）和大卫·李嘉图（David Ricardo）等人试图阐明经济现象的内在联系，第一次把理论的考察从流通领域转移到生产领域，由此产生了资产阶级古典政治经济学，并使经济学成为一门独立的科学。但是由于资产阶级古典政治经济学的阶级局限性，他们的理论中既有科学的成分，也有庸俗的成分。

19 世纪 30 ~ 40 年代，以机器大工业为内容的英国产业革命完成，资本主义生产关系最终确立，生产的社会化和生产资料的私人资本主义占有形式之间的矛盾日益暴露，经济危机周期性发生，无产阶级作为独立的政治力量登上了历史舞台。马克思和恩格斯在他们创立的唯物主义辩证法和唯物主义历史观的基础上，系统地考察了资本主义经济的内在矛盾，批判地吸收了资产阶级古典政治经济学的科学因素，创立了马克思主义政治经济学，从而完成了政治经济学历史上的伟大变革。

18 世纪末 19 世纪初，随着资本主义生产关系的确立，无产阶级和资产阶级的阶级斗争尖锐化，资产阶级经济学家为了资产阶级狭隘的阶级利益开始替资本主义辩护，抹煞资本主义的矛盾。他们不研究经济过程的内在联系，只限于描述从经济现象表面所见到的外在联系。从法国的萨伊（Jean Baptiste Say）、英国的马尔萨斯（Thomas Robert Malthus），一直到 19 世纪末英国剑桥学派的阿尔弗雷德·马歇尔（Alfred Marshall），他们抛弃了古典经济学家的科学因素，发展了其庸俗成分，形成了以论证资本主义制度的合理性和永恒性为特征的庸俗政治经济学。

1929 年到 1933 年，资本主义各国出现了历史上最大的经济危机。在寻找反危机措施的过程中，凯恩斯（John Maynard Keyness）提出了用国家对经济过程进行干预的政策代替从古典政治经济学到庸俗政治经济学一贯主张的自由放任政策，这一变化被称为"凯恩斯革命"，并由此产生了"宏观经济学"。后来人们把研究整个国民经济及其发展变化的总量分析称为宏观经济学，以凯恩斯及其追随者关于国民收入与就业总量、经济周期与经济增长、货币与通货通胀、财政与货币政策的国民收入决定理论以及财政、货币政策工具分析理论的研究作为宏观经济学的基本内容；把研究单个生产者、单个消费者、单个市场经济活动以及相应的经济变量的单项数值的变化及由其决定的厂商均衡理论称为微观经济学。古典政治经济学及庸俗政治经济学的要素价值论、边际效用论和均衡价格论奠定了微观经济学的理论基础和基本内容。

同其他任何科学一样，随着社会经济活动的发展和人们对经济活动及各种经济关系认识的深化，经济科学也在不断地丰富和发展，经济学的分支也越来越多，主要有以下几种。

理论经济学。理论是概念、原理的体系，是系统化的理性认识。理论经济学是研究人类经济活动的一般规律的，是从哲学层次上对经济概念、原理的系统化的理性认识，是经济科学中的基础理论科学，是其他各门经济学科的共同理论基础。理论经济学以政治经济学和西方经济学为代表。

工程经济学（应用经济学）。工程经济学是指把理论经济学的原理应用到各个经济部门中去而形成的部门经济学总称。它揭示的是某一经济领域经济发展和运行的规律。社会经济的发展引起了社会分工的发展，经济部门的划分也越来越细，客观上要求对不同领域、不同部门的发展及运行规律进行研究和探索，因此以理论经济学为基础的工程经济学应运而生，如工业经济学、农业经济学、商业经济学、货币银行学、财政学、国际经济学、国际金融理论、国际贸易理论等，在许多非经济领域或部门，由于经济发展与其自身发展的相关度越来越高，出现了带有边缘或交叉学科性质的工程经济学，如教育经济学、国防经济学、人口经济学、劳动经济学、信息经济学、政府经济学等。伴随经济社会部门的演变或增减，部门经济学的种类还将发生变化。

技术经济学。技术经济学是人们根据理论经济学，尤其是根据工程经济学原理以及在长期的经济实践活动中创造、积累起来的各种操作方法和技能而形成的应用层次和操作领域的经济学，如企业管理学、计量经济学、会计学、审计学、市场营销学、经济统计学、贸易实务等。

经济科学三个层次的发展是互相促进的。理论经济学是在经济实践活动基础上产生的，用以指导经济实践活动，并在经济实践活动的检验和证明中不断丰富和发展；工程经济学和技术经济学是理论经济学原理的应用，是对实践活动的概括、总结，直接推动着经济实践活动的发展，并促进了理论经济学的发展和完善。

## 二、政治经济学的产生和发展

政治经济学的出现是与资本主义生产方式的产生和发展相联系的。在奴隶社会和封建社会，自给自足的自然经济占统治地位，经济问题主要限于奴隶主和封建主的家庭经济，而超出家庭经济范围的经济问题，如国家财政、商业、货币流通等问题，往往作为政治学的研究内容。资本主义生产方式和商品经济的产生使经济问题超出了家庭经济的范围。

1615 年法国的重商主义学派第一次使用"政治经济学"一词，并将研究范围扩展到整个国家的财产管理和财富增加问题。18 世纪 60 年代，古典政治经济学家把研究领域从流通转到生产，并且研究了资本主义生产关系的内部联系，这才使政治经济学成为一门独立的科学。19 世纪中叶马克思和恩格斯批判地继承了古典政治经济学的优秀成果，创立了马克思主义政治经济学。恩格斯把政治经济学区分为狭义的政治经济学和广义的政治经济学：以资本主义生产关系为研究对象的政治经济学是狭义的政治经济学；研究人类各种社会包括前资本主义社会、资本主义社会、共产主义社会生产关系的政治经济学是广义的政治经济学。

本书把政治经济学与经济学的关系定位为，政治经济学是经济学的组成部分，有着自己特定的研究对象，即研究生产关系的运动规律，是其他各个经济学科共同的理论基础，是理论经济学。相对于工程经济学、技术经济学，政治经济学具有经济哲学和经济基础理论的地位。我们不能望文生义，简单地把政治经济学理解为"政治加经济"。

### 三、政治经济学和经济学的区别

根据现在经济学科的分类习惯,我们把政治经济学定位为马克思主义政治经济学,把经济学定义为西方经济学,它们都属于经济科学。

#### (一) 研究对象的区别

1. 政治经济学的研究对象

马克思在《资本论》第一版序言中明确指出"我要在本书研究的,是资本主义生产方式以及与它相适应的生产关系和交换关系"。恩格斯在《反杜林论》中也提出了政治经济学的研究对象,他说"政治经济学,从最广的意义上说,是研究人类社会中支配物质生活资料的生产和交换规律的科学。"马克思所说的生产方式不是指生产力,也不是指生产力与生产关系的简单统一,而是指一定的生产关系下,生产力的利用形式。

2. 经济学的研究对象

当代美国经济学家萨缪尔森(Paul Samuelson)和诺德豪斯(William D. Nordhaus)合著的《经济学》(第16版)中对经济学研究主题的定义是"经济学研究的是社会如何利用稀缺的资源以生产有价值的商品,并将它们分配给不同的个人"。斯蒂格利茨(Joseph Stiglitz)认为:"经济学研究的是社会中的个人、厂商、政府和其他组织是如何进行选择的,这些选择又是怎样决定社会资源如何被利用的。"这些观点是现代西方经济学主流派具有代表性的教科书的观点,说明了当代西方经济学的研究内容是微观经济行为和宏观经济行为的结合。

通过对比,我们发现马克思主义政治经济学的研究对象在内容上包含了西方经济学的研究对象。马克思主义政治经济学的研究对象是生产方式以及与之相适应的生产关系和交换关系,而西方经济学的研究对象可以归结为生产方式,而如何有效利用资源从根本上来说研究的是生产力的利用方式。所以,从这个意义上来说,马克思主义政治经济学在内容上包含西方经济学的研究对象,马克思主义政治经济学对研究对象的表述更具有解释力。

#### (二) 研究方法的区别

在马克思主义政治经济学的研究中,唯物辩证法起着总的指导作用,是将研究的主体和客体统一、将思维中的概念运动及其他形式与客观的经济矛盾运动统一来进行科学抽象并建立科学论述体系的总纲。它从矛盾的发展变化中、从事物的相互联系中研究各种经济活动和各种经济关系；以联系的观点，将实证方法与规范方法相结合，来研究生产关系与生产力。马克思主义政治经济学的方法论是科学抽象法，包含五个环节：（1）从实际出发，详细占有材料；（2）各种思维形式的辩证统一；（3）以概念运动为主体；（4）定性研究和定量研究的统一；（5）逻辑和历史的统一。

西方经济学以现代西方哲学科学中的证伪主义作为哲学基础，采用实证方法，将自然科学研究物质世界的方法——实证方法引入经济学研究中，从而研究经济活动中的客观规律。同时，采用定性分析说明经济现象的性质及其内在规定性，借助于数学公式或数学模型来具体研究经济现象中各个变量之间的关系，即进行定量分析。此外西方经济学还经常运用均衡分析、边际分析以及经济模型分析法等，大量运用现代数学方法和现代计算机技术进行经济数量关系的分析，使得经济研究更具有说服力和证明力。

## 本章小结

1. 所谓稀缺性是指相对于人类社会的无限欲望而言，生产物品和劳务所需要的经济资源总是不足的。

2. 选择就是用有限的经济资源去满足各种欲望的决策。现代西方经济学家认为，社会面临的社会选择问题大体可以归纳为以下三个基本问题：第一，生产什么产品？第二，如何生产？第三，为谁生产？

3. 在既定的经济资源条件下所能达到的两种产品最大数量的所有组合，称为生产可能性曲线或生产可能性边界。

4. 当把一种资源用于生产某种产品时，所放弃的在其他用途中可能获得的最大收益就是这种资源的机会成本。

5. 现代西方经济学大体上可以分为两类：微观经济学和宏观经济学。

微观经济学以单个经济单位为研究对象，通过研究单个经济单位的经济行为以及相应的经济变量的单项数值的决定，来说明价格机制如何解决经济资源的配置问题。

宏观经济学以整个国民经济为研究对象，研究社会总体经济问题以及相应的经济总量如何决定及其变化，最终说明经济资源如何充分利用的问题。

6. 微观经济学和宏观经济学之间是相互补充的，微观经济学是基础，宏观经济学是发展。

7. 不同的经济体制配置资源的方式不同，重要的区别之一在于政府控制经济的程度，也就是经济体制的区别。

8. 政治经济学和西方经济学的研究对象和方法都不同，两者都为经济科学，在经济学科的发展中，都起到基础理论的作用。

📖 **复习思考题**

**一、名词解释**

稀缺性　生产可能性曲线　机会成本　微观经济学　宏观经济学　完全的计划经济　自由市场经济　混合经济

**二、单选题**

1. 学校里一块新停车场的机会成本是（　　）。

A. 由此引发的所有费用

B. 由用于其他用途产生的最大收益决定

C. 由用于建造停车场的机器设备的折旧大小决定

D. 由在停车场停车所需的费用来决定

2. 微观经济学的中心是（　　）。

A. 价值理论　　　B. 价格理论　　　C. 生产理论　　　D. 分配理论

3. 以下问题中哪一个属于宏观经济学所考察的对象（　　）。

A. 一个厂商的产出水平

B. 失业率的上升和下降

C. 某一行业中雇佣工人的数量

D. 彩色电视机的价格

4. 经济学上所说的稀缺性是指（　　）。

A. 欲望的无限性　　　　　　　B. 绝对稀缺性

C. 资源的有限性　　　　　　　D. 选择的普遍性

5. 一国的生产可能性曲线上的点表示（　　）。

A. 存在通货膨胀

B. 存在失业或者资源没有被充分利用

C. 该国可利用的资源减少及技术水平降低

D. 社会使用既定的生产资源所能生产商品的最大组合

6. 微观经济学的研究对象是（　　　）。

A. 国民收入　　　　B. 经济增长　　　　C. 个体经济单位　　　　D. 失业

7. 宏观经济学作为经济学的一个分支，主要研究（　　　）。

A. 个别市场上的生产者行为　　　　B. 某行业的生产者行为

C. 总体经济活动　　　　D. 个别厂商如何作出产量决策

### 三、简答题

1. 什么是稀缺性？

2. 简述微观经济学的基本假设。

3. 简述微观经济学和宏观经济学的区别和联系。

4. 简述政治经济学和西方经济学的区别和联系。

## 案例讨论

**【案例一】**

### 考研热"降温"背后的思考

2001—2008 年我国考研报名人数的变化如下图所示。

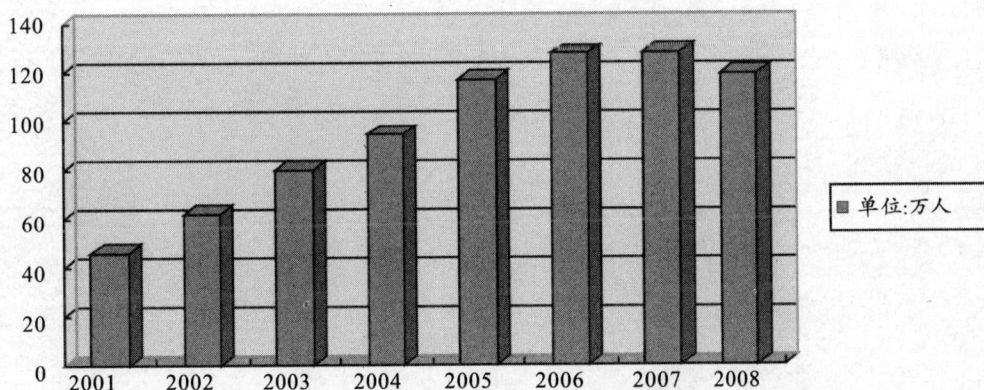

2001—2008 年考研报名人数图

　　来自教育部的数据表明，2008 年全国普通高校研究生招生计划安排 44.9 万人，比 2007 年增长了 6%。而全国报考人数为 120 万，比 2007 年的 128.2 万人减少了 8.2 万人，报名人数首次出现全国范围大幅下滑局面。

　　考研的温度突然降下来，其原因到底是考生逐渐理性化了，还是该现象与经济发展存在某种必然的联系。试分析：

1. 考研"降温"的原因有哪些？

2. 考研的机会成本是什么？

## 【案例二】

### 价格上涨体现资源稀缺性

随着我国国民经济的快速增长，自然资源的稀缺性越来越制约经济的快速发展。例如，石油、天然气等自然资源，一方面其总供给量不足，另一方面我国经济的快速发展对这些资源的需求量大幅增长。长此以往，这种矛盾导致了自然资源的价格一路飙升。基于自然资源供求矛盾日益突出的现状，人们日渐意识到自然资源的稀缺性问题。

请利用日常生活中的例子分析经济学研究稀缺资源有效配置的意义，并给出缓解这种状况的经济措施。

# 上篇

微观经济学理论

# 第二章  市场理论：需求和供给

知识目标

1. 市场机制的定义和作用；

2. 需求和需求规律；

3. 供给和供给规律；

4. 市场均衡的形成及变动；

5. 弹性的概念、种类及计算。

**能力目标**

1. 能够运用市场的供求规律来解释商品价格水平的制定，并对其变动的原因进行分析。

2. 能够运用弹性理论来解释现实案例，如"谷贱伤农"、"薄利多销"等。

**技术目标**

针对单个市场进行市场调研，并作出市场分析结果，验证供求规律。

**案例导入**

## 2011 年卷心菜变成"伤心菜"

2011 年风调雨顺，蔬菜丰收，市民吃到了价廉物美的时鲜菜，这本是让人欣慰的事。但市场却给出了有点"拧"的结果。在蔬菜大省山东，田头卷心菜跌至每斤几分钱还没人要，卷心菜成了广大菜农的"伤心菜"。在山东、江浙、上海一带，卷心菜、大白菜的价格甚至跌破农民收菜的成本。在我国大面积的蔬菜基地里，很多农民还是看天吃饭，只问种植不看路，等着市场上门无疑是使菜农陷入困局的主因。同时，他们还有一个特性，即盲目跟风种植，看别人种什么赚钱就跟着种什么，市面上什么卖得贵就跟着种什么，这就是导致卷心菜变成"伤心菜"的原因，真是劳民伤财呀。2011 年卷心菜的价格为什么大幅下降？什么因素决定了价格水平呢？

# 第一节 需求理论

微观经济学中的市场是指从事某一种商品买卖的交易场所或接触点。市场分为有形和无形两种，如电脑市场、大米市场等有形市场；以及淘宝网店、当当网书店等无形市场。市场本身运行、调节的方式和规律即为市场机制。市场机制的作用是使稀缺资源得到最有效的配置。这也是亚当·斯密提出的"看不见的手"的原理。其中，市场通过价格的灵活、自由调整来协调整个经济中各个经济主体的决策即为价格机制，它起着最关键的作用。价格是由需求和供给两种经济力量共同决定的。本节先介绍需求理论。

## 一、需求和需求规律

### （一）需求的定义

一种商品的需求是指在其他条件不变的情况下，消费者一定时期内在各种可能的价格水平下愿意而且能够购买的该商品的数量。经济学中所说的需求强调两方面：消费者的购买欲望和消费者的购买能力。一种商品的有效需求是指消费者想买这种商品，还要买得起，二者缺一则不视为有效需求。对应于一个特定的价格，消费者对某商品愿意并且能够购买的商品数量被称为需求量。需求是一个集体概念，反映了消费者对商品的需求量与该商品价格之间的对应关系，其包括所有不同的价格水平所对应的不同的需求量。而需求量是一个点的概念，指在一个特定价格下所对应的一个需求量。

### （二）需求规律

对于不同的价格水平，消费者对该商品的需求量是不同的。二者之间的关系遵循一个普遍规律：在其他条件不变的情况下，随着商品价格的上升，消费者对该商品的需求量随之减少；反之，随着商品价格的下降，消费者对该商品的需求量就会增加。这一规律通常被称为需求规律。其反映了在一般情况下，商品的价格与需求量之间存在着反向的变动关系。

需求规律可以由下面两方面的原因来解释。

1. 收入效应

当一种商品价格上升时，消费者既定的收入水平对该商品的购买力随之下降，能够买得起的量少了，需求量随之减少；反之，当一种商品价格下降时，消费者既定的收入水平对该商品的购买力随之上升，能够买得起的量多了，需求量随之增加。例如，小红口袋装有 10 元钱用于买水果，当苹果价格为 1 千克 4 元时，她可以买到 2.5 千克；而当苹果价格为 1 千克 5 元时，她只能买到 2 千克。其他条件不变的情况下，苹果价格由 1 千克 4 元涨到 5 元，小红既定的 10 元钱的购买力下降了，由 2.5 千克降到了 2 千克。可见，苹果的价格与需求量成反方向变动。

2. 替代效应

当一种商品价格上升时，消费者会转而购买其他的替代商品，对该商品的购买就会减少，即需求量减少；反之，当一种商品价格下降时，消费者会减少购买该商品的替代商品，转而增加该商品的购买，即需求量增加。例如，小红口袋装有 10 元钱用于买水果，她对同量的苹果和梨的偏好程度相同，当苹果价格由 1 千克 4 元涨到 5 元，而梨的价格却保持 1 克 4 元不变时，小红的 10 元钱买苹果只能买到 2 千克，而梨可以买到 2.5 千克。她会放弃购买苹果而买梨，对苹果的需求减少了，而增加了对梨的购买。可见，苹果的价格与需求量成反方向变动。

但是，对于某些特殊商品来说，需求规律会存在例外的情况。例如某些炫耀性商品，金银首饰、珠宝、古董等，它们代表一定的社会地位和身份，其价格越贵，消费者反而买得越多。

## 二、需求表和需求曲线

### （一）需求表

消费者对一种商品的需求可以用需求表和需求曲线加以表示。商品需求表是表示消费者在一系列价格水平上愿意且能够购买的数量的数字序列表。表 2-1 是市场显示的人们在不同的价格下每月购买苹果的数量。其中，市场需求量是包括所有消费者的总需求量。

表 2-1 苹果的需求量（每月）

|  | 价格（元/千克） | 市场需求量（万吨） |
|---|---|---|
| A | 2 | 9 |
| B | 4 | 7 |
| C | 6 | 5 |
| D | 8 | 3 |
| E | 10 | 1 |

在需求表中，在苹果的每个特定价格下，消费者都有一个需求量与之对应，这个数量就是消费者在这个价格下愿意并且能够购买的商品数量即需求量。所有消费者在这个价格下愿意并且能够购买的商品数量就是市场需求量。可以看出，随着苹果价格的上升，市场需求量逐渐下降。

（二）需求曲线

借助商品的需求表，可以把价格与需求量之间的对应关系描绘在一张坐标图中，这样可以得到商品的需求曲线。商品的需求曲线是以图形方式表示的在特定时期内一种商品的价格与需求量之间的对应关系。

图 2-1 是根据表 2-1 中的价格与需求量的数据绘制的需求曲线。把所有消费者的需求曲线水平相加，就得出了市场需求曲线。标准画图是以横轴表示苹果的需求量，以纵轴表示苹果的价格。从图中可以看出：随着苹果价格的上升，苹果的市场需求量逐渐减少。苹果的价格与其需求量成反方向变动。

我们以需求表为基础画出了呈线性的需求曲线，但是一般商品的价格和需求量存在非线性的关系，即需求曲线一般为平滑的曲线，但价格和需求量仍存在反方向变动的规律，符合需求规律，如图 2-2 所示。

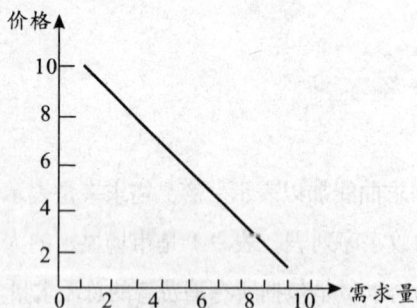

图 2-1　市场对苹果的总需求曲线

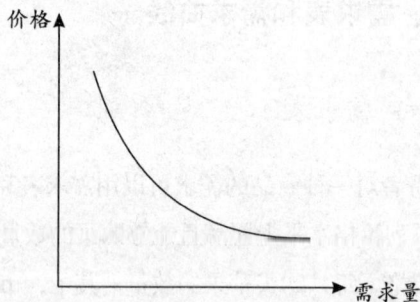

图 2-2　非线性的需求曲线

## 三、需求的影响因素和函数

我们通过数学的函数关系式来进一步理解需求。在给出需求函数之前，我们先了解一下影响需求的因素。

（一）需求的影响因素

影响消费者需求的因素有很多，除首要因素——价格外，还有其他因素。

1. 商品本身的价格

商品本身的价格（P）是影响需求的最重要的因素。以苹果的需求为例，随着苹果价格的上升，消费者对苹果的需求量随之减少，反之亦然。一般来说，商品的价格引起消费者对本商品需求量的反方向变动，体现为需求规律。

2. 其他影响因素

（1）消费者的偏好（F）。消费者的偏好是指一个消费者对商品的喜好程度。它直接决定了消费者对某商品的购买愿望。消费者对于越喜欢的商品，一般买得就会越多，对该商品的需求就会越大。消费者的偏好受广告、习惯、风俗等诸多因素的影响。

（2）互补商品的价格（$P_1$）。互补商品是指为了达到某种功效，消费者需要一起消费的商品。例如，汽车和汽油、羽毛球和羽毛球拍等，它们需要一起使用，共同满足消费者的某种需求。若一种商品本身的价格没有发生变化，但是由于其互补品的价格提高，消费者购买其互补品的数量就会减少，从而对本商品的需求也就会减少。例如，当汽车的价格不变，但是汽油的价格越来越高时，人们开汽车的花费就会大幅提高，所以人们对汽车的需求就会随之减少。因此，互补商品的价格变动会引起原商品的需求成反方向变动。

（3）替代商品的价格（$P_2$）。替代商品是指可以与某种商品产生类似功效的商品。如中性笔和钢笔、猪肉和牛肉等，消费者一般只需要从中选择一种即可满足某种需求。若一种商品本身价格没有发生变化，但其替代品的价格上涨，消费者就会偏向减少购买其替代品的数量，从而对本商品的需求就会增加。例如，当菜场上牛肉价格不变时，由于猪肉的价格上涨，人们就会增加对牛肉的需求。因此，替代商品的价格变动会引起原商品的需求成同方向变动。

（4）消费者的收入（I）。由于消费者的收入决定了消费者的购买能力，所以收入的变化直接会影响消费者对某些商品的需求。一般来说，消费者收入水平提高后，对大多数商品的需求就会增加。需求随着消费者收入的增加而增加的商品被称为正常品，如首饰、时尚服装等。但也有一些需求随着消费者收入的增加而减少的商品，这些商品被称为低档品，如过时的、劣质的物品。因此，消费者收入的变化会引起正常品需求的同方向变动，同时会引起低档品需求的反方向变动。

（5）消费者对未来价格的预期（$P_e$）。此预期是指消费者对某种商品的价格变化趋势作出的判断。如果消费者预期未来某种商品的价格会有上涨的趋势，他们会在当前价格没涨之前多购买此商品，所以会引起此商品的需求增加；反之亦然。

（6）人口数量（$P_0$）。人类的生存需要消费大量的商品，人口越多，对某些商品的需求就会越大。所以人口数量也是影响商品需求的一种因素。

### （二）需求函数

需求函数是用函数关系来表示商品需求量和各种影响需求的因素之间的相互关系的。其中影响需求量的各个因素是自变量，需求量是因变量。

以 $Q_d$ 表示需求量，以上介绍了七种影响需求的主要因素，则消费者对商品的需求函数可以一般表示为：

$$Q_d = f\ (P,\ I,\ P_1,\ P_2,\ F,\ P_e,\ P_0)$$

由于自变量较多，不便于具体研究，所以一般将问题简化，假定其他因素保持不变，仅仅分析价格对该商品需求量的影响，需求函数就可以用下式表示：

$$Q_d = \quad f\ (P)$$

其中，$P$ 为商品的价格；$Q_d$ 为商品的需求量。

## 四、需求量的变动与需求的变动

在以上得出苹果的需求曲线时，我们假设除了苹果的价格变化外，其他影响因素都没有发生变化。那么当价格不变时，其他因素发生变化会引起需求曲线怎样的变化呢？我们将这两种不同的情况分成以下两类来分析。

### （一）需求量的变动

当除价格之外的其他因素都没有改变时，只有商品价格的变动，此时会引起需求曲线上点的移动，这称为需求量的变动。如图 2-3（a），当苹果价格由 $P_0$ 下降到 $P_1$ 时，对应的需求量也随之变动，由 $Q_0$ 移动到 $Q_1$。可以看出当价格变动时，只是需求曲线上的点沿着需求曲线发生变动。

### （二）需求的变动

当商品本身价格不变，而除价格之外的其他因素发生变动时，将会引起需求曲线本身的移动，这称为需求的变动。如果其他因素的变动引起需求上升，则需求曲线会随之向右移动，表示在任何一个价格水平上消费者对该商品的需求量都增加了。如果其他因素的变动引起需求减少，则需求曲线会随之向左移动，表示在任何一个价格水平上消费者对该商品的需求量都减少了。

例如，当苹果的价格不变，而消费者的收入变化时，整条需求曲线将会移动，如

图2-3（b）。在消费者原有的收入水平上，当苹果的价格为 $P_0$ 时，消费者的需求量为 $Q_0$；但当消费者的收入减少时，消费者对商品的需求减少到 $Q_1$，此时需求曲线 $D_0$ 左移到 $D_1$；当消费者的收入增加时，消费者对商品的需求增加到 $Q_2$，此时需求曲线 $D_0$ 右移到 $D_2$。

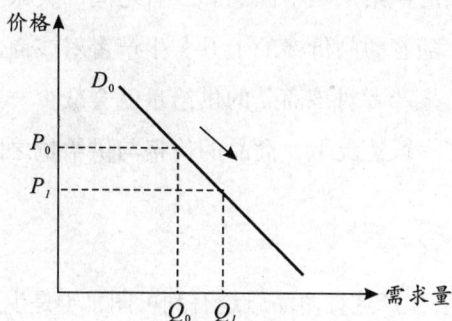

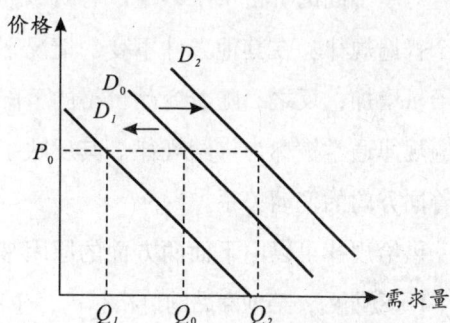

图2-3（a）　苹果的需求量的变动　　　图2-3（b）　苹果的需求变动

虽然在日常生活中，并不去严格区分需求和需求量，但是在经济分析中，为了分析问题的方便，却要很清晰地了解需求变动和需求量变动的不同。

# 第二节　供给理论

需求理论是从消费者的角度出发的，消费者根据自己的需求来选择满意的商品。而供给理论却是从生产者的角度出发，生产者为满足消费者的需要来提供产品，从中追求利润最大。

## 一、供给与供给规律

### （一）供给的定义

一种商品的供给是指一定时期内在各种可能的价格水平下，生产者愿意而且能够提供出售的该商品或服务的数量。经济学中所说的供给强调两方面：生产者的供给欲望和生产者的供给能力。一种商品的有效供给是指生产者不仅想提供这种商品，还要有生产该商品的能力，二者缺一则不视为有效供给。对应于一个特定的价格，生产者愿意且能够提供出售的商品和服务的数量被称为供给量。供给是一个集体概念，反映了生产者对商品的供给量与该商品价格之间的对应关系，包括所有不同的价格水平所对应的不同的供给量。而供给量是一个点的概念，指一个特定价格下所对应的一个供给量。

### （二）供给规律

对于不同的价格水平，生产者对该商品的供给量是不同的。二者之间的关系遵循一个普遍规律：在其他条件不变的情况下，随着商品价格的上升，生产者对该商品的供给量增加；反之，随着商品价格的下降，生产者对该商品的供给量就会减少。这一普遍规律通常被称为供给规律。其反映了在一般情况下，商品的价格与供给量之间存在着同方向的变动关系。

供给规律可以由下面两方面的原因来解释。

1. 短期内，某种商品的价格越高，生产者生产这种商品就越有利可图，于是生产者会从生产利润较低的商品转为生产利润较高的此商品。这样该商品的供给量会随之增加。

2. 长期内，某商品的价格维持在一个较高的水平时，其他行业的生产者就会进入该商品的行业，生产该商品的生产者越多，总的市场供给量就会随之增加。

但是，对于某些特殊商品来说，供给规律会存在例外的情况。例如像邮票、股票这样的商品，其价格水平变化不规则，所以它们的供给量也呈不规则的状况。再如土地，其供给量在一定时期内是固定的，所以土地的供给量不会随着价格的变化而变化。

## 二、供给表与供给曲线

### （一）供给表

生产者对一种商品的供给可以用供给表和供给曲线加以表示。商品的供给表是某种商品的各种价格和其相对应的供给数量之间关系的数字序列表。表2-2是生产者在不同的价格下每月提供的苹果数量即市场的供给量。

表2-2　苹果的供给量（每月）

|  | 价格（元/千克） | 市场供给量（万吨） |
|---|---|---|
| A | 2 | 1 |
| B | 4 | 3 |
| C | 6 | 5 |
| D | 8 | 7 |
| E | 10 | 9 |

在供给表中，在苹果的每个具体价格下，生产者都有一个供给量与之对应，这个数量就是生产者在这个价格下愿意并且能够提供的商品数量。所有生产者在这个价格下愿意并且能够提供的商品数量就是市场供给量。可以从此表中看出，随着苹果的价格上升，市场供给量逐渐上升。

### （二）供给曲线

借助商品的供给表，可以把价格与供给量之间的对应关系描绘在一张坐标图中，这样可以得到商品的供给曲线。商品的供给曲线是以图形表示的在特定时期内一种商品的价格与供给量之间的对应关系。

图 2-4 是根据表 2-2 中的价格与供给量的数据绘制的供给曲线。标准画图是以横轴表示苹果的供给量，以纵轴表示苹果的价格。从图中可以看出：随着苹果价格的上升，苹果的市场供给量也逐渐增加。苹果的价格与苹果的供给量成同方向变动。

我们以供给表为基础画出了呈线性的供给曲线，但是一般商品的价格和供给量存在非线性的关系，即供给曲线一般为平滑的曲线，但价格和供给量仍存在同方向变动的规律，符合供给规律，如图 2-5 所示。

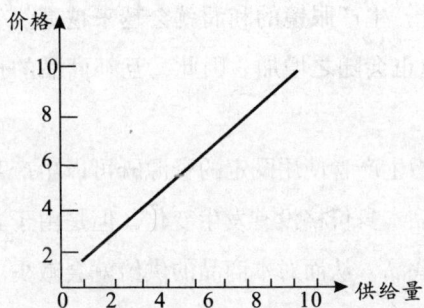

图 2-4　市场对苹果的总供给曲线　　　　图 2-5　非线性的供给曲线

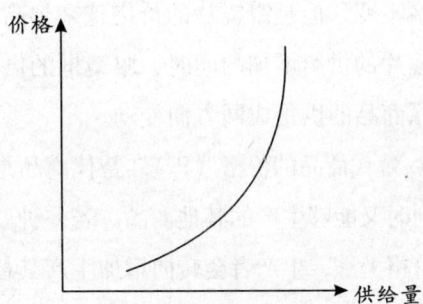

注意并不是所有的供给曲线都向右上方倾斜，有时是垂直的或水平的，或甚至向左上方倾斜，其依赖于生产者对某些特殊商品的价格变化的反应。

### 三、供给的影响因素和供给函数

我们通过数学函数关系式来进一步理解供给。在给出供给函数之前，我们先了解一下影响供给的因素。

（一）供给的影响因素

影响生产者供给的因素有很多，除价格外，还有其他因素。

1. 商品本身的价格

商品本身的价格（P）是影响供给最重要的因素。以苹果的供给为例，随着苹果价格的上升，生产者对苹果的供给量随之增加；反之亦然。一般来说，商品的价格引起生产者对本商品供给量的同方向变动，体现为供给规律。

2. 其他影响因素

（1）生产成本（C）。当某种商品价格既定时，商品的生产成本越高，厂商获得的利润就会越低。于是，成本增加时，生产者会减少该商品的生产，而转向其他利润较高的商品。影响生产成本的因素主要有二。第一，生产要素的价格变动。例如，工人工资、原材料、房租、贷款利息或其他任何投入的生产要素的价格上涨，都会导致生产成本的上升。第二，生产技术的变化。随着科学技术的日新月异，当生产技术不断提高时，商品的生产效率得到不断提高，商品的生产成本也会随之下降。

（2）互补商品的价格（$P_1$）。互补商品是指厂商生产某一种商品时会同时生产出的其他产品。若一种商品本身的价格没有发生变化，但是由于其互补品的价格提高，生产者生产其互补品的数量就会增加，从而对本商品的供给也会增加。例如，当眼镜框的价格不变，但是眼镜片的价格越来越高时，生产眼镜的利润就会越来越高。生产者对眼镜片的供给增加的同时，眼镜框的供给也会随之增加。因此，互补商品的价格会引起原商品的供给成同方向变动。

（3）替代商品的价格（$P_2$）。替代商品是指生产者使用既定的资源既可以生产某种商品，同时又能够生产的其他商品。若一种商品本身价格没有发生变化，但是由于其替代品的价格上涨，生产者会转向增加生产其替代品，从而对本商品的供给就会减少。例如，当菜场上白菜价格不变时，由于油菜的价格上涨，生产者就会增加对油菜的供给，而减少对白菜的供给。因此，替代商品的价格会引起原商品的供给成反方向变动。

（4）生产者对未来价格的预期（$P_e$）。此预期是指生产者对某种商品的价格变化趋势作出的判断。如果生产者预期未来某种商品的价格会有上涨的趋势，他们会在当前价格没涨之前减少提供此商品，将商品囤积起来，等价格上涨后再提供出去来提高利润。因此，这样会导致当前此商品的供给减少；反之亦然。

（5）政府的相关政策（G）。厂商的生产会受到政府出台的相关政策的影响。例如，当政府为了刺激某行业发展时，如农业，会不断降低该行业的税率或对该行业提供大量的经济补贴，这时厂商的生产积极性会被调动起来，从而会增加对这类商品的供给。相反，当政府为了抑制某一行业发展时，如烟草业，会不断提高该行业的税率，这时厂商的生产积极性会被抑制，从而相应减少该类商品的供给。

### （二）供给函数

供给函数即用函数关系来表示商品供给量和各种影响供给的因素之间的相互关系。其中影响供给量的各个因素是自变量，供给量是因变量。

以 $Q_s$ 表示供给量，以上介绍了六种影响供给的主要因素，则生产者对商品的供给函数可以一般表示为：

$$Q_s = f\ (P,\ C,\ P_1,\ P_2,\ P_e,\ G)$$

由于自变量较多，不便于具体研究，所以一般将问题简化，假定其他因素保持不变，仅仅分析价格对该商品供给量的影响，供给函数就可以用下式表示：

$$Q_s = f\ (P)$$

其中，$P$ 为商品的价格；$Q_s$ 为商品的供给量。

## 四、供给量的变动与供给的变动

在以上得出苹果的供给曲线时，我们假设除了苹果的价格变化外，其他影响因素都没有发生变化。那么当价格不变时，其他因素发生变化会引起供给曲线怎样的变化呢？我们将这两种不同的情况分成以下两类来分析。

### （一）供给量的变动

当除价格之外的其他因素都没有改变，而只有商品价格变动时，会引起供给曲线上点的移动，这称为供给量的变动。如图2-6（a）所示，当苹果价格由 $P_0$ 上升到 $P_1$ 时，对应的供给量也随之变动，由 $Q_0$ 移动到 $Q_1$。可以看出，价格的变动只是引起供给曲线上的点沿着供给曲线发生变动。

### （二）供给的变动

当商品本身价格不变，而除价格之外的其他因素发生变动时，将会引起供给曲线本身的移动，这称为供给的变动。如果其他因素的变动引起供给增加，则供给曲线会随之向右移动，表示在任何一个价格水平上生产者对该商品的供给量都增加了。如果其他因素的变动引起供给减少，则供给曲线会随之向左移动，表示在任何一个价格水平上生产者对该商品的供给量都减少了。

例如，当苹果的价格不变，而生产者的生产成本变化时，这将会使整条供给曲线发生移动。如图2-6（b）所示，在生产者原有的生产成本上，当苹果的价格为$P_0$时，生产者的供给量为$Q_0$。但当生产成本上升时，生产者对商品的供给减少到$Q_1$，此时供给曲线$S_0$左移到$S_1$；当生产成本减少时，生产者对该商品的供给增加到$Q_2$，此时供给曲线$S_0$右移到$S_2$。

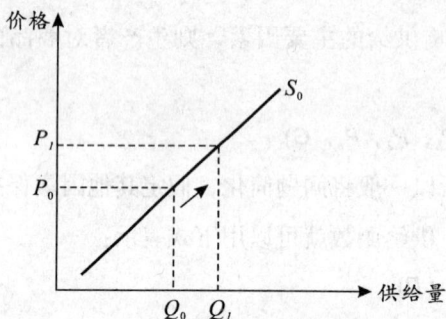

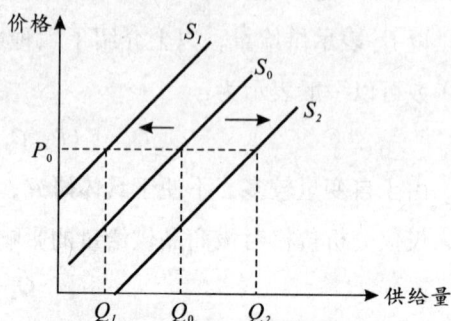

图2-6（a）　苹果的供给量的变动　　　图2-6（b）　苹果的供给变动

虽然在日常生活中，并不去严格区分供给和供给量，但是在经济分析中，为了分析问题的方便，却要很清晰地了解供给变动与供给量变动的不同。

# 第三节　市场均衡理论

在前两节中我们具体解释了需求和供给理论，从苹果的例子中可以看出，苹果的需求量与供给量都受到苹果价格的影响。在实际的市场经济中，生产者和需求者都希望能够以满意的价格提供或消费一定量的商品，当双方通过商品的价格达成一致时，市场均衡就产生了。

"均衡"是物理学中的概念，指一个物体因同时受方向相反、大小相等的两种外力作用，从而处于静止不动的状态。在经济学中，我们借用均衡的概念来说明经济事物中有关经济变量在一定条件的相互作用下所达到的一种相对静止的状态。在市场经济中，市场如何达到均衡状态呢？我们以苹果市场为例来具体分析。

## 一、市场均衡的形成

在竞争的市场上，商品的供给和需求力量相互作用，从而产生了均衡价格和均衡数量。市场均衡即为市场中供给等于需求时的平衡点，是可以使买卖双方都愿意接受并保持下去的状态。在均衡点处，使需求量等于供给量的价格即为均衡价格。均衡价格对应的数量即为均衡数量，它是消费者和生产者都愿意接受的数量。我们以苹果市场为例，借助表2-3来分析苹果市场的市场均衡情况。

表2-3　苹果的供给表和需求表

| 价格<br>（元/千克） | 市场供给量<br>（万吨） | 市场需求量<br>（万吨） | 过剩（＋）<br>短缺（-） | 价格变动 |
|---|---|---|---|---|
| 2 | 1 | 9 | －8 | 上升 |
| 4 | 3 | 7 | －4 | 上升 |
| 6 | 5 | 5 | 0 | 均衡 |
| 8 | 7 | 3 | ＋4 | 下降 |
| 10 | 9 | 1 | ＋5 | 下降 |

从表2-3可以看出，当苹果价格为2元/千克时或4元/千克时，苹果的市场供给量小于市场的需求量即供不应求，苹果市场处于短缺状态。这将导致苹果价格逐渐上升，而价格上升又会引起供给量的增加和需求量的减少，供不应求的情况得以缓解。当价格上升到6元/千克时，此时市场的供给量等于市场的需求量，市场消除了短缺，达到了均衡。

当苹果价格为10元/千克或8元/千克时，苹果的市场供给量大于市场的需求量即供过于求，苹果市场处于过剩状态。这将导致苹果价格逐渐下降，而价格下降又会引起供给量的减少和需求量的增加，供过于求的情况得以缓解。当价格下降到6元/千克时，此时市场的供给量等于市场的需求量，市场消除了过剩，达到了均衡。

因此，当苹果价格为6元/千克时，市场的供给量等于市场的需求量，既没有短缺，又没有过剩，达到了市场均衡。苹果市场的均衡价格为6元/千克，均衡数量为5万吨。

借助苹果的需求曲线和供给曲线，我们也可把苹果的市场均衡情况反映在图2-7中。图2-7根据表2-3中的数据描绘出苹果市场的供给曲线和需求曲线，横轴表示数量$Q$，纵轴表示价格$P$。可见苹果的供给曲线和需求曲线相交于$E$点。$E$点即为苹果的市场均衡点，其所对应的价格即为均衡价格，对应的数量为均衡数量。

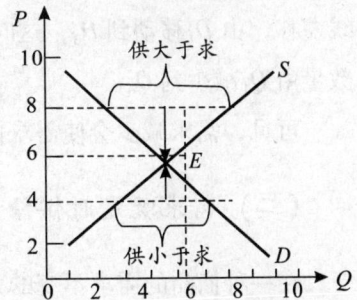

图2-7　苹果市场的均衡

由表2-3和图2-7可得出，市场均衡是在市场供求力量的自发调节和作用下形成的。当市场价格偏离均衡价格时，市场就会出现需求量和供给量不相等的非均衡状态，然而其会受到价格机制的调节，最终会恢复到市场均衡的状态。

## 二、市场均衡的变动

一种商品的市场均衡是由该商品的需求和供给的相互作用来决定的。但是当需求和供给一方发生变动时，该商品的市场均衡就会发生变化，然后逐渐形成新的均衡情况。

### （一）供给既定时需求的变动

在一种商品的供给不变的条件下，如果除该商品价格以外的影响需求的因素发生变化，该商品的整个需求曲线就会发生移动，这就会导致市场均衡沿供给曲线移动到新的均衡点，如图2-8所示。下面分别介绍需求增加和需求减少这两种情况所引起的均衡点的移动。

1. 需求增加

如图2-8所示，例如，苹果的供给不变，原均衡点为 $E_1$ 点，苹果价格在 $P_1$ 时，均衡量为 $Q_1$，而这时由于消费者收入增加，使得消费者对苹果的需求增加，需求曲线右移，由 $D_1$ 移动到 $D_2$，这时形成新的均衡点 $E_2$，均衡价格由 $P_1$ 上升到 $P_2$，均衡数量由 $Q_1$ 增加到 $Q_2$。

可见，需求增加会使需求曲线向右上方移动，均衡价格上升，均衡数量增加。

2. 需求减少

如图2-8所示，例如，苹果的供给不变，原均衡点为 $E_1$ 点，苹果价格在 $P_1$ 时，均衡量为 $Q_1$，而这时由于消费者收入减少，使得消费者对苹果的需求减少，需求曲线左移，由 $D_1$ 移动到 $D_3$，这时形成新的均衡点 $E_3$，均衡价格由 $P_1$ 下降到 $P_3$，均衡数量由 $Q_1$ 减少到 $Q_3$。

可见，需求减少会使需求曲线向左下方移动，均衡价格下降，均衡数量减少。

### （二）需求既定时供给的变动

在一种商品的需求不变的条件下，如果除该商品价格以外的影响供给的因素发生变化，该商品的整个供给曲线就会发生移动，这就会导致市场均衡沿供给曲线移动到新的均衡点，如图2-9所示。下面分别介绍供给增加和供给减少这两种情况所引起的均衡点的移动。

1. 供给增加

如图 2-9 所示，例如，苹果的需求不变，原均衡点为 $E_1$ 点，苹果价格在 $P_1$ 时，均衡量为 $Q_1$，而这时由于生产苹果的成本下降，使得生产者对苹果的供给增加，供给曲线右移，由 $S_1$ 移动到 $S_2$，这时形成新的均衡点 $E_2$，均衡价格由 $P_1$ 下降到 $P_2$，均衡数量由 $Q_1$ 增加到 $Q_2$。

可见，供给增加，供给曲线右移，均衡价格下降，均衡数量增加。

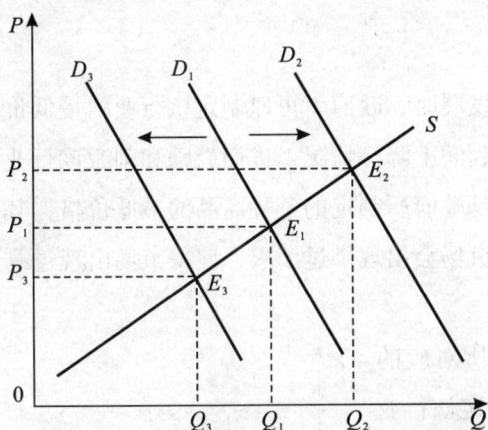

图 2-8　需求变动引起均衡点的移动　　　　图 2-9　供给变动引起均衡点的移动

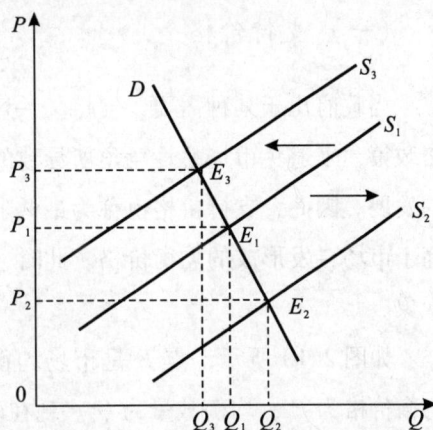

2. 供给减少

如图 2-9 所示，例如，苹果的需求不变，原均衡点为 $E_1$ 点，苹果价格在 $P_1$ 时，均衡量为 $Q_1$，而这时由于生产苹果的成本上升，使得生产者对苹果的供给减少，供给曲线左移，由 $S_1$ 移动到 $S_3$，这时形成新的均衡点 $E_3$，均衡价格由 $P_1$ 上升到 $P_3$，均衡数量由 $Q_1$ 减少到 $Q_3$。

可见，供给减少，供给曲线左移，均衡价格上升，均衡数量减少。

综上所述，需求或供给的变动对均衡价格和数量的影响通常被称为供求定理。可见供求定理的核心是需求曲线或供给曲线的移动都将使市场形成一个新的均衡点，从而引起均衡价格和均衡数量的变化。

现实经济条件中，影响需求或供给的很多因素都可能发生变化，这将使需求曲线和供给曲线同时移动，这时均衡点也会从两条曲线原来的交点处移动到新的交点，从而均衡价格和均衡数量也发生相应的变化，只是变化较为复杂而已。

## 三、市场均衡理论的应用

市场机制的灵活性使得生产要素的合理配置成为可能，但是市场经济中有时也会出现市场失灵的情况。在混合经济中，政府会对经济进行干涉。在微观经济分析中，借助均衡价格理论可以分析政府的价格政策对经济的影响。

从上文对市场均衡的分析中可以看出，在均衡价格下，产品市场中即没有过剩也没有短缺，产品的供给量等于需求量。但是，任一市场中所形成的均衡价格并不一定符合政府的需要。因此，政府出于某种需要，会对某些产品市场制定支持价格和限制价格。下面我们简单介绍一下这两种价格政策。

## （一）支持价格

当政府出于某种需要，支持某一行业的发展时，政府就可以制定该行业的最低价格政策，来避免市场恶性竞争所导致的市场利润下降等情况，进而鼓励和刺激该行业的发展。因此，支持价格也称为最低限价，是政府所制定的某种商品的最低价格，其高于市场自发形成的均衡价格。此时，产品市场会出现供过于求，使得市场出现过剩现象。

如图 2-10 所示，点 $E$ 是市场均衡点，所对应的均衡价格为 $P_e$，均衡数量为 $Q_e$。现在政府制定该行业产品的支持价格为 $P'$，由于 $P' > P_e$，所以此时市场的供给量 $Q_2$ 大于市场的需求量 $Q_1$，即该产品市场会出现过剩的现象。

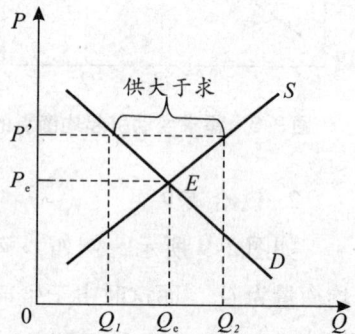

图 2-10 支持价格

政府制定支持价格的目的可能有以下几种：（1）保护某行业生产者的收入。例如农产品行业，许多国家都会制定农产品保护价格，以提高农民的收入，进而鼓励和刺激农业的发展。（2）储备过剩的产品。对于某些特殊商品，如粮食，借助支持价格，产品市场出现过剩的粮食，政府可以建立库存，以防备未来可能的短缺。（3）人才市场中制定工资的支持价格，防止厂商恶意压低工人工资。

政府制定支持价格也会对市场带来负面影响，例如，政府有意支持某行业时，较高的价格使得企业获得了较好的利润空间，却抑制了该行业生产效率的提高，阻碍了生产技术的发展。

## （二）限制价格

当出于某种考虑需要限制某一行业的发展时，政府就可以制定该行业的最高价格政策，以防止一些垄断行业索取高额的利润等情况，进而限制和抑制该行业的发展。因此，限制价格也称为最高限价，是政府所制定的某种商品的最高价格，其低于市场自发形成的均衡价格。此时，产品市场会出现供不应求，使得市场出现短缺现象。

如图 2-11 所示，点 $E$ 是市场均衡点，所对应的均衡价格为 $P_e$，均衡数量为 $Q_e$。现在政府制定该行业产品的限制价格为 $P'$，由于 $P' < P_e$，所以此时市场的需求量 $Q_2$ 大于市场的供给量 $Q_1$，即该产品市场会出现短缺的现象。

政府制定限制价格有利于社会平等的实现，进而维护社会的安定。例如，政府对生活必需品制定限制价格，以保证更多的公民平等享用，有利于社会稳定。

图 2-11　限制价格

然而政府制定限制价格使得市场出现短缺的现象，也会带来很多负面影响。例如，（1）产品短缺，不能满足市场的需求，政府被迫采用定量供应的制度，如建国初的粮票、布票等。配给制度下容易出现"走后门"的现象。（2）人人平等，就会出现"先来先得"的排长队现象。这样一来，不需要的人会去先排队抢，然后再倒卖给真正需求的人，就会出现"黑市"和"投机倒把"的现象，如春运时出现的火车票倒卖市场。（3）价格水平较低会使得某些已经短缺的产品更加短缺。产品价格水平较低不利于刺激生产，同时又不利于抑制市场的需求。这样由于资源短缺导致的产品短缺情况会更加严重。

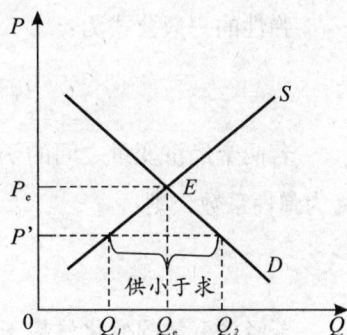

# 第四节　弹性理论

"弹性"的概念并不陌生，我们在生活中用到过"弹性"这个概念，例如石头、乒乓球和弹力球放在同一高度自由下落，弹力球反弹的高度大于乒乓球反弹的高度，而石头反弹的高度最低，基本上不反弹。我们通常说弹力球的弹性最大，石头的弹性最小，而乒乓球的弹性居于两者之间。

弹性这个词来自于物理学，本意是因变量变化率对于自变量变化率反应的一种量度。在经济学中，弹性的概念也得到广泛的应用。在经济社会中，各种商品的涨跌都会影响到我们的生活，不同商品的价格变化幅度相同时，我们对商品价格变化的敏感度并不相同。例如，我们对化妆品和首饰价格变化的敏感度要大于食盐和馒头的价格变化。因此，弹性在经济学中常用来表示一个经济变量的相对变化对另一个经济变量的相对变化所产生影响的程度。任何存在函数关系的经济变量之间都可以建立二者之间的弹性关系或进行弹性分析。

弹性的一般公式为：

$$弹性系数 = \frac{因变量的相对变化比率}{自变量的相对变化比率}$$

若两个经济变量之间的函数关系为：$Y = f(X)$，其中，$X$ 为自变量，$Y$ 为因变量，$e$ 为弹性系数，则：

$$e = \frac{\Delta Y / Y}{\Delta X / X} = \frac{\Delta Y}{\Delta X} \cdot \frac{X}{Y}$$

若经济变量的变化量趋于无穷小，则弹性就等于因变量无穷小的变化率与自变量无穷小的变化率之比，也被称为点弹性。下面公式中 $dY/dX$ 为 $Y$ 对自变量 $X$ 求的导数，即 $Y' = dY/dX$。

$$点弹性 = \lim_{\Delta x \to 0} \frac{\Delta Y}{\Delta X} \cdot \frac{X}{Y} = \frac{dY}{dX} \cdot \frac{X}{Y}$$

本节将具体介绍需求价格弹性、供给价格弹性、需求收入弹性和需求交叉价格弹性这四种弹性。

## 一、需求价格弹性

### （一）需求价格弹性的定义

需求价格弹性又简称为需求弹性，它表示在一定时期内一种商品需求量的相对变动对于该商品价格的相对变动的反应程度。不同商品的需求量对价格变化的反应度是不一样的，有些商品反应大，如化妆品和首饰，其价格下降时，消费者对它们的需求量大幅度增加；而有些商品却没有反应或反应很小，如食盐和馒头，其价格下降时，消费者对它们的需求量的变化幅度不大。我们用需求价格弹性系数 $E_d$ 来衡量这些不同的变化。

$$需求价格弹性系数 \; E_d = \frac{需求量的相对变化比率}{价格的相对变化比率}$$

此定义的理解需要注意以下几点。（1）在需求函数中，价格是自变量，需求量是因变量，所以需求弹性是需求量的变动对价格变动的反应程度。（2）需求弹性系数是两者相对变化比率的比值，而不是两者绝对量的比值。（3）对于一般商品来说，需求量与价格成反方向变动，因此，需求弹性系数都为负值。在实际应用中为了便于理解和比较，通常取其绝对值。

## （二）需求价格弹性的类型

不同的商品的需求价格弹性差别很大，按其绝对值由小到大的顺序将其分为以下五种类型。

（1）$E_d = 0$ 时，需求完全无弹性，即需求量与价格无关，需求曲线为一条垂直于横轴的直线，如图 2-12（a）所示。

（2）$0 < E_d < 1$ 时，需求缺乏弹性，即需求变化的幅度小于价格变化的幅度，需求曲线比较陡峭，如图 2-12（b）所示。

（3）$E_d = 1$ 时，需求单一弹性，即需求变化的幅度等于价格变化的幅度，如图 2-12（c）所示。

（4）$1 < E_d < \infty$ 时，需求富有弹性，即需求变化的幅度大于价格变化的幅度，需求曲线比较平坦，如图 2-12（d）所示。

（5）$E_d = \infty$ 时，需求完全弹性，即需求量的变动对于价格变动相对敏感，价格微小的变动都会引起需求量相当大的变化，需求曲线为一条平行于横轴的直线，如图 2-12（e）所示。

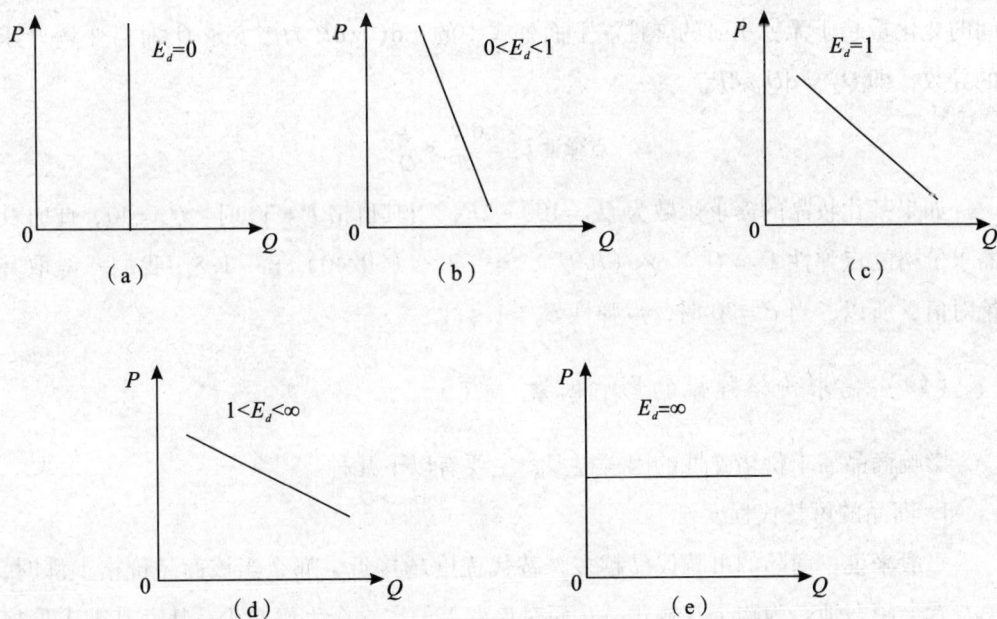

图 2-12　需求价格弹性的类型

### （三）需求价格弹性的计算

#### 1. 需求价格弹性

根据上文中需求价格弹性的定义，其计算公式为需求量的相对变化比率与价格的相对变化比率的比，即：

$$E_d = \frac{\Delta Q_d / Q_d}{\Delta P / P} = \frac{\Delta Q_d}{\Delta P} \cdot \frac{P}{Q_d}$$

其中，$E_d$ 表示需求的价格弹性，$\triangle Q_d$ 表示需求量的变动量，$\triangle P$ 表示价格的变动量。

如果馒头价格上涨了 40% 时，引起其需求量降低了 10%，那么馒头的需求价格弹性为 $E_d = -10\% / 40\% = -0.25$；如果化妆品的价格下降了 5% 时，引起其需求量增加了 10%，那么化妆品的需求价格弹性为 $E_d = 10\% / (-5\%) = -2$。

当对不同商品的需求价格弹性进行比较时，我们一般取其绝对值。所以，化妆品的需求价格弹性 $E_d = 2$，大于馒头的需求价格弹性 $E_d = 0.25$。

#### 2. 需求价格弹性的点弹性

不同商品的弹性值是不一样的，而在一般情况下，同一条需求曲线上，各点的弹性值通常不同。我们把需求曲线上某一点的弹性称为点弹性，即当需求曲线上两点之间的变化量趋于无穷小时的弹性。下面公式中的，$dQ_d / dP$ 为因变量 $Q_d$ 对自变量 $P$ 求的导数，即 $Q_d' = dQ_d / dP$。

$$\text{点弹性 } E_d = \frac{dQ_d}{dP} \cdot \frac{P}{Q_d}$$

如果某化妆品的需求函数为 $Q_d = 100 - 2P$，当其价格 $P = 30$ 时，$Q_d = 40$，此时其需求价格的点弹性 $E_d = Q_d' \times (P / Q_d) = -2 \times (30/40) = -1.5$。我们一般取其绝对值，所以，当 $P = 30$ 时，点弹性 $E_d = 1.5$。

### （四）需求价格弹性的影响因素

影响商品需求价格弹性的因素很多，主要有以下几种。

#### 1. 商品的可替代程度

一般来说，商品的可替代品越多，替代程度越接近，那么当该商品价格上涨时，消费者会越多地转为购买其替代品，而对该商品的需求会大幅减少，从而其需求价格弹性也就越大。如化妆品，其替代品很多，当某一品牌的化妆品涨价时，消费者会转向购买其替代品，该品牌化妆品的需求量会大幅下降，需求弹性比较大；而食盐的替代品不多，当食盐涨价时，消费者也不得不买，对食盐的需求没有太大的变化，所以食盐的需求价格弹性很小。

2. 商品的支出占收入的比重

一般来说，商品支出占消费者收入的比例越大，那么当该商品涨价时，我们需要多支付的金额就越多，从而就会被迫减少对它的消费。例如，若汽车和食盐的价格同时上涨10%，则十万元一辆的汽车价格会上涨一万元，而1.5元的食盐价格才涨了0.15元。很显然，消费者对汽车价格上涨的反应要比对食盐的敏感很多，而食盐价格的上涨对消费者影响很小，当然消费者对汽车需求量的下降幅度要远远大于食盐，因此汽车的需求价格弹性要大于食盐。

3. 调整时间的长短

当商品价格上涨时，人们需要一些时间来调整消费商品的类型，并找到其替代品，价格变化后这段时间越长，那么该商品的需求价格弹性就会越大。例如上班族早上为了赶时间上班，顺路买早点和报纸等商品的调整时间很短，所以上班族没有时间去寻找其替代品，即使这些商品要比其他地方贵一些，其需求量也不会发生大幅度变化，因此这些商品的需求价格弹性就会很小。而当汽油涨价时，汽油的需求量在短期内不会有较大幅度的下降，但在长期内，消费者会去寻找其替代品，如电和天然气，这时汽油的需求量就会大幅减少，其需求弹性在长期内较大。

（五）需求弹性与总收益的关系

所有消费者用于一种商品的总支出和该商品生产商得到的总收益是相等的。企业的销售收益等于价格与销售量的乘积，一种商品价格的变动会引起消费者对其需求量的变动，从而影响生产者的销售收益。而需求弹性表示一定时期内一种商品需求量的相对变动对于该商品价格相对变动的反应程度。所以商品的需求弹性对销售收益有着很密切的关系。

商品的需求弹性不同，有的商品可以通过提价增加收益，有的商品可以通过降价来增加收益。对于需求富有弹性的商品，价格和生产者的收益成反方向变化；对于需求缺乏弹性的商品，价格和生产者的收益成同方向变化。下面我们将给出详细分析。

1. 富有弹性的商品——"薄利多销"

在日常生活中，我们经常看到有些商铺大搞促销、打折销售等活动，尤其是在逢

经济学原理

年过节时。生产者之所以下调价格、打折销售，最终目的是薄利多销，以增加自己的销售收益。我们来举例分析。

例如，已知电视机需求弹性 $E_d = 2$，当价格 $P_1 = 5000$ 元/台时，需求量 $Q_1 = 100$ 台，如果其价格下调 $10\%$，试分析该厂商的收益状况。

解答：由于电视机 $E_d = 2$，如果价格下调 $10\%$，则需求量将增加 $20\%$。下降后的价格为 $P_2 = 5000 - 5000 \times 10\% = 4500$ 元/台；价格下降后的需求量增加为 $Q_2 = 100 + 100 \times 20\% = 120$（台）。

所以降价后的总收益为 $TR_2 = P_2 \times Q_2 = 4500 \times 120 = 540\,000$（元）；而降价前的总收益为 $TR_1 = P_1 \times Q_1 = 500\,000$；

$TR_2 - TR_1 = 540\,000 - 500\,000 = 40\,000$（元），$TR_2 > TR_1$，这表明当电视机的价格下调时，生产者的总收益反而是增加的。

因此，对于需求富有弹性的商品，价格和生产者的收益一般成反方向变化。试分析：电视机的价格上调 $10\%$ 时，该厂商的收益状况。

2. 缺乏弹性的商品——"谷贱伤农"

在日常生活中，对于有些商品我们很难看到其打折销售的情况，例如粮食。如果粮食采取降价促销的活动，生产的收益会怎么样呢？这就验证了中国的古话"谷贱伤农"，即农民种粮获得了大丰收，而农民的总收益反而由于丰收减少了。这是因为粮食是缺乏弹性的商品，粮食丰收了，导致粮食市场供大于求，粮价下降，而粮食需求量的变动幅度小于其价格的变动幅度，当价格下降了，收益反而减少了。

例如，已知面粉需求弹性 $E_d = 0.5$，当价格 $P_1 = 1$ 元/斤时，需求量 $Q_1 = 100$ 斤。如果面粉的价格下调 $10\%$，试分析该厂商的收益状况。

解答：面粉需求弹性 $E_d = 0.5$，当面粉的价格下调 $10\%$ 时，其需求量将增加 $5\%$。降价后的价格为 $P_2 = 1 - 1 \times 10\% = 0.9$ 元/斤，$Q_2 = 100 + 100 \times 5\% = 105$（斤）。

降价前的收益为 $TR_1 = P_1 \times Q_1 = 1 \times 100 = 100$（元）；降价后的收益为 $TR_2 = P_2 \times Q_2 = 0.9 \times 105 = 94.5$（元）；$TR_2 - TR_1 = 94.5 - 100 = -5.5$（元）；$TR_2 < TR_1$，这表明当面粉价格下调时，生产者的总收益是减少的。

因此，对于需求缺乏弹性的商品，价格和生产者的收益一般成同方向变化。试分析：面粉的价格上调 $10\%$ 时，该厂商的收益状况。

## 二、供给价格弹性

### （一）供给价格弹性的定义

价格除了影响消费者对商品的需求外，还会影响生产者对商品的供给。供给价格弹性又简称为供给弹性，它表示一定时期内一种商品供给量的相对变动对于该商品价格相对变动的反应程度。不同商品的供给量对价格变化的反应程度也是不一样的，有些商品反应大，而有些商品却没有反应或反应很小。我们用供给价格弹性系数 $E_s$ 来衡量这些不同的变化。

$$供给价格弹性系数\ E_s = \frac{供给量的相对变化比率}{价格的相对变化比率}$$

此定义的理解也需要注意以下几点。（1）在供给函数中，价格是自变量，供给量是因变量，所以供给弹性是供给量变动对价格变动的反应程度。（2）供给弹性系数是两者相对变化比率的比值，而不是两者绝对量的比值。（3）对于一般商品来说，供给量与价格成同方向变动，因此，供给弹性系数都为正值，这有别于需求弹性。

### （二）供给价格弹性的类型

不同商品的供给价格弹性差别很大，按其数值由小到大的顺序将其分为以下五种类型。

（1）$E_s = 0$ 时，供给完全无弹性，即供给量与价格无关，供给曲线为一条垂直于横轴的直线，比如土地和不可再生资源，如图 2-13（a）所示。

（2）$0 < E_s < 1$ 时，供给缺乏弹性，即供给变化的幅度小于价格变化的幅度，供给曲线比较陡峭，比如一些高技术产品，如图 2-13（b）所示。

（3）$E_s = 1$ 时，供给单一弹性，即供给变化的幅度等于价格变化的幅度，如图 2-13（c）所示。

（4）$1 < E_s < \infty$，供给富有弹性，即供给变化的幅度大于价格变化的幅度，供给曲线比较平坦，比如一些容易生产的商品，如图 2-13（d）所示。

（5）$E_s = \infty$，供给完全弹性，即供给量的变动对于价格变动相对敏感，价格微小的变动都会引起供给量相当大的变化，供给曲线为一条平行于横轴的直线，如图 2-13（e）所示。

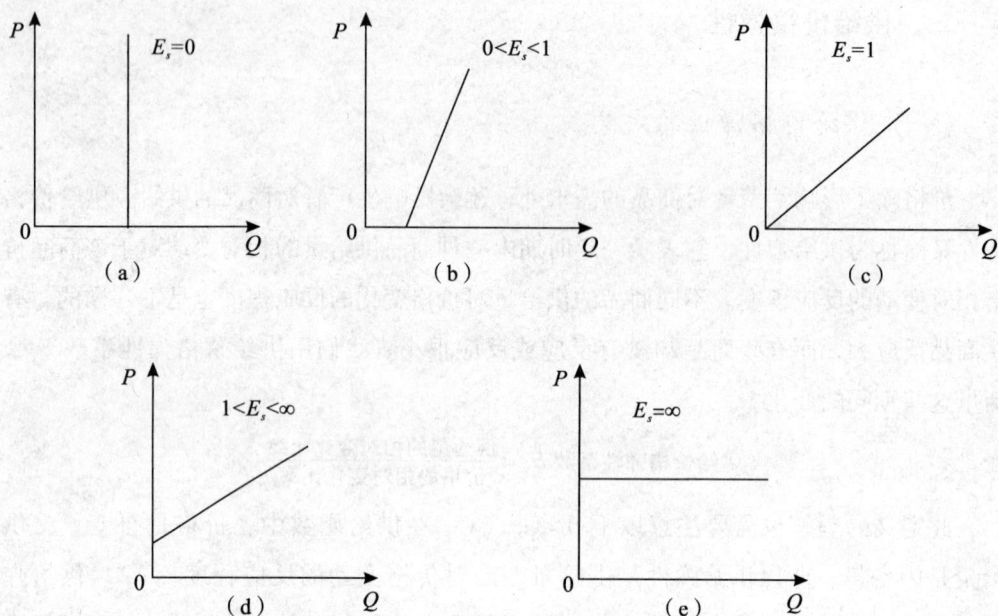

图 2-13　供给价格弹性的类型

## （三）供给价格弹性的计算

### 1. 供给价格弹性

根据上文中供给价格弹性的定义，其计算公式为供给量的相对变化比率与价格的相对变化比率的比，即：

$$E_s = \frac{\Delta Q_s / Q_s}{\Delta P / P} = \frac{\Delta Q_s}{\Delta P} \bullet \frac{P}{Q_s}$$

其中，$E_s$ 表示供给的价格弹性，$\Delta Q_s$ 表示供给量的变动量，$\Delta P$ 表示价格的变动量。

如果某商品的价格上涨了 10% 时，引起其供给量增加了 15%，那么该商品的供给价格弹性为 $E_s = 15\% / 10\% = 1.5$。

与需求弹性不同，由于供给规律中价格和供给量以同方向变动，所以供给价格弹性的数值为正数，不用再取其绝对值，而可以直接进行比较。

### 2. 供给价格弹性的点弹性

不同商品的弹性值是不一样的。我们把供给曲线上某一点的弹性称为点弹性，即当供给曲线上两点之间的变化量趋于无穷小时的弹性。下面公式中的，$dQ_s / dP$ 为因变量 $Q_s$ 对自变量 $P$ 的导数，即 $Q_s' = dQ_s / dP$。

$$点弹性\ E_s = \frac{\mathrm{d}Q_s}{\mathrm{d}P} \times \frac{P}{Q_s}$$

如果某商品的供给函数为 $Q_s = 10 + P$，当其价格 $P = 10$ 时，$Q_s = 20$，此时其供给价格的点弹性 $E_s = Q_s{}' \times (P/Q_s) = 1 \times (20/10) = 2$。

### （四）供给价格弹性的影响因素

影响商品供给价格弹性的因素很多，主要的因素有以下几种。

1. 商品生产的成本增幅程度

如果某商品在产量增加的过程中，其生产成本增幅较大时，其利润空间反而有所缩小，那么该商品的供给量增加幅度较小，其供给弹性也较小；反之，如果某商品在产量增加的过程中，其生产成本增幅较小，那么其供给弹性也较大。

2. 商品生产的难易程度

一般来说，某些容易生产、技术水平较低的劳动密集型商品，在价格发生变化时，其供给量能较快做出调整，因此其供给弹性较大；反之，一些较难生产、技术水平要求较高的资本或技术密集型的商品，随其价格的变化，其供给量较难随之调整，因此其供给弹性也较小。

3. 商品生产周期的长短

一般来说，生产周期较短的商品，生产者可以根据市场的价格走势来改变或调整产量，其供给量的变化幅度较大，因此其供给弹性也比较大；反之，生产周期较长的商品，生产者很难根据市场的价格走势改变或调整其产量，其供给量的变化幅度较小，因此其供给弹性也比较小。

## 三、其他弹性

价格影响供给和需求，上文介绍的需求弹性和供给弹性均为价格弹性。但是价格不是需求和供给变动的唯一因素，理论上决定因素的任何变动都会引起需求和供给的变动，即可以定义许多不同类型的需求和供给弹性。下文重点介绍两种弹性：需求收入弹性和需求交叉价格弹性。

### （一）需求收入弹性

1. 需求收入弹性的定义

消费者对某商品的需求除受其价格影响外，还受到消费者本身收入的影响。需求收入弹性又简称为收入弹性，它表示一定时期内一种商品需求量的相对变动对于消费者收入的相对变动的反应程度。用公式表示如下：

$$需求收入弹性系数\ E_y = \frac{需求量的相对变化比率}{消费者收入的相对变化比率}$$

不同商品的需求量对消费者收入水平变化的反应程度也是不一样的。一般来说，正常品的需求量随着消费者收入水平的提高而增加，两者为同方向变动；而低档品的需求量随着消费者收入水平的下降而减少，两者为反方向变动。

2. 需求收入弹性的计算

根据上文中需求收入弹性的定义，其计算公式为需求量的相对变化比率与消费者收入的相对变化比率的比，即：

$$E_y = \frac{\Delta Q_d / Q_d}{\Delta Y / Y} = \frac{\Delta Q_d}{\Delta Y} \cdot \frac{Y}{Q_d}$$

$E_y$ 表示需求收入弹性，$\triangle Q_d$ 表示需求量的变动量，$Q_d$ 表示需求量，$\triangle Y$ 表示消费者收入的变动量，$Y$ 表示消费者收入。

如果在一定时期内，消费者的收入增加了 2%，引起正常商品 A 的需求量增加 6%，则此商品的需求收入弹性为 $E_y = 6\%/2\% = 3$，正常商品的收入弹性为正值。

如果在一定时期内，消费者的收入增加了 10%，引起低档商品 B 的需求量减少了 20%，则此商品的需求收入弹性为 $E_y = -20\%/10\% = -2$，低档商品的收入弹性为负值。

不同商品的需求收入弹性的大小是不同的，其主要决定因素为该商品在消费者生活中必需的程度。对于生活中的必需品，如食盐，随着消费者收入的变化，食盐的需求量相对变化幅度很小，所以其需求收入弹性也较小；而对于生活中的奢侈品，如品牌服饰，随着消费者收入的变化，品牌服饰的需求量相对变化幅度很大，所以其需求收入弹性也较大。

## （二）需求交叉价格弹性

1. 需求交叉价格弹性的定义

消费者对某商品的需求除受其自身价格的影响外，还受到其他相关商品价格的影响。需求交叉价格弹性又简称为交叉弹性，它表示一定时期内一种商品需求量的相对变动对于其相关商品（替代品或互补品）价格的相对变动的反应程度。用公式表示如下：

$$需求交叉价格弹性系数\ E_{XY} = \frac{X\ 商品需求量的相对变化比率}{Y\ 商品价格的相对变化比率}$$

商品的需求量对其相关商品价格的变化反应程度也是不一样的。一般来说，某商品的需求量随着其替代品价格的提高而增加，两者为同方向变动；而某商品的需求量随着其互补品价格的提高而减少，两者为反方向变动。

2. 需求交叉价格弹性的计算

根据上文中需求交叉价格弹性的定义，其计算公式为 X 商品需求量的相对变化比率与 Y 商品价格的相对变化比率的比，即：

$$E_{XY} = \frac{\Delta Q_X / Q_X}{\Delta P_Y / P_Y} = \frac{\Delta Q_X}{\Delta P_Y} \bullet \frac{P_Y}{Q_X}$$

$E_{XY}$ 表示需求交叉价格弹性，$\triangle Q_X$ 表示 X 商品的需求量的变动量，$Q_X$ 表示 X 商品的需求量，$\triangle P_Y$ 表示 Y 商品价格的变动量，$P_Y$ 表示 Y 商品的价格。

如果在一定时期内，苹果的价格不变，由于其替代品橘子的价格增加了 10%，引起消费者对苹果的需求量增加了 5%，则这时苹果的需求交叉价格弹性为 $E_{XY}$ = 5%/10% = 0.5，替代关系中两种商品的需求交叉价格弹性为正值。

如果在一定时期内，汽车价格不变，由于其互补品汽油的价格增加了 10%，引起消费者对汽车的需求量减少了 15%，则这时汽车的需求交叉价格弹性为 $E_{XY}$ = -15%/10% = -1.5，互补关系中两种商品的需求交叉价格弹性为负值。

商品需求交叉价格弹性的主要决定因素为替代（或互补）商品之间关系的接近（或密切）程度。若两种商品的替代程度越接近，越是能够完全替代，则这两种商品的需求交叉价格弹性就会越大；反之亦然。若两种商品的互补程度越密切，越是紧密配合使用时，这两种商品的需求交叉价格弹性就越大，反之亦然。

因此，厂商在制订产品计划时要考虑其竞争对手的产品或其互补品价格变化对自家产品的影响程度。竞争对手的产品价格下降时，如果自家产品的价格不作调整，则会导致消费者转而购买对手的产品，影响自身产品的销售量。所以一般厂商的决策是：跟"跌"不跟"涨"，例如节假日时各个手机卖场都大搞促销活动。自身产品互补品的价格上升时，如果自家产品价格不作调整，也会导致消费者减少对自身产品的需求量，从而影响自身产品的销售量。所以一般厂商会下调自身产品的价格，来抵消互补品价格的上升，例如目前随着汽油价格的一路飙升，汽车价格有逐年下降的趋势。

## 本章小结

1. 市场机制指市场本身运行、调节的方式和规律。市场机制的作用是使稀缺资源得到最有效的配置。

2. 一种商品的需求是指在其他条件不变的情况下，消费者一定时期内在各种可能的价格下愿意而且能够购买的该商品的数量。需求强调两方面：消费者的购买欲望和消费者的购买能力。

3. 需求规律：在其他条件不变的情况下，随着商品价格的上升，消费者对该商品的需求量随之减少；反之，随着商品价格的下降，消费者对该商品的需求量就会增加。

4. 影响消费者需求的因素有很多，首先消费者的需求受商品本身价格的影响，除价格外还有其他的一些因素，如消费者的偏好、互补商品的价格、替代商品的价格、消费者的收入、消费者对未来价格的预期和人口数量。

5. 需求量的变动：若除价格之外的其他因素都没有改变，而只有商品价格变动，则会引起需求曲线上点的移动。需求的变动：若商品本身价格不变，而除价格之外的其他因素发生变动，则会引起需求曲线本身的移动。

6. 一种商品的供给是指一定时期内在各种可能的价格水平下，生产者愿意而且能够提供出售的该商品或服务的数量。经济学中所说的供给强调两方面：生产者的供给欲望和生产者的供给能力。

7. 供给规律：在其他条件不变的情况下，随着商品价格的上升，生产者对该商品的供给量随之增加；反之，随着商品价格的下降，生产者对该商品的供给量就会减少。

8. 影响生产者供给的因素有很多，首先生产者的供给受商品本身价格的影响，除价格外还有其他的一些因素：如生产成本、互补商品的价格、替代商品的价格、生产者对未来价格的预期和政府的相关政策。

9. 供给量的变动：若除价格之外的其他因素都没有改变，而只有商品价格变动，则会引起供给曲线上点的移动。供给的变动：若商品本身价格不变，而除价格之外的其他因素发生变动，则会引起供给曲线本身的移动。

10. 市场均衡即为市场中供给等于需求时的平衡点，是可以使买卖双方都愿意接受并保持下去的状态。在均衡点处，使需求量等于供给量的价格即为均衡价格。均衡价格对应的数量即为均衡数量，是消费者和生产者共同愿意接受的数量。

11. 支持价格也称最低限价，是政府所制定的某种商品的最低价格，其高于市场自发形成的均衡价格。限制价格也称为最高限价，是政府所制定的某种商品的最高价格，其低于市场自发形成的均衡价格。

12. 需求价格弹性又简称为需求弹性，它表示在一定时期内一种商品需求量的相对变动对该商品价格的相对变动的反应程度。对于需求富有弹性的商品，价格和生产者的收益一般成反方向变化，可以用"薄利多销"来增加收益。而对于需求缺乏弹性的商品，价格和生产者的收益一般成同方向变化，典型例子是"谷贱伤农"的现象。

13. 供给价格弹性又简称为供给弹性，它表示在一定时期内一种商品供给量的相对变动对该商品价格的相对变动的反应程度。

14. 需求收入弹性又简称为收入弹性，它表示在一定时期内一种商品需求量的相对变动对消费者收入的相对变动的反应程度。一般来说，正常品的需求量随着消费者收入水平的提高而增加，两者为同方向变动，收入弹性为正值。而低档品的需求量随着消费者收入水平的下降而减少，两者为反方向变动，收入弹性为负值。

15. 需求交叉价格弹性又简称为交叉弹性，它表示在一定时期内一种商品需求量的相对变动对其相关商品（替代品或互补品）价格的相对变动的反应程度。一般来说，某商品的需求量随着其替代品价格的提高而增加，两者为同方向变动，替代关系中两种商品的需求交叉价格弹性为正值。而某商品的需求量随着其互补品价格的提高而减少，两者为反方向变动，互补关系中两种商品的需求交叉价格弹性为负值。

## 复习思考题

### 一、名词解释

市场机制 需求 需求规律 供给 供给规律 市场均衡 均衡价格 支持价格 限制价格 需求价格弹性 供给价格弹性

### 二、判断题

1. 当汽车的价格不变，而汽油的价格越来越高时，人们对汽车的需求就会随之减少。（　　）

2. 替代商品的价格会引起原商品的需求成反方向变动。（　　）

3. 若苹果的价格不变，而消费者的收入增加了，这将会使整条需求曲线向左移动。（　　）

4. 供给反映了生产者对商品的供给量与该商品价格之间的对应关系。（　　）

5. 在支持价格政策下，产品市场一般会出现供小于求，使得市场出现过剩现象。（　　）

三、单选题

1. 如果某种商品供给曲线的斜率为正, 在保持其他因素不变的情况下, 该商品价格的上升会导致 (　　)。

A. 供给增加　　B. 供给量增加　　C. 供给减少　　D. 供给量减少

2. 需求定理表明 (　　)。

A. 随着汽油的价格提高, 对小汽车的需求量将下降

B. 药品的价格上涨会使药品的质量得到提高

C. 计算机的价格下降会引起其需求量增加

D. 随着乒乓球价格下降, 对球拍的需求量会增加

3. 消费者预期某物品未来价格要上升, 则对该物品的当前需求会 (　　)。

A. 减少　　　　B. 不变　　　　C. 增加　　　　D. 上述三种都有可能

4. 对于一般的商品来说, 当其供给不变时, 如果其需求增加, 则该商品的(　　)。

A. 均衡价格上升和均衡数量减少　　B. 均衡价格上升和均衡数量增加

C. 均衡价格下降和均衡数量减少　　D. 均衡价格下降和均衡数量增加

5. 当价格高于均衡价格时 (　　)。

A. 需求量大于供给量　　　　　　　B. 需求量小于供给量

C. 需求量与供给量相等　　　　　　D. 需求量与供给量可能相等, 也可能不等

6. 当出租车租金下调后, 对公共汽车服务的 (　　)。

A. 需求减少　　　　　　　　　　　B. 需求增加

C. 需求量减少　　　　　　　　　　D. 需求量增加

7. 假定其他条件不变, 若生产某种商品的技术提高, 则该种商品的 (　　)。

A. 需求曲线向右移动　　　　　　　B. 需求曲线向左移动

C. 供给曲线向右移动　　　　　　　D. 供给曲线向左移动

8. 下列商品中, 需求价格弹性最大的是 (　　)。

A. 高档服装　　B. 粮食　　　　C. 苹果　　　　D. 食盐

9. 若某消费者的收入上升15%, 其对某商品的需求量上升5%, 则商品的需求收入弹性 (　　)。

A. 大于1　　　B. 小于1　　　C. 等于1　　　D. 等于0

10. 需求的交叉价格弹性为负, 说明这两种商品属于 (　　)。

A. 替代品　　　B. 互补品　　　C. 独立品　　　D. 劣等品

### 四、简答题

1. 简述影响需求的因素。

2. 什么是均衡价格？简述均衡价格的形成过程。

3. 画图分析需求变动和需求量的变动。

4. 简述影响需求价格弹性的因素。

## 案例讨论

在 20 世纪 80 年代晚期，很多美国东海岸的学校都采购了昂贵的设备，以期学校能够迅速从以油为热源转而使用天然气，以避免遭受油价突然上升的打击，就像他们在 20 世纪 70 年代早期曾遭受过的那样。

1990 年秋天，发生在科威特的战争使得油价飞涨，有先见之明的学校已由烧油改为烧天然气。学校主管们本来预计能源费将有很大的节省，但却受到了一个打击：他们根本没有节省多少。当他们收到来自当地公共事业公司的账单时，他们发现天然气的价格就像油价一样也显著上涨。许多主管在公共事业公司愤怒地抱怨和谴责其价格欺诈行为，他们的理由是，战争根本没有影响到天然气的供应，所以天然气的价格没有理由也上升。这些学校主管们的理由正确吗？

试用供给和需求理论回答这样两个问题：

（1）为什么发生在科威特的战争造成了油价的上升？

（2）油价上涨如何影响天然气的需求？

（3）为什么天然气的价格也上升？

# 第三章　消费者行为理论

1. 基数效用论及边际效用递减规律；
2. 序数效用论及无差异曲线；
3. 预算线；
4. 消费者均衡及均衡的条件。

1. 能运用效用理论分析、理解现实中的一些现象。例如，为什么水是生活必需品但价格很低，而钻石并非必需品却价格很高；
2. 能用消费者行为理论解释消费者行为选择。

运用所学的消费者行为理论来指导现实生活中消费者如何获得最大满足。

### 最好吃的东西

猫和狗争论，世界上什么东西最好吃。猫说："世界上鱼最好吃，鱼的肉非常嫩，嚼起来又酥又松，味道美极了！"狗不同意，说："世界上最好吃的东西是骨头。骨头的味道美极了！我一想起骨头就要流口水！"猫和狗争论不休、相持不下，跑去请兔子评理。兔子听了，不由得大笑起来："你们这两个傻瓜，连这点儿常识都不懂！世界上最好吃的东西是萝卜！萝卜不但美味可口，而且长得漂亮。我每天做梦都梦见吃萝卜。"猫和狗听了，全都直摇头。那么，世界上到底什么东西最好吃呢？

上述案例说明效用完全是个人的主观心理评价，因人而异，不同的偏好决定了对同一种商品效用大小的不同评价。本章将从效用切入，重点讨论消费者行为理论。

# 第一节　欲望和效用

上一章介绍了需求曲线和供给曲线的基本特征，即一般情况下，需求曲线向右下方倾斜，供给曲线向右上方倾斜，但并没有说明形成这些特征的原因是什么。在微观经济学里，构造需求曲线和供给曲线是分别以对消费者行为和生产者行为的分析为依据的。作为上一章内容的深入，本章介绍的效用论将分析需求曲线背后的消费者行为，并从对消费者行为的分析中推导出需求曲线。也正是基于这个意义，效用论通常也被称为消费者行为理论。

## 一、欲望

人之所以进行经济活动，其目的是满足自己及他人的各种需要和欲望。没有需要和欲望就没有必要进行生产，也就没有经济活动。因此，需要和欲望是整个经济活动中最原始的动力，它既是经济活动的出发点，同时也是经济活动的归宿点。

所谓欲望是指人们想要得到某种东西或达到某个目的的要求，是一种缺乏的心理感觉与求得满足的愿望。欲望最大的特点在于其无限性：一种欲望满足之后又会产生其他欲望，永远没有完全得到满足的时候。正像马斯洛的需求层次理论所描述的一样，人们的欲望（或需要）由低级到高级逐层发展，当低层次的欲望满足以后，人们就会开始追求更高一级的欲望。同时，就不同的消费者而言，各自欲望的强度与等级也是有区别的。

在经济学中，就市场而言，欲望一般是指消费者的欲望，即消费者行为的出发点是欲望，而归宿是欲望的满足，也就是效用。

## 二、效用的概念

效用是对商品满足人们欲望能力的评价，即效用是指消费者在消费商品时所感受到的满足程度。某种商品对消费者是否具有效用，取决于消费者是否有消费这种商品的欲望，以及这种商品是否具有满足消费者欲望的能力。效用这一概念与人的欲望是联系在一起的，它是消费者对商品满足自己欲望能力的一种主观心理评价。我们可以从消费的主体与消费的客体两个方面对效用进行讨论。从消费的主体来讲，效用是某人从自己所从事的行为中得到的满足；从消费的客体来讲，效用是商品满足人的欲望或需要的能力。不论从主体还是客体来分析，效用均是一种心理感觉，不同于商品的使用价值。因此可以从以下几个方面理解效用：

第一，效用是一个相对概念，只有在同一物品前后满足程度之间或两种物品的满足程度之间相互比较才有意义。

第二，效用的大小或有无取决于个人的主观心理评价。同一种商品的效用对不同的消费者来说可能是不同的。

第三，效用本身不具有伦理学的意义。一种商品是否具有效用要看它是否满足人的欲望或需要，而不涉及这一欲望或需要的好坏。

### 三、效用的衡量

关于效用的衡量，经济学家们先后提出了基数效用和序数效用两种方法。

20 世纪初以前，经济学家常认为效用是能够具体衡量并加总求和的，可进行具体的效用量之间的比较，并提出了可测量的效用单位这一术语来计量效用的大小。这与数学中的基数概念相一致，基数是指 1，2，3，…可以加总求和，于是经济学家提出了基数效用的概念，并在此基础上形成了边际效用分析方法。

20 世纪 30 年代以后，人们开始质疑，消费者从某种商品中所获得的效用的数量能否真正精确、科学地估算？为了解决这个问题，经济学家们借用了另一个数学概念即序数。序数只表示顺序或等级，如第一，第二，第三，…序数不需也不能加总求和。这时的经济学家认为，效用的大小是无法具体衡量的，效用之间的比较只能通过顺序或等级来表示。在序数效用的基础上，经济学家提出了无差异曲线分析方法。

# 第二节　基数效用论

### 一、总效用和边际效用

基数效用论将效用分为总效用（Total Utility，TU）和边际效用（Marginal Utility，MU）。总效用是指消费者在一定时间内从一定数量商品的消费中所得到的效用量的总和。而边际效用是指消费者在一定时间内增加一单位商品的消费所得到的效用量的增量。假定消费者对一种商品的消费数量为 $Q$，则总效用函数为：

$$TU = f\ (Q)$$

相应的边际效用函数为：

$$MU = \frac{\Delta TU\ (Q)}{\Delta Q}$$

当消费商品的增加量趋于无穷小，即 $\Delta Q \to 0$ 时，则有

$$MU = \lim_{\Delta Q \to 0} \frac{\Delta TU\ (Q)}{\Delta Q} = \frac{\mathrm{d}TU\ (Q)}{\mathrm{d}Q}$$

需要指出的是，在西方经济学中"边际"概念是一个重要的基本概念，边际分析是最基本的分析方法，如边际成本、边际收益等。理解"边际"时要注意：第一，"边际"表示的是两个变量之间的关系，这两个变量就是自变量与因变量；第二，"边际"表示增量变动，即自变量变动所引起的因变量变动。边际量的一般含义是表示一单位的自变量的变化量所引起的因变量的变化量。其边际量的定义公式为：

$$边际量 = \frac{因变量的变化量}{自变量的变化量}$$

## 二、边际效用递减规律

所谓边际效用递减规律（The Law of Diminishing Marginal Utility）是指在一定时间内，在其他商品的消费数量保持不变的条件下，随着消费者对某种商品消费量的增加，消费者从该商品连续增加的每一消费单位中所得到的效用增量（即边际效用）是递减的。例如，当你极度口渴的时候十分需要喝水，你喝下的第一杯水是最解燃眉之急、最畅快的，但随着口渴程度降低，你对下一杯水的渴望值也不断减少，当你喝到完全不渴的时候即是边际，这时候再喝下去甚至会感到不适，再继续喝下去会越来越感到不适（即产生负效用）。

下面我们通过一个例子来进一步说明边际效用递减规律及理解总效用和边际效用之间的关系。表3-1是某消费者消费某商品的情况，由表中信息我们可以得知，当商品的消费量由0个单位增加为1个单位时，总效用由0增加为10效用单位，总效用的增量（即边际效用）为10效用单位。当商品的消费量由1个单位增加为2个单位时，总效用由10效用单位增加至18效用单位，总效用的增量即边际效用下降为8效用单位。依此类推，当商品的消费量增加为6个单位时，总效用达到最大值为30效用单位，而边际效用已减少至0。此时，消费者对该商品的消费已达到饱和。当商品的消费量继续增加至7个单位时，边际效用不仅不会上升，反而会递减为负值，即 $-2$ 效用单位，同时总效用也下降为28效用单位。

表3-1　某商品的效用表

| 商品数量 | 总效用（TU） | 边际效用（MU） |
|---|---|---|
| 0 | 0 | |

（续表）

| 商品数量 | 总效用（TU） | 边际效用（MU） |
|---|---|---|
| 1 | 10 | 10 |
| 2 | 18 | 8 |
| 3 | 24 | 6 |
| 4 | 28 | 4 |
| 5 | 30 | 2 |
| 6 | 30 | 0 |
| 7 | 28 | −2 |

根据表 3-1 绘制总效用和边际效用曲线，如图 3-1 所示。

图中的横轴表示商品的数量，纵轴表示效用量，$TU$ 曲线和 $MU$ 曲线分别为总效用曲线和边际效用曲线。由于边际效用被定义为消费品的一单位变化量所带来的总效用的变化量，又由于图中的商品消费量是离散的，所以，$MU$ 曲线上的每一个值都记在相应的两个消费数量的中点上。

在图中，$MU$ 曲线是向右下方倾斜的，它反映了边际效用递减规律，相应地，$TU$ 曲线是以递减的速率先上升后下降的。当边际效用为正值时，总效用曲线呈上升趋势；当边际效用递减为零时，总效用曲线达到最高点；当边际效用继续递减为负值时，总效用曲线呈下降趋势。

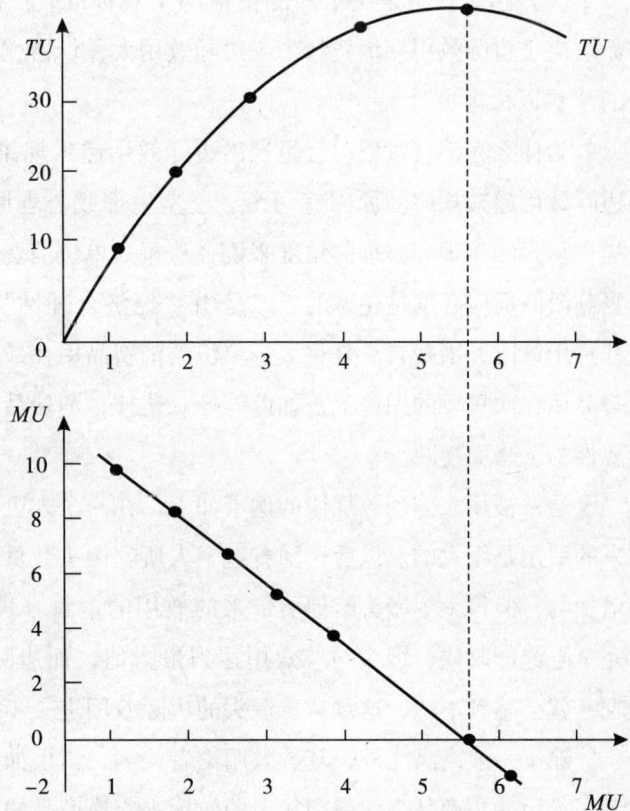

图 3-1　某商品的效用曲线

从数学意义上讲，如果效用曲线是连续的，则每一消费量上的边际效用值就是总效用曲线上相应点的斜率，对于这一点我们在后面的内容中将详细解释。

我们从表3-1和图3-1中可以看出，边际效用是递减的，而这种情况普遍存在于一切物品的消费中，因此被称为边际效用递减规律。

边际效用递减规律的内容是：在一定时间内，在其他商品消费数量保持不变的条件下，随着消费者对某种商品消费量的增加，消费者从该商品连续增加的每一消费单位中所得到的效用增量（即边际效用）是递减的。

边际效用递减规律具有以下几个特点。

（1）边际效用的大小与欲望的强弱成正比；

（2）边际效用的大小与消费量成反比，$MU=0$ 时，$TU$ 为最大；

（3）边际效用是特定时间内的效用；

（4）边际效用是决定产品价格的主观标准，产品的需求价格不取决于总效用，而取决于边际效用，消费量少，边际效用大，价格就高；反之价格就低。这就是所谓的"物以稀为贵"。

为什么在消费过程中会呈现出边际效用递减规律呢？根据基数效用论者的解释，边际效用递减规律的原因有两个。一是生理或心理原因。由于相同消费品的连续增加，从人的生理和心理的角度来说，从每一单位消费商品中感受到的满足程度和对重复刺激的反应程度是递减的。二是由"经济合理性"原则决定的。在一种商品具有几种用途时，消费者总是将第一单位的消费品用在最重要的用途上，将第二单位的消费品用在次重要的用途上，如此等等。这样，消费品的边际效用便随着消费品用途重要性的下降而递减。

通常被用来体现该规律的例子如下。在一个人饥饿的时候，吃第一个馒头给他带来的效用是很大的。以后，随着这个人所吃馒头数量的连续增加，虽然总效用是不断增加的，但每一个馒头给他所带来的效用的增量（即边际效用）却是递减的。当他完全吃饱的时候，馒头的总效用达到最大值，而边际效用却降为零。如果他还继续吃，就会感到不适，这意味着馒头的边际效用进一步降为负值，总效用也开始下降。

除了一般商品之外，基数效用论者认为，货币如同商品一样，也具有效用。消费者用货币购买商品，就是用货币的效用去交换商品的效用。商品的边际效用递减规律对于货币也同样适用。对于一个消费者来说，随着货币收入量的不断增加，货币的边际效用是递减的。这就是说，随着某消费者货币收入的逐步增加，每增加一元钱给该消费者所带来的边际效用是越来越小的。

但是，在分析消费者行为时，基数效用论者又通常假定货币的边际效用是不变的。据基数效用论者的解释，在一般情况下，消费者的收入是给定的，而且单位商品的价格只占消费者总货币收入量中的很小部分，所以当消费者对某种商品的购买量发生很小的变化时，所支出货币的边际效用的变化是非常小的。对于这种微小的货币边际效用的变化，可以略去不计。这样货币的边际效用便是一个不变的常数。

### 三、消费者均衡

消费者均衡（Consumer Equilibrium）研究的是单个消费者如何把有限的货币收入分配在各种商品的购买中，以获得最大的效用，即它研究的是单个消费者在既定收入条件下实现效用最大化的均衡条件。这里的均衡是指消费者实现最大效用时既不想再增加也不想再减少任何商品购买数量的一种相对静止的状态。

在基数效用论下，消费者实现效用最大化的均衡条件是：如果消费者的货币收入水平是固定的，市场上各种商品的价格是已知的，那么，消费者应该使自己所购买的各种商品的边际效用与价格之比相等。换言之，消费者应使自己花费在各种商品购买上的最后一元钱所带来的边际效用相等。

假如消费者用既定的收入 $I$ 购买 $n$ 种商品，$P_1$，$P_2$，…，$Pn$ 分别为 $n$ 种商品的既定价格，$\lambda$ 为不变的货币边际效用：$X_1$，$X_2$，…，$X_n$ 分别表示 $n$ 种商品的数量，$MU_1$，$MU_2$，…，$MU_n$ 分别表示 $n$ 种商品的边际效用，则上述消费者效用最大化的均衡条件可以用公式表示为：

$$P_1 X_1 + P_2 X_2 + \ldots + P_n X_n = I \qquad (1)$$

$$\frac{MU_1}{P_1} = \frac{MU_2}{P_2} = \cdots = \frac{MU_n}{P_n} = \lambda \qquad (2)$$

其中（1）式是限制条件，（2）式是在限制条件下消费者实现效用最大化的均衡条件，它表示消费者应选择最优的商品组合，使自己花费在各种商品上的最后一元钱所带来的边际效用相等，且等于货币的边际效用。

### 四、消费者剩余

消费者在购买商品时，一方面消费者对每一单位商品所愿意支付的最高价格取决于这一单位商品的边际效用。由于商品的边际效用是递减的，所以，消费者对某种商品所愿意支付的最高价格是逐步下降的。另一方面，需要区分的是消费者对每一单位商品所愿意支付的最高价格并不等于该商品在市场上的实际价格。事实上，消费者在购买商品时是按实际的市场价格支付的，因此在消费者愿意支付的最高价格和实际的市场价格之间就产生了一个差额，这个差额便构成了消费者剩余（Consumer Surplus）的基础。

例如，某种饮料的市场价格为5元，某消费者在购买第一瓶饮料时，根据其边际效用，认为值得付8元去购买，即他愿意支付的最高价格为8元。于是当该消费者以市场价格5元购买该商品时，就得到了额外的3元的剩余。在以后的购买过程中，随着该商品边际效用的递减，他为购买第二瓶、第三瓶、第四瓶时所愿意支付的最高价格分别递减为7元、6元和5元。这样，他为购买4瓶该商品所愿意支付的最高总金额 = 8元 + 7元 + 6元 + 5元 = 26元。但他实际按市场价格支付的总金额 = 5元 × 4 = 20元。两者的差额 = 26元 - 20元 = 6元，这个差额就是消费者剩余。也正是从这种感觉上讲，他认为购买4瓶该饮料是值得的，是能使自己的状况得到改善的。由此可见，消费者剩余是消费者在购买一定数量的某种商品时愿意支付的最高总价格和实际支付的总价格之间的差额。

消费者剩余也可以用几何图形来表示。简单地说，消费者剩余可以用消费者需求曲线以下、市场价格线之上的面积来表示，如图3-2中的阴影部分面积所示。

具体来看，在图3-2中，需求曲线以反需求函数的形式 $P = f(Q)$ 给出，它表示消费者对每一单位商品所愿意支付的最高价格。假定该商品的市场价格为 $P_0$，消费者的购买量为 $Q_0$，那么根据消费者剩余的定义，我们可以推断，在产量0到 $Q_0$ 区间内，需求曲线以下相当于图中的面积 $OABQ_0$；而实际支付的总金额（即总价格）等于市场价格 $P_0$ 乘以购买量 $Q_0$，即相当于图中的矩形面积 $OP_0BQ_0$。这两块面积的差额即图中的阴影部分面积 $P_0AB$，即消费者剩余。

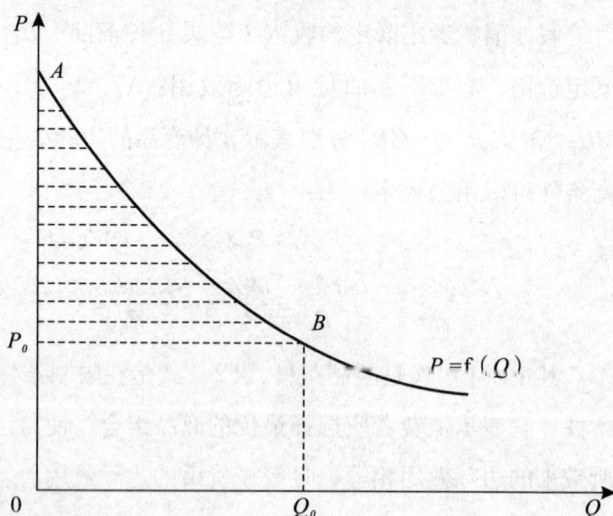

图3-2　消费者剩余

以上我们利用单个消费者的需求曲线得到了单个消费者剩余，这一分析可以扩展到整个市场。类似地，我们可以由市场的需求曲线得到整个市场的消费者剩余，市场的消费者剩余可以用市场需求曲线以下、市场价格线以上的面积来表示。

需要指出的是，消费者剩余是消费者的主观心理评价，它反映了消费者通过购买和消费商品所感受到的状态的改善。因此，消费者剩余通常被用来度量和分析社会福利问题。

# 第三节　序数效用论

在现代微观经济学中，通常使用的是序数效用概念。本节将重点介绍序数效用论者是如何运用无差异曲线分析方法来考察消费者行为的。

## 一、无差异曲线及其特征

### （一）关于偏好的假定

序数效用论者认为，商品给消费者带来的效用大小应用顺序或等级来表示。为此，序数效用论者提出了消费者偏好的概念。所谓偏好，就是爱好或喜欢的意思。序数效用论者认为，对于各种不同的商品组合，消费者的偏好程度是有差别的，正是这种偏好程度的差别，反映了消费者对这些不同商品组合效用水平的评价。具体地讲，给定 A、B 两个商品组合，如果某消费者对 A 商品组合的偏好程度大于 B 商品组合，那也就是说，这个消费者认为 A 组合的效用水平大于 B 组合，或者说，A 组合给该消费者带来的满足程度大于 B 组合。

序数效用论者提出了关于消费者偏好的三个基本的假定。

第一个假定是偏好的完全性。偏好的完全性指消费者总是可以比较和排列所给出的不同商品组合。换言之，对于任何两个商品组合 A 和 B，消费者总是可以作出，而且仅能作出以下三种判断中的一种：对 A 的偏好大于对 B 的偏好；或者对 B 的偏好大于对 A 的偏好；或者对 A 和 B 的偏好相同（即 A 和 B 是无差异的）。偏好的完全性假定保证了消费者对于偏好的表达方式是完备的，即消费者总是可以把自己的偏好评价准确地表达出来。

第二个假定是偏好的可传递性。可传递性指对于任何三个商品组合 A、B 和 C，如果消费者对 A 的偏好大于对 B 的偏好，对 B 的偏好大于对 C 的偏好，那么，在 A，C 这两个组合中，消费者必定有对 A 的偏好大于对 C 的偏好。偏好的可传递性假定保证了消费者偏好的一致性，因而也是理性的。

第三个假定是偏好的非饱和性。该假定指如果两个商品组合的区别仅在于其中一种商品的数量不相同,那么,消费者总是偏好于含有这种商品数量较多的那个商品组合。这就是说消费者对每一种商品的消费都没有达到饱和点,或者说,对于任何一种商品,消费者总是认为数量多比数量少好。

### (二) 无差异曲线及其特点

为了简化分析,假定消费者只消费两种商品,这样我们就可以直接在两维平面图上讨论无差异曲线。

无差异曲线是用来表示消费者偏好相同的两种商品的所有组合的。或者说它是表示能够给消费者带来相同的效用水平或满足程度的两种商品的所有组合的。下面用表 3-2 和图 3-3 具体说明无差异曲线的构建。

表 3-2 是某消费者关于商品 1 和商品 2 的无差异表列,表中列出了关于这两种商品各种不同的组合。该表由三个子表即表 a、表 b 和表 c 组成,每一个子表中都包含六个商品组合,且假定每一个子表中六个商品组合的效用水平是相等的。以表 a 为例:表 a 中有 A、B、C、D、E 和 F 六个商品组合。在 A 组合中,商品 1 和商品 2 的数量各为 20 和 130;在 B 组合中,商品 1 和商品 2 的数量各为 30 和 60,如此等等。而且消费者对这六个组合的偏好程度是无差异的。同样地,消费者对表 b 中的所有六个商品组合的偏好程度也都是相同的,表 c 中六个商品组合给消费者带来的满足程度也都是相同的。

表 3-2 某消费者的无差异表

| 商品组合 | 表 a | | 表 b | | 表 c | |
|---|---|---|---|---|---|---|
| | $X_1$ | $X_2$ | $X_1$ | $X_2$ | $X_1$ | $X_2$ |
| A | 20 | 130 | 30 | 120 | 50 | 120 |
| B | 30 | 60 | 40 | 80 | 55 | 90 |
| C | 40 | 45 | 50 | 63 | 60 | 83 |
| D | 50 | 35 | 60 | 50 | 70 | 70 |
| E | 60 | 30 | 70 | 44 | 80 | 60 |
| F | 70 | 27 | 80 | 40 | 90 | 54 |

但需要注意的是,表 a、表 b 和表 c 三者各自所代表的效用水平的大小是不一样的。只要对表中的商品组合进行仔细观察和分析,就可以发现,根据偏好的非饱和性假设,或者说,根据商品数量"多比少好"的原则,可以得出结论:表 a 所代表的

效用水平低于表 b，表 b 又低于表 c。

根据表 3-2 绘制的无差异曲线如图 3-3 所示。图中的横轴和纵轴分别表示商品 1 的数量 $X_1$ 和商品 2 的数量 $X_2$；曲线 $U_1$、$U_2$、$U_3$，顺次代表与表 a、表 b 和表 c 相对应的三条无差异曲线。这三条无差异曲线是这样得到的，以无差异曲线 $U_1$ 为例。

先根据表 a 描绘出相应的六个商品组合点 A、B、C、D、E 和 F，然后用曲线把这六个点连接起来（在假定商品数量可以无限细分的假定下），便形成了光滑的无差异曲线 $U_1$。用相同的方法，可以根据表 b 和表 c，分别绘制出无差异曲线 $U_2$ 和 $U_3$。

需要指出，在表 3-2 中我们只列出了三个子表，相应地，在图 3-3 中我们只得到了三条无差异曲线。实际上，我们可以假定消费者的偏好程度可以无限多，也就是说我们可以有无穷个无差异子表，从而得到无数条无差异曲线。表 3-2 和图 3-3 只不过是一种分析的简化而已。

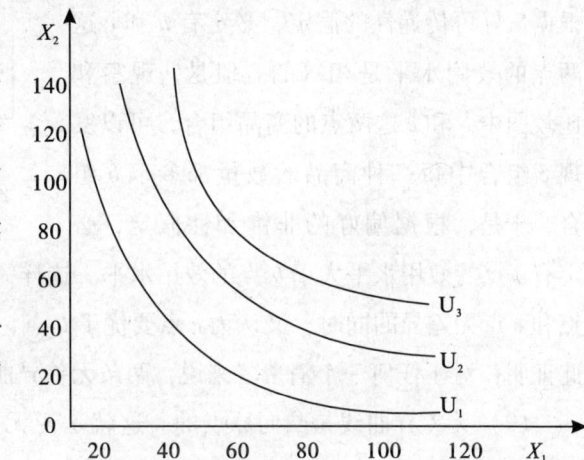

图 3-3　某消费品的无差异曲线

在此，我们再进一步引入效用函数的概念。效用函数表示某一商品组合给消费者所带来的效用水平。假定消费者只消费两种商品，则效用函数为：

$$U = f(X_1, X_2)$$

式中，$X_1$ 和 $X_2$ 分别为两种商品的数量；$U$ 为效用水平。在此基础上，与无差异曲线相对应的效用函数为：

$$U = f(X_1, X_2) = U°$$

式中，$U°$ 为一个常数，表示一个不变的效用水平。该效用函数有时也被称为等效用函数。

无差异曲线具有以下三个基本特征。

（1）由于通常假定效用函数是连续的，所以在同一坐标平面上的任何两条无差异曲线之间，可以有无数条无差异曲线。可以这样想象：我们可以画出无数条无差异曲线，以至覆盖整个平面坐标图。所有这些无差异曲线之间的相互关系是：离原点越远的无差异曲线代表的效用水平越高，离原点越近的无差异曲线代表的效用水平越低。

（2）在同一坐标平面图上的任何两条无差异曲线都不会相交。这可以用图3-4来说明。

图中两条无差异曲线相交于 a 点，这种画法是错误的。其理由在于：根据无差异曲线的定义，由无差异曲线 $U_1$ 可得 a、b 两点的效用水平是相等的，由无差异曲线 $U_2$ 可得 a、c 两点的效用水平是相等的。于是根据偏好可传递性的假定，必定有 b 和 c 这两点的效用水平是相等的。但是，观察和比较图中 b 和 c 这两点的商品组合，可以发现 c 组合中每一种商品的数量都多于 b 组合，于是，根据偏好的非饱和性假定，必

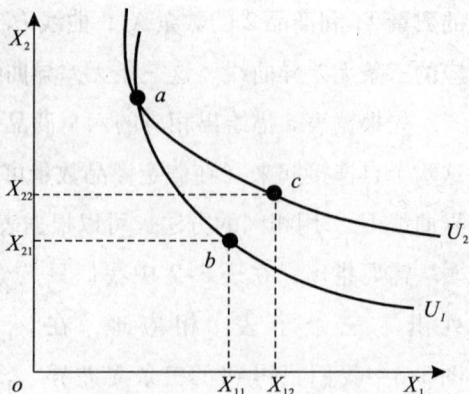

图3-4　违反偏好假定的无差异曲线

定有 c 点的效用水平大于 b 点的效用水平。这样一来矛盾产生了：该消费者在认为 b 点和 c 点无差异的同时，又认为 c 点要优于 b 点，这就违背了偏好的完全性假定。由此证明：对于任何一个消费者来说，两条无差异曲线相交的画法是错误的。

（3）无差异曲线是凸向原点的。这就是说无差异曲线不仅向右下方倾斜，即无差异曲线的斜率为负值，而且无差异曲线是以凸向原点的形状向右下方倾斜的，即无差异曲线斜率的绝对值是递减的。为什么无差异曲线具有凸向原点的特征呢？这取决于商品的边际替代率递减规律。关于这一点，将在下一个问题中详细说明。

## 二、商品的边际替代率

### （一）商品的边际替代率

可以想象一下，当一个消费者沿着一条既定的无差异曲线上下滑动的时候，两种商品的数量组合会不断地发生变化，而效用水平却保持不变。这就说明，在维持效用水平不变的前提条件下，消费者在增加一种商品的消费数量的同时，必然会放弃一部分另一种商品的消费数量，即两种商品的消费数量之间存在着替代关系。由此经济学家建立了商品的边际替代率（Marginal Rate of Substitution，MRS）的概念。在维持效用水平不变的前提下，消费者增加一单位某种商品的消费数量时所需要放弃的另一种商品的消费数量，被称为商品的边际替代率。商品 1 对商品 2 的边际替代率的定义公式为：

$$MRS_{12} = -\frac{\Delta X_2}{\Delta X_1}$$

式中，$\Delta X_1$ 和 $\Delta X_2$ 分别为商品 1 和商品 2 的变化量。由于 $\Delta X_1$ 是增加量，$\Delta X_2$ 是减少量，两者的符号肯定是相反的，所以，为了使 $MRS_{12}$ 的计算结果是正值，以便于比较，就在公式中加了一个负号。

当商品数量的变化趋于无穷小时，商品的边际替代率公式为：

$$MRS_{12} = \lim_{\Delta x_1 \to 0} -\frac{\Delta X_2}{\Delta X_1} = -\frac{dX_2}{dX_1}$$

显然，无差异曲线上某一点的边际替代率就是无差异曲线在该点斜率的绝对值。

### （二）商品的边际替代率递减规律

西方经济学家指出，在两种商品的替代过程中，普遍存在着商品的边际替代率递减规律。具体地说，商品的边际替代率递减规律是指在维持效用水平不变的前提下，随着一种商品消费数量的连续增加，消费者为得到每一单位的这种商品所需要放弃的另一种商品的消费数量是递减的。之所以会普遍发生商品边际替代率递减的现象，其原因在于：随着一种商品消费数量的逐步增加，消费者想要获得更多的这种商品的愿望就会递减，从而为了多获得一单位的这种商品而愿意放弃的另一种商品的数量就会越来越少。从几何意义上讲，由于商品的边际替代率就是无差异曲线斜率的绝对值，所以，边际替代率递减规律决定了无差异曲线斜率的绝对值是递减的，即无差异曲线是凸向原点的。

# 第四节　预算线

无差异曲线描述了消费者对不同商品组合的偏好，它仅仅表示了消费者的消费愿望。这种愿望构成分析消费者行为的一个方面。另一方面，消费者在购买商品时，必然会受到自己的收入水平和市场上商品价格的限制，这就是预算约束。预算约束可以用预算线来说明。

## 一、预算线的含义

预算线（Budget Line）又称为预算约束线、消费可能线和价格线。预算线表示在消费者收入和商品价格给定的条件下，消费者的全部收入所能购买到的两种商品的各种组合。假定某消费者的一笔收入为 120 元，全部用来购买商品 1 和商品 2，其中，商品 1 的价格 $P_1 = 4$ 元，商品 2 的价格 $P_2 = 3$ 元。那么，全部收入都用来购买商品 1 可得 30 单位，全部收入用来购买商品 2 可得 40 单位。由此作出的预算线为图 3-5 中的线段 $MN$。

图中预算线的横截距 $ON$ 和纵截距 $OM$ 分别表示全部收入用来购买商品 1 和商品 2 的数量。

预算线的斜率是两商品价格之比的相反数即 $-\dfrac{P_1}{P_2}$，因为，预算线的的斜率可以写为：

$$-\frac{OM}{ON} = -\frac{\dfrac{120}{P_2}}{\dfrac{120}{P_1}} = -\frac{P_1}{P_2}$$

下面，我们从以上的具体例子转向对预算线的一般分析。

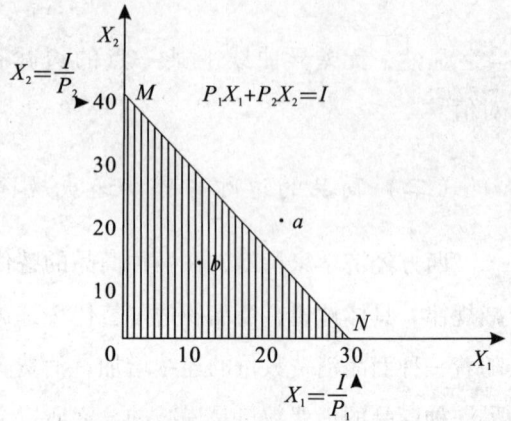

图 3-5　预算线

假定以 1 表示消费者的既定收入，以 $P_1$ 和 $P_2$ 分别表示商品 1 和商品 2 的价格，以 $X_1$ 和 $X_2$ 分别表示商品 1 和商品 2 的数量，那么，相应的预算等式为：

$$P_1 X_1 + P_2 X_2 = I$$

该式表示：消费者的全部收入等于他购买商品 1 和商品 2 的总支出。而且，可以用 $\dfrac{I}{P_1}$ 和 $\dfrac{I}{P_2}$ 来分别表示全部收入仅购买商品 1 或商品 2 的数量，它们分别表示预算线的横截距和纵截距。此外，预算等式也可以改写成如下形式：

$$X_2 = -\frac{P_1}{P_2} X_1 + \frac{I}{P_2}$$

上面的预算线方程告诉我们，预算线的斜率为 $-\dfrac{P_1}{P_2}$，纵截距为 $\dfrac{I}{P_2}$。

除此之外，从图 3-5 中还可以看到，预算线 $MN$ 把平面坐标图划分为三个区域：预算线 $MN$ 以外区域中的任何一点，如 $a$ 点，是消费者利用全部收入都不可能实现的商品购买的组合点。预算线 $MN$ 以内区域中的任何一点，如 $b$ 点，表示消费者的全部收入在购买该点的商品组合以后还有剩余。唯有预算线 $MN$ 上的任何一点，才是消费者的全部收入刚好花完所能购买到的商品组合点。图中阴影部分的区域（包括直角三角形的三条边），被称为消费者的预算可行集或预算空间。

## 二、消费者均衡

在已知消费者偏好和预算线约束的前提下,可以分析消费者对最优商品组合的选择。具体的做法是,把前面考察过的消费者的无差异曲线和预算线结合在一起,来分析消费者追求效用最大化的购买选择行为。

### (一) 消费者均衡的含义

消费者追求自身的最大满足,同时也受到收入条件的限制。在经济学中,消费者均衡是指在商品现行价格和消费者收入既定的条件下,消费者获得了最大效用、不愿再变动购买量的状态。在这种状态下,消费者消费一定数量的各种商品的组合,是他在现有收入水平下所能达到的最优组合,因此,他既不想再增加也不想再减少任何一种商品的消费数量。

### (二) 消费者均衡的前提假设

消费者均衡是在一系列的假设前提下得到的。

(1) 消费者的嗜好是既定的,即消费者对各种商品效用与边际效用的评价是既定的,不会发生变动。

(2) 消费者的收入是既定的,每一单位货币的边际效用对消费者来说是相同的。

(3) 商品的价格是既定的。

消费者均衡就是要说明在这些假设条件下,消费者如何把有限的收入分配于各种商品的购买上,以获得总效用的最大。

### (三) 消费者均衡的条件

消费者的最优购买行为必须满足两个条件:第一,最优的商品购买组合必须是消费者最偏好的商品组合,也就是说,最优的商品购买组合必须是能够给消费者带来最大效用的商品组合;第二,最优的商品购买组合必须位于给定的预算线上。

关于第二点,只要再看一下图 3-6 中被预算线划分的三个区域,马上就可以明白。这就是:预算线左边区域中的任何一个商品组合都是不可取的,因为消费者的收入未花完,消费者应该将其全部收入都用于实现效用最大化的目标上。而预算线右边区域中的任何一个商品组合对于消费者来说都是不现实的,或者说,都是无力购买的。所以,最优的购买组合只能出现在预算线上。

下面利用图3-6来具体说明消费者的最优购买行为。

在前面假定的前提下，消费者应该如何选择最优的商品组合，以获得最大的效用呢？认真考虑一下这个问题，可以得到以下两点：第一，消费者偏好给定的假定，意味着给定了一个由该消费者的无数条无差异曲线所构成的无差异曲线簇。为了简化分析，我们从中取出三条，即图3-6中的三条无差异曲线$U_1$、$U_2$和$U_3$。第二，消费者的收入和

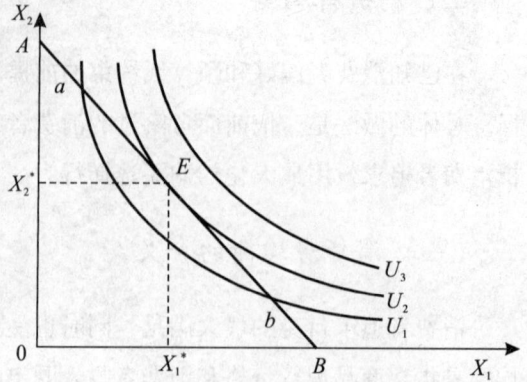

图3-6  消费者均衡

两商品的价格给定的假定，意味着给定了该消费者的一条预算线，这便是图3-6中唯一的一条预算线$AB$。

然后，在图3-6中找出该消费者实现效用最大化的最优商品组合。面对图3-6中的一条预算线和三条无差异曲线，我们说，只有预算线$AB$和无差异曲线$U_2$的相切点$E$（因为点$E$在预算线$AB$上）才是消费者在给定的预算约束下能够获得最大效用的均衡点。在均衡点$E$处，相应的最优购买组合为$(X_1^*, X_2^*)$。

为什么唯有$E$点才是消费者效用最大化的均衡点呢？这是因为，就无差异曲线$U_3$来说，虽然它代表的效用水平高于无差异曲线$U_2$，但它与既定的预算线$AB$既无交点又无切点。这说明消费者在既定的收入水平下无法实现无差异曲线$U_3$上任何一点商品组合的购买。就无差异曲线$U_1$来说，虽然它与既定的预算线$AB$相交于$a$、$b$两点，这表明消费者利用现有收入可以购买$a$、$b$两点的商品组合，但是，这两点的效用水平低于无差异曲线$U_2$，因此理性的消费者不会用全部收入去购买无差异曲线$U_1$上$a$、$b$两点的商品组合。事实上，就$a$点和$b$点来说，若消费者能改变购买组合，选择$AB$线段上位于$a$点右边或凸点左边任何一点的商品组合，都可以达到比$U_1$更高的无差异曲线，以获得比$a$点和$b$点更大的效用水平。这种沿着$AB$线段由$a$点往右和由$b$点往左的运动，最后必定在正点达到均衡。显然，只有当既定的预算线$AB$和无差异曲线$U_2$相切于$E$点时，消费者才在既定的预算约束条件下获得最大的满足。故$E$点就是消费者实现效用最大化的均衡点。

最后，找出消费者效用最大化的均衡条件。在切点$E$，无差异曲线和预算线两者的斜率是相等的。我们已经知道，无差异曲线斜率的绝对值就是商品的边际替代率$MRS_{12}$，预算线斜率的绝对值可以用两商品的价格之比$\dfrac{P_1}{P_2}$来表示。

由此，在均衡点 $E$ 有：

$$MRS_{12} = \frac{P_1}{P_2}$$

这就是消费者效用最大化的均衡条件。它表明，在一定的预算约束下，为了实现最大的效用，消费者应该选择最优的商品组合，使得两商品的边际替代率等于两商品的价格之比。也可以这样理解：在消费者的均衡点上，消费者愿意用一单位的某种商品去交换的另一种商品的数量（即 $MRS_{12}$），应该等于该消费者能够在市场上用一单位的这种商品去交换得到另一种商品的数量（即 $\frac{P_1}{P_2}$）。

## 本章小结

消费者行为理论是研究居民的消费行为的，它是以需求理论为理论依据的。

1. 基数效用理论

效用是指某人从自己所从事的行为中得到的满足，也指商品或劳务满足人的欲望或需要的能力。效用大小取决于个人的判断。效用理论分为基数效用理论和序数效用理论。基数效用理论认为效用的大小可用基数进行测量。边际效用是指消费者每增加一单位某种商品的消费所增加的满足程度。边际效用满足递减原理。

2. 序数效用理论

(1) 序数效用是指以效用偏好程度来排列效用的大小，其分析工具为无差异曲线。无差异曲线表明了给予消费者等量满足的两种商品的全部组合，建立在边际效用递减规律基础上的边际替代率递减决定了无差异曲线凸向原点。

(2) 预算线是消费者均衡的约束条件。预算线和无差异曲线的切点为消费均衡点。

3. 消费者均衡条件是使其花费在所购买的每一种商品上的最后一元钱所得到的边际效用相等。消费者剩余是指消费者为消费某种商品而愿意付出的总价值与他实际购买支出的差额。

## 复习思考题

一、名词解释

效用　基数效应论　序数效用论　总效用　边际效用　消费者剩余　预算线　无差异曲线

**二、判断题**

1. 一种商品效用的大小表明其在生产过程中作用的大小。（　　）

2. 消费者剩余是指消费者为消费某种商品而愿意付出的总价值与他实际购买支出的差额。（　　）

3. 相同的商品对不同消费者产生的效用是相等的。（　　）

4. 基数效用论认为商品效用的大小是可以具体衡量的。（　　）

5. 序数效用论认为商品效用的大小是不可以比较的。（　　）

6. 总效用达到最大时，边际效用为零。（　　）

7. 同一条无差异曲线上的不同点表示：效用水平相同，所消费的两种商品的组合比例也相同。（　　）

8. 预算线反映了消费者偏好。（　　）

**三、简答题**

1. 请解释亚当·斯密提出的"价值之谜"——水的使用价值很大，而交换价值却很小；钻石的使用价值很小，但交换价值却很大。

2. 无差异曲线的特征是什么？

3. 简要分析边际替代率递减的原因。

4. 简述基数效用论和序数效用论的区别。

## 📖 案例讨论

【案例一】如果你有一辆需要四个轮子才能开动的车子，而你已经有了三个轮子，那么当你有第四个轮子时，这第四个轮子的边际效用似乎超过第三个轮子的边际效用，这是不是违反了边际效用递减规律？

【案例二】瓶装水在不同的地方销售，价格相差很大，一般大型超市中1元钱一瓶，而加油站、小区杂货店就要2元，电影院、KTV里就可能更高。为什么同一样商品可以卖出不同的价位？

【案例三】一个农民在原始森林中建了一座小木屋，独自在那里劳动和生活。他收获了5袋谷物，这些谷物要用到来年秋天，但不必留有剩余。第一袋谷物是他维持生存所必需的。第二袋谷物是在维持生存之外来增强体力和精力的。第三袋谷物来饲养鸡、鸭等家禽。第四袋谷物用于酿酒。第五袋谷物用来养几只鹦鹉，这样可以解闷儿。现在要问的问题是：如果一袋谷物遭受了损失，比如被小偷偷走了，你觉得他会怎么办？

# 第四章　厂商理论：生产和收益

📖 知识目标

1. 生产函数的含义；

2. 短期生产函数和长期生产函数的含义；

3. 等产量线与等成本线的含义；

4. 短期成本函数和长期成本函数的含义；

5. 利润最大化原则。

📖 能力目标

1. 如何选择一种可变生产要素的合理投入区域；

2. 厂商为获得最大利润应遵循的原则。

📖 技术目标

通过对某厂商的市场调查，给出厂商获得最大利润的措施。

📖 案例导入

### 生产中的"量变导致质变"的现象

在农业生产过程中，农民为了增加农作物的产量，往往会给农作物施肥。加入肥料的农作物一般产量会较高，但如果源源不断地给农作物增加肥料，农作物的产量反而会有所下降。这是为什么呢？原因是肥料的过量使用给农作物的生长带来了负面效应。

同样，在商品的生产过程中也会存在这种现象。生产要素的投入在不断增加的过程中，也会导致产出的最终下降。那么投入和产出到底存在哪些规律呢？

## 第一节　生产和厂商目标

### 一、生产

随着市场经济的发展，在日常生活中，我们所用到的生活物品几乎都是被生产出

73

来的，例如粮食、服装、化妆品和手机等。那什么是生产呢？经济学认为，生产是将投入转化为产出的活动，或者说将生产要素进行组合以制造产品的活动。

什么是生产要素呢？顾名思义，生产要素即为生产过程中所需要的各种资源。在西方经济学中，一般将基本的生产要素概括为四种类型：劳动（L）、土地（N）、资本（K）和企业家才能（E）。

劳动是指劳动力所提供的劳务服务，如脑力劳动与体力劳动。土地是指生产中所使用的各种自然资源，如土地、矿藏和森林等。资本是指生产中所使用的资金，如无形的人力资本（文化和技术等）和有形的物质资本（厂房、设备等）。企业家才能是指企业家在生产过程中起到的组织和管理作用。

生产的目的是提供满足人们赖以生活的物质、文化需要的物品和服务。

## 二、厂商及目标

生产者也称为厂商或企业，是产品的生产者和销售者，它以营利为目的，是把各种生产要素组织起来进行生产加工提供产品和劳务的经济实体。在经济学中，厂商被假定为理想的经济人来研究。厂商的目标是什么呢？

在现实经济中，厂商的目标受多种因素的影响，各有差异。经济学将厂商抽象为理性的经济人，与消费者的消费目的是追求最大的满足一样，厂商的内部目标就是追求产量最大化或所用成本最小化；厂商的外部目标是追求利润最大化。而利润最大化是厂商发展的根本动力和源泉。

对于厂商来说，利润来源为销售总收益与生产总成本之间的差额，所以总利润＝总收益－总成本。在下面的章节里，我们具体介绍产量、成本和收益，以及厂商获得利润最大化的原则。

# 第二节　生产函数

生产是将投入转化为产出的活动，厂商的产出很显然会受到投入的影响。如何来研究投入—产出的关系呢？经济学中引入了生产函数来描述生产。

## 一、生产函数

### （一）生产函数的含义

生产函数用来表示一个生产过程中生产要素的投入量与产品产出之间的函数关

系。具体来讲，生产函数是指在一定时期内，在技术水平不变的情况下，生产中所使用的各种生产要素的数量与所能生产的最大产量之间一一对应的函数关系。

正确理解生产函数的含义需注意以下几点。

（1）"一定时期内"表示生产函数中的产量是在一段时期内度量的，如一年内、一季度内的产量。（2）"技术水平不变"是指既定的投入量所能生产的最大产量一一对应的关系不变，即投入与产出的函数关系不变。若技术水平发生改变，那么生产函数也会发生改变。（3）"最大产量"表示在经济学里被抽象为最优意义上的关系，即只考虑技术因素给生产带来的影响，而忽略其他非技术因素，如管理水平落后、工人技术水平参差不齐等。

## （二）生产函数的公式

如果用 $Q$ 表示所能生产的最大产量，用 $L$、$N$、$K$、$E$ 表示四种基本生产要素，则生产函数可用数学公式表示为：

$$Q = f(L, N, K, E)$$

经济学具体分析生产要素和产量的关系时，一般将土地作为固定的因素，而企业家才能又很难估算，所以为了简化起见，通常假定生产中只使用劳动和资本这两种生产要素，因此生产函数一般简化为：

$$Q = f(L, K)$$

其中 $L$ 表示劳动投入量，$K$ 表示资本投入量。

## （三）生产函数的分类

由于生产函数描述的是投入和产出的关系，所以投入变化会引起产量的变动。但是，在实际生产中，并非所有的投入都是可变动的。例如，食品加工厂在短时间内（如一个月）接到一份大额订单，超出了该厂的常规生产能力，该厂应该对生产要素做出如何调整呢？是让工人加班或临时雇用更多工人来完成产量呢？还是加急扩建厂房来增加设备完成产量呢？很显然，短时间内扩建厂房是来不及的，一般来说该厂会选择前一途径，即增加临时工或采取加班加点的方法。

所以为了更好地揭示生产过程中呈现出的不同规律，经济学中将生产分为短期生产和长期生产。那么，如何区分短期生产和长期生产呢？短期和长期的划分并不是以时间长短来划分的，而是以生产过程中全部生产要素是否可以调整来划分。

短期是指在一定时期内，厂商来不及调整全部生产要素投入，即至少有一种生产要素投入数量是不可调整的生产时期。在短期内，生产要素分为不变要素和可变要素两种。不变要素是指厂商在短期生产内无法进行调整的要素投入，例如厂房、大型机器设备等。而可变要素是指厂商在短期生产内可以进行调整的要素投入，例如劳动力、原材料等。

由于资本投入量因来不及调整而保持不变，产出量就只与劳动投入量有关，所以短期的生产函数可以简化为：

$$Q = f(L)$$

长期是指这样的一个生产时期，这个时期足够长以至于任何生产要素的投入都是可以改变的。例如，厂商可以扩大或缩小生产规模，也可以进入或退出一个行业。在长期内，厂商的所有生产要素都可以得到调整，所以也就没有了可变要素和不变要素投入之分。长期的生产函数可以简化为：

$$Q = f(L, K)$$

## 二、短期生产函数

短期生产函数中，对于只有一种要素投入（如劳动 $L$）可以改变的生产过程，经济学中采用总产量、平均产量和边际产量这三个定义来研究。

### （一）总产量、平均产量和边际产量的含义

1. 总产量

总产量（Total Product，TP）表示在一定技术水平下，投入一定量的可变生产要素所生产的全部产量。其公式表示为：

$$TP = f(L)$$

2. 平均产量

平均产量（Average Product，AP）表示在一定技术水平下，平均每单位可变生产要素所生产的产量。其公式表示为：

$$AP = TP/L$$

3. 边际产量

边际产量（Marginal Product，MP）表示在一定技术水平下，新增加一单位可变要素所引起的总产量的增量。其公式表示为：

$$MP = \triangle TP / \triangle L$$

当 $\triangle L$ 趋近于 0 时，$MP = dTP/dL = TP'$，即边际产量为总产量函数对 $L$ 求的导数

值。

## （二）总产量、平均产量和边际产量曲线

我们通过调查某厂商的短期生产情况，列出了其总产量、平均产量和边际产量数据，据此来具体分析三者的内在关系以及它们的变化趋势。具体如表4-1所示。

表4-1 某厂商的短期生产情况

| 劳动力投入量（$L$） | 总产量（$TP$） | 平均产量（$AP$） | 边际产量（$MP$） |
|---|---|---|---|
| 0 | 0 | — | — |
| 1 | 10 | 10 | 10 |
| 2 | 25 | 12.5 | 15 |
| 3 | 45 | 15 | 20 |
| 4 | 70 | 17.5 | 25 |
| 5 | 105 | 21 | 35 |
| 6 | 120 | 20 | 20 |
| 7 | 133 | 19 | 8 |
| 8 | 144 | 18 | 4 |
| 9 | 153 | 17 | 1 |
| 10 | 153 | 15.3 | 0 |
| 11 | 143 | 13 | -10 |

根据表4-1中的数据，可以画出总产量、平均产量和边际产量的曲线图，如图4-1所示。

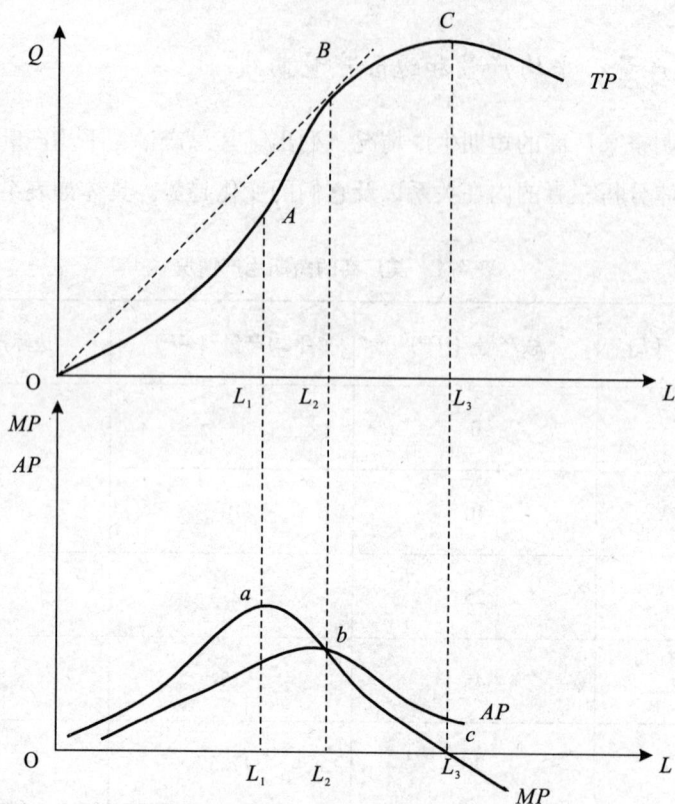

图4-1　总产量、平均产量和边际产量曲线

从图4-1中，我们可以清楚地看出总产量、平均产量和边际产量曲线走势的特征，以及它们之间存在的关系。

1. 三条曲线的特征

（1）随着劳动投入的增加，TP线最初增加的速度越来越快，但到达一定程度（A点）之后，增加速度越来越慢，在C点到达最大，之后开始下降，呈现出"倒U型"特点。

（2）随着劳动投入量的增加，AP线开始时增加，到达最高点a点后开始下降，呈现出"倒U型"特点。

（3）随着劳动投入的增加，MP线开始时增加，到达最高点b点后开始下降，经过c点之后变为负值，也呈现出"倒U型"特点。

2. 三条曲线的关系

（1）边际产量MP与总产量TP之间的关系

两点之间的边际产量等于总产量曲线在这两点之间的斜率。所以，从图4-1中可以看出：当边际产量 $MP>0$ 时，总产量 $TP$ 随着劳动投入量的增加而增加；当边际产量 $MP=0$ 时，总产量 $TP$ 达到最大值；当边际产量 $MP<0$ 时，总产量 $TP$ 呈下降趋势，不断减少。

（2）边际产量 $MP$ 与平均产量 $AP$ 之间的关系

从图 4-1 中可以看出，边际产量 $MP$ 与平均产量 $AP$ 相交于平均产量的最高点 $b$ 点处。当边际产量 $MP$ 大于平均产量 $AP$ 时，即在 $b$ 点之前，平均产量 $AP$ 随着劳动投入量的增加而不断增加；当边际产量 $MP$ 小于平均产量 $AP$ 时，即在 $b$ 点之后，平均产量 $AP$ 随着劳动投入量的增加而不断减少；当边际产量 $MP$ 等于平均产量 $AP$ 时，即两者相交于 $b$ 点处，平均产量 $AP$ 达到最大值。

例如，已知当 $L=5$ 时，$Q=30$，$AP=6$，若此时增加 1 个 $L$，$\triangle L=1$，总产量增加量 $\triangle Q=12$ 时，$MP=\triangle Q/\triangle L=12$，由于 $MP>AP$，可以算出这时的 $AP_1=$（30 + 12）／（5 + 1）=7，$AP$ 随着 $L$ 的增加而增加；若此时增加 1 个 $L$，$\triangle L=1$，总产量增加量 $\triangle Q=3$ 时，$MP=\triangle Q/\triangle L=3$，由于 $MP<AP$，可以算出这时的 $AP_2=$（30 + 3）／（5 + 1）=5.5，$AP$ 随着 $L$ 的增加而减少。

### （三）边际收益递减规律

在短期生产过程中，随着一种可变要素的不断增加，总产量是不是一直增加呢？从上面的总产量的曲线中可以看出，总产量随着劳动（L）的不断增加，开始时不断增加但达到最高点后，又随之不断下降。这一现象的直接原因就是边际产量是不断递减的。这一规律就是著名的边际收益递减规律。其在农业生产中的作用最明显。例如，在农业生产过程中，开始增加肥料施用量时，农作物的产量会得到提高。但在其他条件不变时，盲目施肥导致农作物施肥过量时，反而会导致其产量的不断下降。

边际收益递减规律又称为收益递减规律，是指在技术水平不变的情况下，当把一种可变的生产要素投入到一种或几种不变的生产要素中时，最初这种生产要素的增加会使产量增加，但当它的增加超过一定限度时，每增加一单位该投入导致的总产量的增加量（即边际产量）反而不断减少，最终还会使该增加量为负值，导致总产量的减少。

边际收益递减规律简单理解为：随着可变投入的不断增加，可变投入所带来的边际产量最终会逐渐减少，减到等于零，甚至小于零。而可变投入的增加不会使总产量增加，反而会导致总产量不断下降。

需注意，边际收益递减规律成立的前提是：生产技术水平不变，其他生产要素投入量不变，而只有一种可变生产要素投入发生变化的情况。

### （四）一种可变生产要素的合理投入区

从图4-1中可以看出，由于边际收益递减规律的存在，在其他生产要素投入量不变的情况下，连续增加一种可变生产要素的投入量时，总产量呈现出先增加后减少的特点。那么，对于一个厂商来说，应该如何选择某一要素的最佳投入量呢？

通常根据图4-1中总产量、平均产量和边际产量曲线走势的特征，将生产要素的投入分为三个阶段，如图 4-2 所示。

第一阶段，劳动投入量从 0—$L_2$ 的阶段。在此阶段内，由于边际产量大于平均产量，平均产量不断递增，总产量也不断增加。

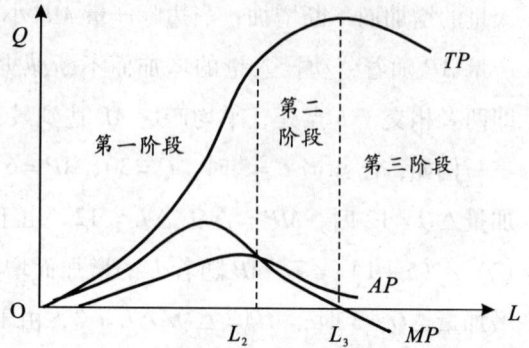

第二阶段，劳动投入量从 $L_2$—$L_3$ 的阶段。在此阶段内，由于边际产量小于平均产量，使得平均产量不断减少，但边际产量仍然大于零，所以总产量增加的速度变慢，但仍不断增加。

图4-2 一种生产要素投入的三阶段

第三阶段，劳动投入量大于 $L_3$ 的阶段。在此阶段内，边际产量小于零，总产量增加的速度变为负值，总产量不但没有增加，反而开始不断减少。

由此可以分析出，在第一个阶段，平均产量呈上升趋势，总产量以较快的速度增加，所以理性厂商不会把劳动投入量停留在这一领域。而在第三个阶段，边际产量小于零，总产量随着劳动投入量的增加反而绝对下降，所以理性厂商也不会把劳动投入量发展到这一阶段。因此，理性厂商的合理投入区应该在第二个阶段。即合理投入区位于：平均产量与边际产量曲线的交点到边际产量等于 0 之间的阶段。而在此阶段内，厂商具体应该投入多少劳动量，还取决于各种生产要素的成本和产品的销售价格等因素。

### 三、长期生产函数

在长期内，厂商的所有生产要素都可以得到调整，所以也就没有了可变要素和不变要素投入之分，所有的生产要素都是可以改变的。所以长期生产函数是在多种生产要素投入下所能生产的最大产量之间的函数关系。为了方便研究，经济学中将长期生产函数简化为两种可变生产要素的投入：劳动和资本。长期的生产函数可以简化为：

$Q = f (L, K)$。由于劳动和资本投入量的不同组合可以生产出不同的产量，也就产生不同的成本。而当厂商将目标产量既定时，劳动和资本的投入量就有很多的组合，比如多用劳动少用资本——劳动密集型；或者多用资本少用劳动——资本密集型。而劳动和资本哪一种组合给厂商带来的成本最小呢？另外一种情况下，在厂商成本既定时，劳动和资本的投入量也有很多的组合，那是选择多买劳动少买资本呢？还是多买资本少买劳动呢？这就需要考虑劳动和资本的哪种组合带给厂商的产量最大。为了寻找厂商在长期生产中两种投入要素的最优组合，我们需要借助两条曲线——等产量线和等成本线来分析上面的两种情况。

## （一）等产量线

### 1. 等产量线的含义

等产量线表示：在技术水平不变的条件下，生产同一数量产品的劳动和资本投入的所有不同组合所构成的曲线，即两者投入组合不同，但产量是相同的。

当厂商将目标产量既定为 100 单位时，劳动和资本的投入量就有很多的组合，比如可采用多用劳动少用资本的劳动密集型生产，如 $B$ 点；或者采用多用资本少用劳动的资本密集型生产，如 $A$ 点。我们画出等产量曲线的图形，如图 4-3 所示。

### 2. 等产量线的特征

由于厂商可以生产各种不同的产量，因而每个厂商可以有许多不同的等产量曲线。我们画出三条等产量曲线来分析其存在的特征，如图 4-4 所示。

（1）等产量线有无数多条，每一条代表一个产量，离原点越远的等产量曲线代表的产量越大；

（2）任意两条等产量线是不相交的。如果相交的话，两条等产量线的交点就代表了两个不同的产量水平，显然不符合等产量线的含义。

（3）等产量线向右下方倾斜，即其斜率为负值。这说明为了达到同一种产量，在增加一种生产要素时，就必须减少另一种生产要素的投入。

（4）等产量线凸向原点。即随着一种生产要素投入数量的增加，另外一种生产

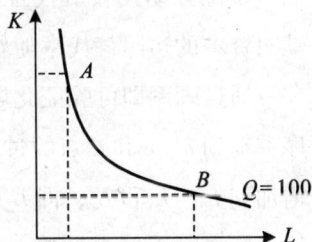
图 4-3 等产量曲线

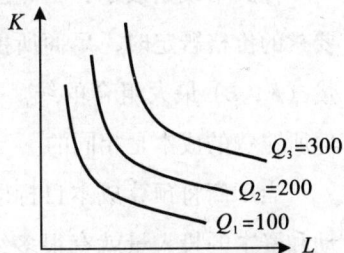
图 4-4 等产量曲线的特征

要素越来越不容易被代替，这是由边际技术替代率所决定的。

3. 边际技术替代率

边际技术替代率（Marginal Rate of Technical Substitution，MRTS）表示在保持产量不变的条件下，增加一单位的某生产要素可以代替的另外一种生产要素的数量。

以使用劳动和资本为例，$\triangle L$ 代表劳动的增加量，$\triangle K$ 表示资本的减少量，劳动 $L$ 对资本 $K$ 的边际替代率为：

$$MRTS_{LK} = -\frac{\triangle K}{\triangle L}$$

注意：式中加负号是为了使边际技术替代率为正值，也可以对其取绝对值，以便于实际应用时进行比较。

等产量线之所以凸向原点，是由于边际技术替代率存在递减的规律。边际替代率递减规律的内容：在产量保持不变的前提下，随着劳动投入的增加，每增加一单位劳动投入所代替的资本数量逐渐减少，即劳动对资本的边际替代率随着劳动投入量的增加而递减。

通过画图即可验证此规律。如图 4-5，由 $a$ 点按顺序移动到 $b$、$c$ 和 $d$ 点的过程中，劳动投入等量地由 $L_1$ 增加到 $L_2$、$L_3$ 和 $L_4$，即 $L_2 - L_1 = L_3 - L_2 = L_4 - L_3$，相应地，资本投入减少的绝对量随着递减，即 $|K_2 - K_1|$ > $|K_3 - K_2|$ > $|K_4 - K_3|$。

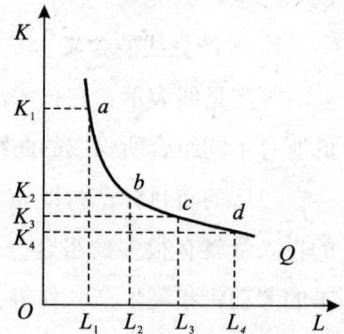

图 4-5　边际替代率递减规律

（二）等成本线

等成本线是表示：当企业预算成本与投入生产要素的价格既定时，厂商所能购买到的两种要素数量 $(K，L)$ 最大组合的线。即两者投入组合不同，但所花费的成本是相同的。

当厂商将预算成本目标既定为 100 单位时，劳动和资本的投入量就有很多组合，比如可采用多用劳动少用资本的劳动密集型生产，如 $B$ 点；或者采用多用资本少用劳动的资本密集型生产，如 $A$ 点。我们画出等成本线的图形，如图 4-6 所示。

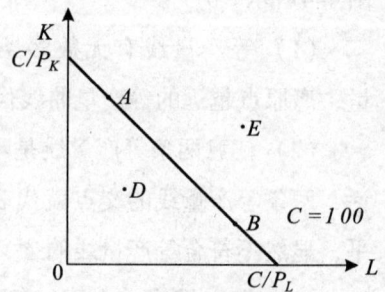

图 4-6　等成本曲线

图 4-6 中，既定成本支出为 $C = 100$，劳动 $L$ 的价格为 $P_L$，资本 $K$ 的价格为 $P_K$。可得等成本曲线公式表示为：$C = P_L L + P_K K = 100$。成本曲线与纵轴 $K$ 的交点表示所有的预算成本都购买了资本 $K$，购买的量为 $C/P_K$；与横轴 $L$ 的交点表示所有的预算成本都购买了劳动 $L$，购买的量为 $C/P_L$。

图 4-6 中的 $D$ 点位于等成本线的内侧，$D$ 点处 $K$ 和 $L$ 组合所花的费用要小于预算成本 $C = 100$，即预算成本有剩余；而 $E$ 点位于等成本线的外侧，$E$ 点处 $K$ 和 $L$ 组合所花的费用要大于预算成本 $C = 100$，预算成本不够用。所以预算成本能够买到的 $L$ 和 $K$ 的组合都在等成本线上。等成本线离原点越近时，代表的预算成本越低；相反等成本线离原点越远，代表的预算成本越高。

### （三）最优要素组合

为了寻找厂商在长期生产中两种投入要素的最优组合，我们需要借助上文介绍的两条曲线——等产量线和等成本线来分析。要素的最优组合分为两种情况：当厂商将目标产量既定时，厂商追求成本最小的劳动和资本组合；在厂商成本既定时，厂商追求产量最大的劳动和资本组合。

1. 产量既定时，成本最小组合

当厂商将目标产量既定时，厂商追求成本最小的劳动和资本组合。如图 4-7，当厂商既定生产 $Q = 15$ 单位的产量时，有许多种成本可以实现。图中以三条等成本线来分析，等成本线 $C_1 = 70$ 单位时，可见其位于等产量线 $Q = 15$ 的左侧，没有交点，即 70 单位的成本所购买的生产要素资本（$K$）和劳动（$L$）不够生产出 15 单位的产量。所以要想生产出 15 单位的产量需要增加成本，即此时等成本线要向右移动。当等成本线右移到 $C_3 = 90$ 单位

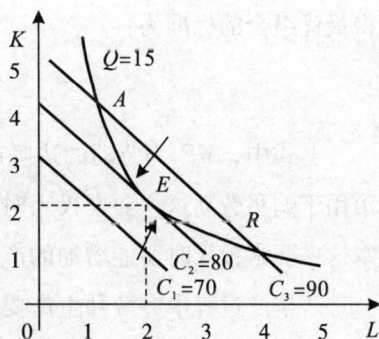

图 4-7 产量既定成本最小

时，可见其与等产量线 $Q = 15$ 相交于 $A$ 和 $B$ 两点。即表示当成本为 90 时，可以生产出 15 单位的产量，且有两种组合 $A$ 和 $B$。但是成本 90 单位并不是最小的成本，因为当等成本线 $C_3$ 向左移动，且可以与等产量线相交时，成本又会随着减少。

因此，当等成本线与等产量线相离时，成本不够；而两者相交时，成本有所浪费。而厂商要想完成 $Q = 15$ 单位的产量目标，花费的最小成本只能为等成本线 $C_2 = 80$ 单位，两条线相切于 $E$ 点，达到最佳组合。

### 2. 成本既定时, 产量最大组合

厂商成本既定时, 厂商追求产量最大的劳动和资本组合。如图4-8, 当厂商既定成本 $C$ =80 单位时, 可以实现多种产量的生产。图中以三条等产量线来分析, 等产量线 $Q_1$ = 10 单位时, 可见其与等产量线 $Q$ = 15 相交于 $A$ 和 $B$ 两点。即表示当成本为 80 时, 可以生产出 10 单位的产量, 且有两种组合 $A$ 和 $B$。但是产量 10 单位并不是最大的产量。当等产量线右移到 $Q_3$ = 20 单位时, 与等成本线又没有交点,

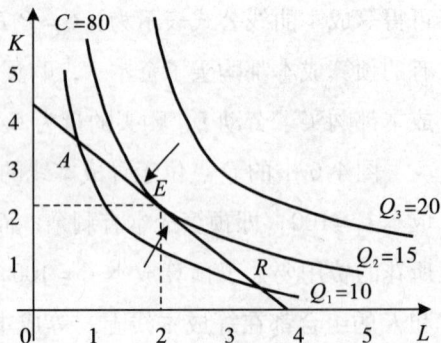

图4-8 成本既定产量最大

即 80 单位的成本所购买的生产要素资本 ($K$) 和劳动 ($L$) 不够生产出 20 单位的产量, 即此时等产量线要向左移动。

因此, 厂商要想完成等成本线 $C$ = 80 单位的目标, 所能生产的最大产量只能为等产量线 $Q_2$ = 15 单位, 两条线相切于 $E$ 点, 达到要素的最佳组合。

通过上文两种情况的分析, 我们可以得出: 只有当等成本线和等产量线相切于一点时才是生产要素的最佳组合点。在该点处, 等产量线和等成本线的斜率相等, 即可得最优组合的标准为:

$$\frac{MP_L}{P_L} = \frac{MP_K}{P_K}$$

上式中, $MP_L$ 为劳动的边际产量, $MP_K$ 为资本的边际产量。左式表示每一单位货币用于购买劳动这一要素投入时所能增加的产量; 右式表示每一单位货币用于购买资本这一要素投入时所能增加的产量。

若生产过程中, 两种生产要素不满足上面的最优标准, 即需要进行下面的调整。例如, 若成本既定, 当 $\frac{MP_L}{P_L} > \frac{MP_K}{P_K}$ 时, 意味着厂商最后支出的一笔钱用在劳动投入上的效率要大于用在资本投入上的效率, 即需要增加劳动 ($L$) 的投入, 而减少资本 ($K$) 的投入, 这时可以在既定的条件下通过调整要素的投入量使得总产量 $TP$ 增加。

当 $\frac{MP_L}{P_L} < \frac{MP_K}{P_K}$ 时, 意味着厂商最后支出的一笔钱用在资本投入上的效率要大于用在劳动投入上的效率, 即需要增加资本 ($K$) 的投入, 而减少劳动 ($L$) 的投入, 这时可以在既定的条件下通过调整要素的投入量使得总产量 $TP$ 增加。

因此, 只有两者相等时, 在既定条件下, 厂商所投入的生产要素达到最佳状态。

在长期生产过程中，企业不断增加成本或不断提高产量时，生产规模也随着扩大，厂商只要将生产要素沿着不同的等产量线与不同的等成本线各自的切点来生产，就总能保证在产量既定条件下实现成本最小，或在成本既定条件下实现产量最大。我们将所有的切点连接起来就形成一条线，被称为生产扩展线，如图4-9中的 ON 曲线。

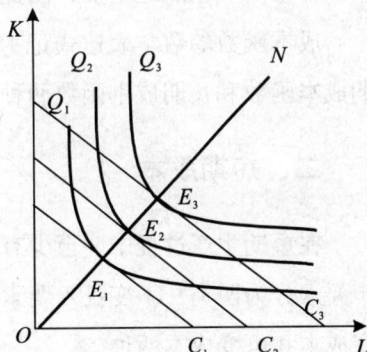

图4-9 生产扩展线

# 第三节 成本函数

上文我们介绍了生产函数，厂商投入各种生产要素后可生产一定的产量。而各种生产要素并非凭空获得的，厂商需要购买各种所需的生产要素，这就涉及成本函数。本节我们将进一步考察厂商的生产成本与产量之间的函数关系，即成本函数。

## 一、成本的概念

经济学中，成本通常是指以货币支出来计算的从事某项经济活动所必须支付的费用。厂商的生产成本则是指在一定时期内厂商在生产过程中为生产一定量的产品而耗费的各种生产要素的费用总额。生产要素包括四种基本类型：劳动、资本、土地和企业家才能，其所对应的成本分别为工资、利息、地租和正常利润。其中，正常利润是企业家才能的报酬，被包括在生产成本内。

实际生产过程中一般采用的是会计成本，即厂商在要素市场上购买或租用所需要的生产要素的实际支出，它也可被称为显性成本。与其对应的概念是隐性成本，是指厂商对自己拥有的生产要素被用于生产过程中所应该支付的费用，其不在账目上反映。例如，厂商自有房屋作厂房时，省下的租金费用；厂商用自有资本进行投资时，省下的一部分利息；企业家才能用于管理自己的企业时，省下的管理费用（表现为正常利润）等，这些都不在会计成本中反映，且在企业的实际决策中常常被忽略，故被称为隐性成本。因此，经济学中生产成本等于显性成本与隐性成本之和。

成本函数反映生产成本与产量之间的一一对应关系。当产量增加时，所需投入的生产要素的量也随之增加，因此所支付的费用也随之增加。

成本函数的数学表达式记为：$C = f(Q)$。与生产函数一样，成本函数也分为短期成本函数和长期成本函数两种。下文我们将详细介绍这两种生产函数。

## 二、短期成本

在短期生产过程中，至少有一种生产要素是来不及调整的。所以，短期投入的生产要素分为两类：不变投入要素和可变投入要素。两类生产要素相对应的成本分为不变成本和可变成本两种。

### （一）短期成本的概念

1. 总成本

总成本（Total Cost，TC）表示在短期内厂商生产一定数量产品时，需要对所有生产要素支付的全部费用。短期内，总成本即不变成本和可变成本之和。公式表示为：

$$TC = f(Q)$$

2. 不变成本

不变成本（Fixed Cost，FC），也可称为固定成本，表示在短期内厂商生产一定数量的产品时，对不变投入要素所支付的全部费用。由于不变投入要素不随着产量的变化而变化，所以不变成本不随产出量的变动而变动，视为常数。例如，生产中租用的厂房和大型设备等。

3. 可变成本

可变成本（Variable Cost，VC），表示短期内厂商生产一定数量的产品时，对可变投入要素所支付的全部费用。由于可变投入要素随着产量的变化而变化，所以可变成本也会随产出量的变动而变动，是关于产量 Q 的函数。例如，生产中工人的工资、原材料的费用等。

4. 平均成本

平均成本（Average Cost，AC），表示短期内厂商平均每生产一单位产品所支付的费用。公式表示为：

$$AC = TC/Q = (FC + VC)/Q$$

5. 平均不变成本

平均不变成本（Average Fixed Cost，AFC），表示短期内厂商平均每生产一单位产品上所支付的不变成本。公式表示为：

$$AFC = FC/Q$$

6. 平均可变成本

平均可变成本（Average Variable Cost，AVC），表示短期内厂商平均每生产一单位产品上所支付的可变成本。公式表示为：

$$AVC = VC/Q$$

7. 边际成本

边际成本（Marginal Cost，MC），表示短期内厂商新增加一单位产品时所增加的总成本。公式表示为： $MC = \triangle TC/ \triangle Q$

由于不变成本不随产量变动而变动，因而总成本的改变量就是可变成本的改变量。即也可表示为：

$$MC = \triangle VC/ \triangle Q$$

当 $\triangle Q$ 趋近于 0 时，$MC = dTC/dQ = TC'$，即边际成本为总成本函数对产量 $Q$ 求的导数值。

## （二）短期成本的曲线

上文我们给出短期成本的七个概念，那么这七个量随着产量的增加又存在什么规律和特征呢？我们将通过表 4-2 所示的数据来研究这个问题。

表 4-2　某厂商的短期成本情况

| 产量（Q） | FC | VC | TC | AFC | AVC | AC | MC |
|---|---|---|---|---|---|---|---|
| 0 | 120 | 0 | 120 | —— | —— | —— | —— |
| 1 | 120 | 60 | 180 | 120 | 60 | 180 | 60 |
| 2 | 120 | 80 | 200 | 60 | 40 | 100 | 20 |

| 产量（Q） | FC | VC | TC | AFC | AVC | AC | MC |
|---|---|---|---|---|---|---|---|
| 3 | 120 | 90 | 210 | 40 | 30 | 70 | 10 |
| 4 | 120 | 105 | 225 | 30 | 26.25 | 56.25 | 15 |
| 5 | 120 | 140 | 260 | 24 | 28 | 52 | 35 |
| 6 | 120 | 210 | 330 | 20 | 35 | 55 | 70 |

我们根据表 4-2 的数据大致绘出七个量的曲线走势图，如图 4-10 所示。

从表 4-2 和图 4-10 中可以很直接地看出短期成本的七个量随着产量的增加而存在的规律和特征。

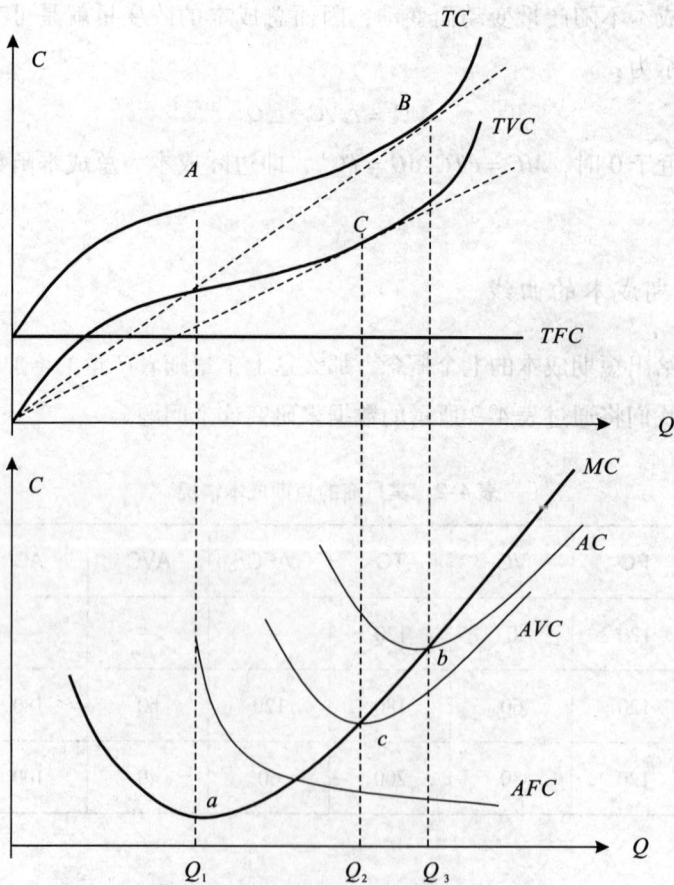

图 4-10 短期成本中七个变量的走势图

1. 总成本 $TC$、不变成本 $FC$ 和可变成本 $VC$ 的特征

总成本曲线 $TC$ 从不变成本 $FC$ 出发，随着产量的增加而递增，但递增速度先是越来越慢，在 $A$ 点之后递增速度越来越快。

可变成本曲线 $VC$ 从原点出发，随着产量的增加而递增，但递增速度先是越来越慢，在 $A$ 点之后递增速度越来越快。

不变成本曲线 $FC$ 不随产量变动而变动，为常数，因而是一条平行于产量轴的直线。

从图中可看出：总成本与可变成本之间的距离为不变成本，其形状及变动规律与可变成本曲线一样，即 $FC = TC - VC$。

2. 平均成本 $AC$、平均不变成本 $AFC$ 和平均可变成本 $AVC$ 的特征

平均成本曲线 $AC$ 与平均可变成本 $AVC$ 都随着产量的增加而呈现出先递减后增加的规律，即为 U 型曲线；$b$ 点为平均成本 $AC$ 的最低点，$c$ 为平均可变成本 $AVC$ 的最低点。

平均不变成本 $AFC$ 随着产量的不断增加，呈现一直递减的趋势，但不会与产量轴相交。

由于 $AFC = AC - AVC$，所以平均成本 $AC$ 始终位于平均可变成本 $AVC$ 的上方。随着产量的不断增加，两者之间的垂直距离越来越小，但永远不会相交。

3. 边际成本 $MC$ 的特征

边际成本曲线 $MC$ 随着产量的增加而呈现出先递减后增加的规律，即为 U 型曲线；在 $a$ 点处为边际成本 $MC$ 的最低点。边际成本可视为总成本和可变成本的增加速度，即当边际成本递减时，总成本和可变成本增加得越来越慢；当边际成本递增时，总成本和可变成本增加得越来越快。

4. 边际成本 $MC$ 与平均成本 $AC$、平均可变成本 $AVC$ 的关系

从图 4-10 中很明显可以看出，边际成本 $MC$ 与平均成本 $AC$ 和平均可变 $AVC$ 都相交于两者的最低点 $b$ 和 $c$。

所以很显然，当边际成本 $MC$ 小于平均成本 $AC$ 时，$AC$ 不断减少；当两者相等，即相交于 $b$ 点处时，平均成本 $AC$ 达到最小值；当边际成本 $MC$ 大于平均成本 $AC$ 时，$AC$ 不断增加。

当边际成本 $MC$ 小于平均可变成本 $AVC$ 时，$AVC$ 不断减少；当两者相等，即相交于 $c$ 点处时，平均成本 $AVC$ 达到最小值；当边际成本 $MC$ 大于平均成本 $AVC$ 时，$AVC$ 不断增加。

## （三）边际成本递增规律

边际成本曲线先下降后上升的性质被称为边际成本递增规律。其具体含义为：在短期生产中，随着一种可变投入的增加，边际成本在开始时是递减的，然而随着可变投入的继续增加，边际成本最终会不断上升。

边际成本递增规律是从属于边际收益递减规律的，边际产量曲线的倒 U 型特点导致了边际成本曲线的 U 型特征。当边际收益递减时，边际产量不断减少，即每增加一单位劳动的投入所增加的产量越来越少。相反，这时平均每增加一单位产量的花费变得越来越多，即边际成本不断上升。

# 三、长期成本

在长期生产过程中，所有的生产要素都可以调整，所以长期投入的生产要素均为可变投入要素，不再区分不变成本和可变成本。所以，长期成本中只有长期总成本、长期平均成本和长期边际成本三个概念。

## （一）长期成本的概念

### 1. 长期总成本

长期总成本（Longrun Total Cost，LTC）表示在长期内厂商生产一定数量产品时，需要对所有生产要素支付的全部费用。公式表示为 $LTC = f(Q)$，长期总成本曲线可以从厂商的扩展线推导出来。

长期成本中没有不变成本，因此当产量 $Q$ 不断增加时，长期总成本从原点出发，随之不断增加，开始增加速度越来越慢，之后增加速度又变得越来越快，如图 4-11 所示。

### 2. 长期平均成本

长期平均成本（Longrun Average Cost，LAC）表示长期内厂商平均每生产一单位产品上所支付的费用。公式表示为：

$$LAC = LTC/Q$$

一般情况下，在长期生产中随着产量的不断增加，长期平均成本也是先下降，然后相对稳定和保持不变，之后又随之不断上升。长期

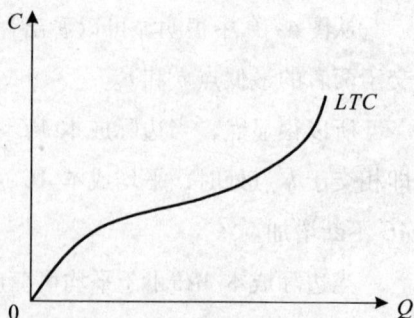

图 4-11　长期总成本 LTC 曲线

平均成本也呈现 U 型曲线的特征，这是由于厂商通常会经历规模经济到规模不经济的过程。如图 4-12 所示。

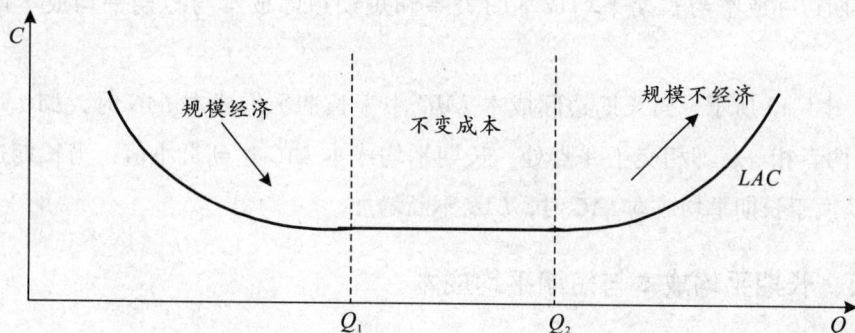

图 4-12 长期平均成本曲线

规模经济是指在长期中，厂商的生产随着其生产规模的扩大而产量增加，导致每单位产量的成本逐渐下降的特征，即长期平均成本 LAC 递减的阶段。

导致厂商规模经济的因素有很多，在厂商扩大规模的前期阶段，由于更专业化、劳动分工更明确、多级生产、副产品的利用，等等，都使得厂商扩大规模时生产效率的提高，于是平均成本得到不断下降。

规模不经济：是指在长期中，厂商的生产随着其生产规模的扩大从而产量增加，导致每单位产出的成本逐渐增加的特征，即长期平均成本 LAC 递增的阶段。

导致厂商规模不经济的因素也有很多，在厂商扩大规模的后期阶段，由于规模超过一定限度，各部分合作协调难度增大，增加了管理费用，等等，都使得厂商继续扩大规模时生产效率的降低，于是导致平均成本不断上升。

3. 长期边际成本

长期边际成本（Longrun Marginal Cost，LMC）表示长期内厂商新增加一单位产品时所增加的总成本。公式表示为：

$$LMC = \triangle LTC / \triangle Q$$

由于长期边际成本可视为长期总成本随着产量增加而增加的速度，所以长期总成本之所以增速先减后增，是由于长期边际成本呈现先减后增的"U"型曲线的特征，如图 4-13 所示。

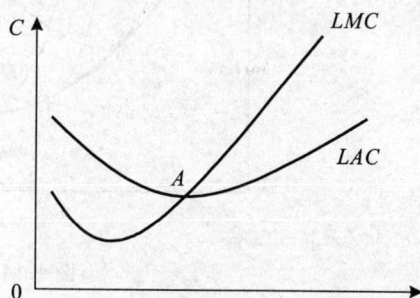

图 4-13 LMC 和 LAC 关系图

（二）长期边际成本和长期平均成本的关系

长期边际成本与长期平均成本的关系和短期边际成本与短期平均成本的关系一样。

如图 4-13 所示，当长期边际成本 *LMC* 小于长期平均成本 *LAC* 时，*LAC* 不断减少；当两者相等，即相交于 *A* 点处，长期平均成本 *LAC* 达到最小值；当长期边际成本 *LMC* 大于长期平均成本 *LAC* 时，*LAC* 不断增加。

## 四、长期平均成本与短期平均成本

在长期生产过程中，厂商存在不同的生产规模。而当某一个生产规模不变时，就会面对无数条短期平均成本 SAC 曲线。经济学中，用一条曲线把所有生产规模不变时的短期成本曲线"包"起来，这条包络线就被称为长期平均成本曲线。长期平均成本曲线与无数条短期平均成本曲线相切，如图 4-14 所示。

从图 4-14 中可以看出，在短期平均成本曲线 *SAC* 与长期平均成本曲线 *LAC* 的切点之外，所有的短期平均成本 *SAC* 均高于长期平均成本 *LAC*；长期平均成本曲线左侧与相对应的短期平均成本曲线相切于其左侧；而长期平均成本曲线右侧与相对应的短期平均成本曲线相切于其右侧；长期平均成本曲线最低点处与相对应的短期平均成本曲线相切于其最低点。

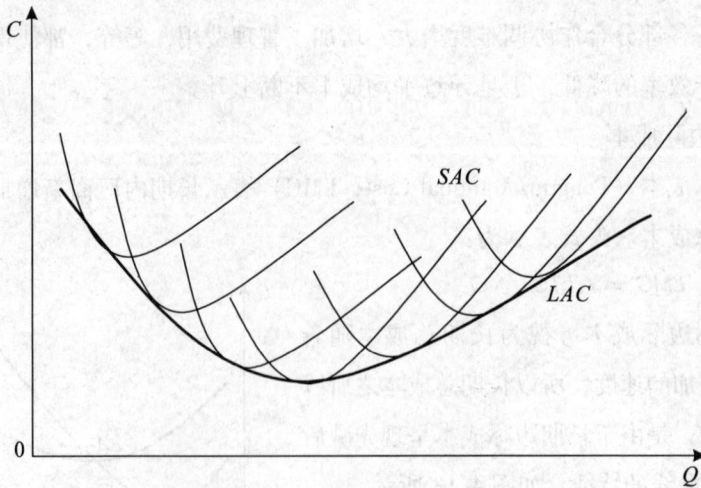

图 4-14 LAC 和 SAC 关系图

# 第四节　收益函数和利润最大化

在经济学中，厂商被假定为"理性"的，所以厂商从事生产活动的目的是获得最大利润。上文中我们分别介绍了生产函数和成本函数，但要想分析厂商的利润，还要知道其收益情况，因为总利润 = 总收益 - 总成本。在本节内容中，我们具体分析厂商的收益函数和其获得最大利润的原则。

## 一、收益函数

厂商的收益是厂商销售产品所取得的货币收入。收益函数也有三个基本概念：总收益、平均收益和边际收益。

总收益（Total Revenue，TR）是指在一定时期内，厂商销售总产量 $Q$ 所得到的全部销售收入。如果用 $P$ 表示产品的价格，$Q$ 表示产品的销售数量，则总收益的公式表达式为：

$$TR = P \times Q$$

平均收益（Average Revenue，AR）是指在一定时期内，厂商平均销售一单位产品所获得的收益。平均收益的公式表达式为：

$$AR = TR / Q = P$$

即平均收益 $AR$ 等于单位产品的市场价格 $P$。

边际收益（Marginal Revenue，MR）是指厂商新增加一单位产品销售所获得的总收益的增加量。边际收益的公式表达式为：

$$MR = \Delta TR / \Delta Q$$

当 $\Delta Q$ 趋近于 0 时，$MR = dTR/dQ = TR'$，即边际收益为总收益函数对产量 $Q$ 求的导数值。

在现实的市场经济中，厂商可能面临不同的需求曲线，如水平的需求曲线和向右下方倾斜的需求曲线。不同的需求曲线使得厂商的收益曲线的现状和特征也不一样。这部分内容将在下一章中具体介绍，在此不再赘述。

## 二、利润最大化原则

厂商的利润是指在一定时期内，厂商销售总产量 $Q$ 所得到的全部销售收入，在除去生产总产量 $Q$ 所需支付的全部成本后剩余的收入，即总利润 = 总收益 - 总成本。

厂商为了追求利润最大化，在决定生产数量时，一方面要考虑销售产品的收益，另一面也要顾及到生产的成本。由于厂商的收益和成本都随着产量的变化而变化，因此厂商的利润也随着产量的变化而变化。那么厂商的最优产量如何制定才能获得最大利润呢？

我们借助经济数学中导数求最值的方法来求厂商利润最大化的原则。假设厂商的全部产量都可以销售出去时，用 $T\pi$ 表示厂商的总利润，$Q$ 表示产量。由于总收益 $TR$ 为 $Q$ 的函数，总成本 $TC$ 也为 $Q$ 的函数，因此总利润 $T\pi$ 也是 $Q$ 的函数。

于是有：

$$T\pi\ (Q)\ =\ TR\ (Q)\ -TC\ (Q)$$

厂商要实现总利润 $T\pi$（$Q$）最大化，必须满足：

$$\frac{\mathrm{d}T\pi\ (Q)}{\mathrm{d}Q} = \frac{\mathrm{d}TR\ (Q)}{\mathrm{d}Q} - \frac{\mathrm{d}TC\ (Q)}{\mathrm{d}Q} = 0$$

由于 $\mathrm{d}TR/\ \mathrm{d}Q = MR$；$\mathrm{d}TC/\mathrm{d}Q = MC$，所以厂商获得利润最大化的一般原则是 $MR = MC$，即厂商的边际收益等于边际成本。

我们进一步借助边际收益和边际成本的含义来理解利润最大化原则。

如果厂商的边际收益 $MR$ 大于边际成本 $MC$，则厂商在此时新生产一个单位产品所增加的收益将大于生产该产品支付的成本，因此厂商新生产一单位的该产品能使总利润有所增加，即多生产一个多赚钱。也就是说厂商继续增加生产有利于总利润的不断增加。

如果厂商的边际收益 $MR$ 小于边际成本 $MC$，则厂商在此时新生产一个单位产品所增加的收益将小于生产该产品支付的成本，因此厂商新生产一单位的该产品不能使总利润增加，反而会导致总利润有所减少，即多生产一个多赔钱。也就是说厂商减少生产才有利于总利润的不断增加。

因此，只有厂商的边际收益 $MR$ 等于边际成本 $MC$ 时，厂商在此时新生产一个单位的产品所增加的收益才等于生产该产品支付的成本。厂商既不需增加产量也不需减少产量，获得的总利润达到最大值。

### 本章小结

1. 生产是将投入转化为产出的活动，或者说将生产要素进行组合以制造产品的活动。

2. 生产函数是指在一定时期内，在技术水平不变的情况下，生产中所使用的各种生产要素的数量与所能生产的最大产量之间一一对应的函数关系。

3. 短期是指在一定时期内，厂商来不及调整全部生产要素投入，即至少有一种生产要素投入数量是不可调整的生产时期。长期是指这样一段生产时期，这个时期足够长以至于任何生产要素的投入都是可以改变的。

4. 当边际产量 $MP>0$ 时，总产量 $TP$ 随着劳动投入量的增加而增加；当边际产量 $MP=0$ 时，总产量 $TP$ 达到最大值；当边际产量 $MP<0$ 时，总产量 $TP$ 呈下降趋势，不断减少。

5. 当边际产量 $MP$ 大于平均产量 $AP$ 时，平均产量 $AP$ 随着劳动投入量的增加而不断增加；当边际产量 $MP$ 小于平均产量 $AP$ 时，平均产量 $AP$ 随着劳动投入量的增加而不断减少；当边际产量 $MP$ 等于平均产量 $AP$ 时，两者相交于 $AP$ 的最高点处。

6. 边际收益递减规律表示：随着可变投入的不断增加，可变投入所带来的边际产量最终会逐渐减少，减到等于零，甚至小于零；而可变投入的增加不会使总产量增加，反而会导致总产量不断下降。

7. 理性厂商的合理投入区应该在第二个阶段，即合理投入区位于平均产量曲线与边际产量曲线的交点到边际产量等于 0 之间的阶段。

8. 等产量线表示：在技术水平不变的条件下，生产同一数量产品的劳动和资本投入的所有不同的组合所构成的曲线，即两者投入组合不同，但产量是相同的。

9. 边际技术替代率表示在保持产量不变的条件下，增加一单位的某生产要素可以代替的另外一种生产要素的数量。

10. 等成本线是表示当企业预算成本与投入生产要素的价格既定时，厂商所能购买到的两种要素数量 $(K, L)$ 最大组合的线。即两者投入组合不同，但所花费的成本是相同的。

11. 生产要素的最优组合的标准为：$\dfrac{MP_L}{P_L} = \dfrac{MP_K}{P_K}$。

12. 厂商的生产成本则是指在一定时期内厂商在生产过程中为生产一定量的产品而耗费的各种生产要素的费用总额。

13. 总成本曲线 $TC$ 从不变成本 $FC$ 出发，随着产量的增加而递增，但递增速度先慢后快。可变成本曲线 $VC$ 从原点出发，随着产量的增加而递增，但递增速度先慢后快。不变成本曲线 $FC$ 不随产量变动而变动，为常数，因而是一条平行于产量轴的直线。

14. 平均成本曲线 $AC$ 与平均可变成本 $AVC$ 都随着产量的增加而呈现出先递减后

增加的规律，即为 U 型曲线。平均不变成本 AFC 随着产量的不断增加，呈现一直递减的趋势，但不会与产量轴相交。

15. 边际成本曲线 MC 随着产量的增加而呈现出先递减后增加的规律，即为 U 型曲线。边际成本 MC 与平均成本 AC 和平均可变成本 AVC 都相交于两者的最低点。

16. 边际成本递增规律具体内容为：在短期生产中，随着一种可变投入的增加，边际成本在开始时是递减的，然而随着可变投入的继续增加，边际成本最终会不断上升。

17. 一般情况下，在长期生产中随着产量的不断增加，长期平均成本曲线是先下降，然后相对稳定和保持不变，之后又随之不断上升，其也呈现出 U 型曲线的特征。长期边际成本曲线也呈现出先减后增的"U"型曲线的特征。长期边际成本曲线 LMC 与长期平均成本曲线 LAC 相交于 LAC 的最低点处。

18. 经济学中，用一条曲线把所有生产规模不变时的短期成本曲线"包"起来，这条包络线就被称为长期平均成本曲线。

19. 厂商获得利润最大化的一般原则是边际收益 MR 等于边际成本 MC。

## 复习思考题

### 一、名词解释

生产函数　短期　长期　边际收益递减规律　等产量线　边际技术替代率　等成本线　边际产量　边际成本　边际收益

### 二、判断题

1. 短期是指在一定时期内，至少有一种生产要素投入数量是可以调整的生产时期。（　　）

2. 边际产量 MP > 0 时，总产量 TP 随着劳动投入量的增加而增加。（　　）

3. 当边际产量 MP 等于平均产量 AP 时，两者相交于 AP 的最低点处。（　　）

4. 平均不变成本 FC 不随产量变动而变动，是一条平行于产量轴的直线。（　　）

5. 边际成本 MC 与平均可变成本 AVC 相交于 AVC 的最低点处。（　　）

### 三、单选题

1. 可变投入量增加一个单位所引起的总产量的变动量称为（　　）。

A. 平均产量　　　B. 边际产量　　　C. 平均可变产量　　　D. 总产量

2. 经济学中短期和长期划分取决于（　　）。

A. 时间长短　　　　　　　　B. 可否调整产量

C. 可否调整产品价格　　　　　　　　D. 可否调整所有生产要素

3. 当其他生产要素不变，而一种生产要素连续增加时，（　　　）。

A. 总产量会一直增加　　　　　　　　B. 总产量会一直减少

C. 总产量先增加后减少　　　　　　　D. 总产量不变

4. 下面哪个最有可能是厂商选择的短期调整（　　　）。

A. 建立新工厂　　　　　　　　　　　B. 增加现有工人的加班工作量

C. 扩大生产规模　　　　　　　　　　D. 关闭工厂

5. 短期边际成本曲线与短期平均成本曲线的相交点是（　　　）。

A. 平均成本曲线的最低点

B. 边际成本曲线的最低点

C. 平均成本曲线下降阶段的任何一点

D. 平均成本曲线上升阶段的任何一点

6. 已知产量为 99 单位，总成本等于 995 元，产量增加到 100 单位时，平均成本等于 10 元，由此可知边际成本为（　　　）。

A. 7.5 元　　　　　　B. 5 元　　　　　　C. 10 元　　　　　　D. 15 元

7. 在短期中，下面哪一点是正确的（　　　）。

A. 购买不变要素的费用支出是不变成本

B. 购买不变要素的费用支出是可变成本

C. 购买可变要素的费用支出是不变成本

D. 购买全部要素的费用支出都是可变成本

8. 当产量增加时，长期平均成本下降，这是由于（　　　）。

A. 规模收益递增　　　　　　　　　　B. 规模收益递减

C. 边际收益递增　　　　　　　　　　D. 边际收益递减

9. 如果某厂商增加一单位劳动使用量能够减少三单位资本，而仍生产同样的产出量，则 $MRTS_{LK}$ 为（　　　）。

A. 1/3　　　　　　B. 1　　　　　　C. 3　　　　　　D. 6

10. 对应于边际收益递减阶段，短期总成本曲线（　　　）。

A. 以递增的速率上升　　　　　　　　B. 以递增的速率下降

C. 以递减的速率上升　　　　　　　　D. 以递减的速率下降

## 四、简答题

1. 简述经济学中短期和长期的含义。

2. 什么是等产量曲线？其具有哪些特征？

3. 简述短期生产中边际成本和平均成本、平均可变成本的关系。

4. 简述厂商实现利润最大化的原则。

**五、计算题**

1. 已知某厂商产品生产的总成本函数为 $TC = Q^3 - 3Q^2 + 80Q + 60$，求：总可变成本函数 $TVC$、平均成本函数 $AC$、平均可变成本函数 $AVC$、边际成本函数 $MC$。

2. 已知某厂商总成本函数为 $TC = 0.2Q^2 - 12Q + 200$，总收益函数为 $TR = 20Q$，试问生产多少产量时利润最大？其利润为多少？

### 案例讨论

我国有许多海滨旅游城市，那里景色优美，风景秀丽，一到夏天便游人如织。但在每年的 10 月到来年的 4 月这长达半年的时间里，海滨城市的高级饭店和旅游景点的生意就很惨淡，游人很少。不过即便是在旅游淡季，饭店和景点仍然开门营业，惨淡经营。如果关门歇业的话，放着也是放着，照样会折旧，不如继续开门营业，只要收入能支付可变成本就行了。再说如果它们在旅游旺季开门而在淡季关门的话，一方面员工会因拿不到稳定的工资收入而流失；另一方面饭店和景点的声誉也会受到影响。

结合案例，运用本章所学知识，分析旅游城市的饭店和景点的不变成本、可变成本分别是什么？它们为什么不在旅游淡季关门，而要等到旅游旺季时再开门呢？

# 第五章  市场结构理论：竞争和垄断

知识目标

1. 市场结构四种类型的特征；
2. 完全竞争市场的厂商均衡条件；
3. 垄断市场的厂商均衡条件；
4. 垄断竞争市场的厂商均衡；
5. 寡头市场的厂商均衡。

能力目标

1. 如何寻找完全竞争市场的厂商均衡条件；
2. 如何确定垄断竞争市场的厂商均衡。

技术目标

1. 通过对某垄断竞争厂商的市场调查，给出该厂商增强市场竞争、扩大市场份额的措施；
2. 能够对市场结构中的寡头厂商如何决策才能避免恶性竞争作出策略分析。

案例导入

### 网吧恶性竞争

网吧恶性竞争是网吧发展的一个毒瘤，也成为网吧业主的隐痛。网吧的恶性竞争导致网吧竞相降价，效益下降，且扰乱了正常的市场竞争秩序。

多家网吧开在一条街上，结果是它们之间开始打价格战、服务战、促销战，大家都是互相出击，招招模仿，这样大家不仅没有盈利，而且在一天天地吃老本。很多地方的网吧竞争都日益白热化，彼此之间都是拼得你死我活的。不光在网吧行业，恶性竞争在我国各行各业都是普遍存在的现象，如手机业、家电业等。

那么，这些恶性竞争的行业大都属于哪种市场结构中的类型呢？恶性竞争的根源又是什么呢？

# 第一节　市场结构

## 一、市场结构

厂商追求最大利润时，不单纯由厂商自己的动机和行动决定，还取决于该厂商所处的市场结构的特征，即外部的市场环境。

### （一）市场

在经济学中市场被视为厂商所处的"环境"，是指从事某一种商品买卖的交易场所或交易活动。这个市场可以是有形的，也可以是无形的。市场由这个市场中的消费者和其他生产同一种产品的厂商所构成，如服装市场、手机市场等。然而不同的市场具有不同的特点。

### （二）区分标准

不同市场之间的主要区别有以下几点：市场的集中程度、产品差别程度、市场价格控制程度以及行业进出难易程度。

#### 1. 市场的集中程度

市场的集中程度是指各厂商在市场中的规模和数目情况。某市场中厂商数目越多，规模越小，那么市场的集中程度越低，各厂商之间的竞争程度就越强。相反，某市场中厂商数目越少，规模越大，那么市场的集中程度越高，各厂商之间的竞争程度就越弱。

#### 2. 产品差别程度

产品差别是指不同卖者之间各自提供的产品的区别程度，如在质量、包装、售后服务等方面的差别。某市场中各厂商提供的产品越相似，各家销售的产品对于同一消费群体来说，越容易形成完全替代，因此该市场的竞争程度就越激烈。相反，某市场中各厂商提供的产品越是有差别，各家销售的产品对于同一消费群体来说，越不能形成完全替代，因此该市场的竞争程度就越不激烈。

#### 3. 市场价格控制程度

如果市场中的单个厂商无法控制产品的市场价格，即该厂商只能按市场已形成的行价来销售，则表明市场中出售该产品的厂商非常多，一旦涨价，随即会损失很大的市场份额，因此只能被动接受价格。这时该市场的竞争非常激烈。相反，如果市场中的单个厂商可以控制产品的市场价格，则自由定价的程度越强，表明该市场的竞争越弱。

### 4. 行业进出难易程度

如果市场中的单个厂商进出该行业很容易，则表明该行业不存在进出市场的障碍，意味着厂商可自由出入该行业，这将导致该行业的厂商数目非常多，因此该市场的竞争将非常激烈。相反，如果市场中的单个厂商进出该行业很困难，则表明该行业进出市场的障碍非常大，意味着厂商不可能随意出入该行业，这将导致该行业的厂商数目非常少，因此该市场的竞争程度将非常弱。

## 二、市场结构类型

根据上文给出的市场结构区分标准，按市场竞争程度的强弱将市场结构依次划分为以下四种类型：完全竞争市场、垄断竞争市场、寡头垄断市场和完全垄断市场。完全竞争市场的竞争程度最强，而完全垄断市场的竞争程度最弱。结合上文的区分标准，将四种类型市场结构的特点简单列在表 5-1 中。

表 5-1　四种市场结构类型的特点

| 市场类型 | 厂商数量 | 产品差别程度 | 市场价格控制程度 | 进入行业难易程度 | 类似商品市场举例 |
|---|---|---|---|---|---|
| 完全竞争 | 非常多 | 无差别 | 没有 | 非常容易 | 农业 |
| 垄断竞争 | 较多 | 有差别 | 较弱 | 比较容易 | 家电业服装业 |
| 寡头垄断 | 很少 | 有差别或无差别 | 较强 | 比较困难 | 钢铁业移动通信 |
| 完全垄断 | 一家 | 不可替代 | 非常强 | 非常困难 | 公用事业水、电、铁路 |

在现实经济社会中，市场中的竞争机制对稀缺资源的有效配置起到很大的作用，它就像一只"看不见的手"，厂商在追逐自身利润最大的同时，也使得社会的稀缺资源得到最有效的利用，实现了资源的最优配置。在此过程中消费者也得到了最大的福利。相反，市场中的垄断会破坏市场经济"看不见的手"的作用，降低稀缺资源的利用率，垄断厂商通过自行定价谋取高额利润，而广大的消费者是最大的受害者。因

此，各个国家都积极提倡市场有序竞争，同时制定一系列的反垄断法，以限制垄断。在下文的章节中，我们将会具体分析四种市场类型的特点、厂商均衡条件以及市场经济效率。

## 第二节　完全竞争市场

### 一、完全竞争市场

#### （一）完全竞争市场的含义

完全竞争市场又被称为纯粹竞争市场，是指市场内竞争完全不受任何阻碍和干扰的市场结构。在完全竞争市场中，竞争程度最高，被视为一个极端的状态。现实市场中真正符合完全竞争市场的几乎没有，而农业最接近完全竞争市场。完全竞争市场被经济学家认为是竞争机制作用发挥最极致、资源配置效率最高、消费者获利最大的市场类型。分析完全竞争市场的意义在于为现实的市场树立一个理想的参照系。下文将具体分析其厂商均衡条件和市场经济效率。

#### （二）完全竞争市场的特征

具有什么样特征的市场才是完全竞争市场呢？完全竞争市场的特征主要体现在以下四个方面。

1. 完全竞争市场上存在无数的买者和卖者，厂商规模相对较小

由于该市场中存在无数的买者和卖者，厂商规模又相对较小，因此，任何一个买者的购买量和一个卖者的销售量在整个市场中的份额都非常低，从而也就没有能力通过改变和调整自身的行为来影响整个市场的需求和供给，进而无法影响市场的均衡价格水平。在完全竞争市场中，任何消费者和厂商都只能是市场既定价格的被动接受者。

2. 完全竞争市场的产品是无差别的

该市场中产品的无差别特征是指产品之间的质量、包装、售后服务、型号等方面都是完全相同的。即该市场中的产品都是同质的，各厂商提供的产品是可以完全替代的。因此，对于消费者来说，购买任何一家的产品获得的效用都是一样的，如果一个厂商单独提价，消费者就会购买其替代品，所以该厂商如果连自身的产品都卖不出去，就不会擅自提价。如果一个厂商单独降价，也会减少其收益，因为厂商占总供给

量很小的份额，如果在既定的市场价格下可以全部卖出其产品，就没有必要降价销售。

3. 完全竞争市场中厂商进出行业是完全自由的

由于完全竞争市场中厂商的规模很小，厂商进出一个行业不存在任何障碍，任何厂商都可以自由进入或退出该市场。厂商总可以及时退出亏损的行业，进入到获利的行业，所有的资源也可以在各行业间自由流动。

4. 完全竞争市场的厂商和消费者都能获得市场的完全信息

经济学中完全信息假设是指厂商和消费者都了解同自身利益相关的信息。任何厂商都知道市场的既定价格、产品生产成本、生产技术水平等；而任何消费者都知道产品的销售价格、产品质量、售后服务等。信息完全是生产者追求最大利润、消费者获得最大效用都得以实现的前提条件。

## 二、完全竞争市场需求曲线

由上文对完全竞争市场的特征分析可以知道，在该市场中，任何一个买者的购买量和一个卖者的销售量在整个市场中的份额都非常低，他们只能是市场既定价格的被动接受者。而既定的价格水平则是由整个市场的供给和需求情况来决定的。

一般情况下，整个行业符合第二章介绍的需求规律和供给规律，即其需求曲线 $D$ 是一条向右下方倾斜的曲线，供给曲线 $S$ 是一条向右上方倾斜的曲线。因此，整个行业的均衡价格 $P_0$ 就由该行业的需求曲线和供给曲线的均衡点，即交点 $E$ 来决定，如图5-1（a）所示。

对于该行业的一个厂商来说，当市场价格 $P_0$ 既定后，该厂商只能被动接受该价格，即市场对单个厂商的需求是无限的，无论厂商增加或减少产量都可以按此价格销售出去。因此，单个厂商的需求曲线是一条由既定价格出发，平行于产量轴的直线，如图5-1（b）所示。

对于该行业的单个厂商，按照既定的价格 $P_0$ 出售产品，每单位产品的售价即为每单位产品的平均收益，所以平均收益等于市场价格，即 $AR = P_0$。当厂商每多增加一单位产品的销售时，售价仍然为 $P_0$，从而每新增加一单位产品销售所增加的总收益，即边际收益 $MR$ 等于市场价格，即 $MR = P_0$。而只有在完全竞争市场中才有这个显著的特点：价格、平均收益和边际收益三者相等，即 $P_0 = AR = MR$，且是一条平行于横轴的直线，这也是单个厂商的需求曲线 $D$，如图5-1（b）所示。

对于该行业的单个厂商，按照既定的价格 $P_0$ 出售产品时，所获得的总收益 $TR$

等于价格与销售量的乘积，即 $TR = P_0 \times Q$。所以完全竞争市场的单个厂商的总收益曲线为一条从原点出发、向右上方倾斜的直线，如图 5-1（c）所示。

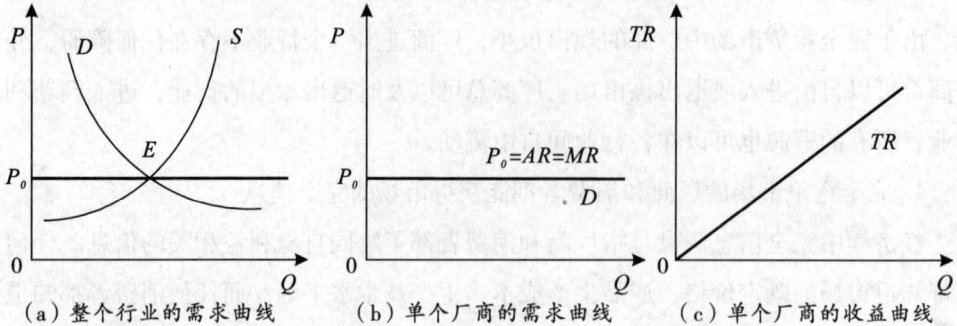

（a）整个行业的需求曲线　　　（b）单个厂商的需求曲线　　　（c）单个厂商的收益曲线

**图 5-1　完全竞争市场**

### 三、完全竞争市场中厂商均衡

完全竞争市场中的厂商可以自由进入或退出一个行业。但是第四章从生产的角度讲到厂商的生产按生产要素是否可以调整划分为短期和长期，而厂商进入或退出一个行业也需要调整生产要素，因此我们对市场结构中的厂商进出行业的分析也分为短期和长期，这里是从市场的进入或退出的角度来区分的。

在短期内，厂商来不及进入或退出某行业。这体现在两方面：当市场中厂商可以获得超额利润时，其他行业的厂商在短期内来不及进入到该行业，行业的超额利润在短期内可以存在；当市场中厂商出现亏损时，该厂商在短期内也来不及退出该行业，行业的亏损在短期内仍然存在。

相反，在长期内厂商来得及进入或退出某行业。这也体现在两方面：当市场中厂商可以获得超额利润时，在长期内会吸引其他行业的厂商进入到该行业，行业的厂商数目随之增加，行业的超额利润被新进入的厂商瓜分，在长期内各厂商利润逐渐消失；当市场中厂商出现亏损时，该厂商在长期内来得及退出该行业，行业的厂商数目随之减少，市场供求情况发生变化，行业的亏损在长期内也逐渐消失。

我们在下文中详细分析完全竞争市场的短期和长期均衡的条件及盈利情况。

### （一）完全竞争市场短期均衡

在短期内，完全竞争市场的厂商来不及进入或退出一个行业，所以也不能根据市场需求来调整全部生产要素，只能被动接受市场的既定价格。从整个行业来分析，市场在短期内可能存在供小于求、供等于求或供大于求的情况。于是，市场的既定价格水平也存在偏高、适中或偏低的情况。

短期内厂商的不变要素投入量固定，只能变动可变要素来调整产量。供求作用形成的价格，可能高于、等于、低于厂商的平均成本，从而厂商可能处于盈利、盈亏平衡或亏损等不同状态。所以，厂商只能按照利润最大化均衡条件：边际收益等于短期边际成本，即 $MR = SMC$，来调整产量，来使其利润达到最大或使亏损减到最小。下面依次分析短期内厂商在这些情况下的均衡条件和盈利情况。

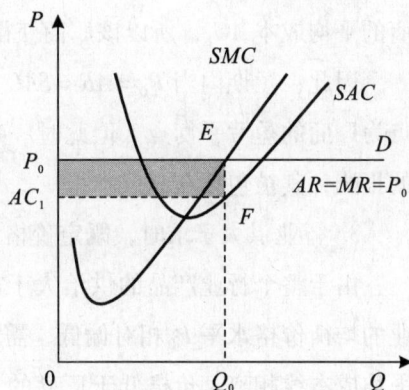

**图 5-2　供小于求时短期均衡**

1. 行业供小于求时，既定价格水平偏高

由于整个行业产品的供给小于需求，这时行业的均衡价格水平 $P_0$ 相对偏高，需求曲线与短期平均成本线相交，价格高于某厂商的平均成本，如图 5-2 所示。

厂商的需求曲线为 $D$，在此曲线上有平均收益、边际收益和均衡价格相等，即 $AR = MR = P_0$；该厂商的短期平均成本曲线为 $SAC$；短期边际成本为 $SMC$。

根据厂商获得利润最大化的原则：$MR = SMC$ 来调整其产量，可得 $E$ 点为厂商的决策点，既定价格为 $P_0$，决定产量为 $Q_0$。当产量为 $Q_0$ 时，对应厂商短期平均成本曲线 $SAC$ 上的交点为 $F$，设此时平均成本水平为 $AC_1$。从图 5-2 中可以看出，此时市场价格高于厂商的平均成本，厂商的总收益为平均收益乘以产量，即 $TR = AR \times Q_0 = P_0 \times Q_0$；总成本为平均成本乘以产量，即 $TC = AC_1 \times Q_0$。所以，该厂商获得的超额利润为总收益减去总成本，即为图 5-2 中的阴影部分的面积，为最大的超额利润。

因此，短期内当 $P_0 = AR > SAC$ 时，完全竞争市场的厂商处于盈利状态。

2. 行业供求相等，需求曲线恰好与厂商的 $SAC$ 相切

如图 5-3 所示，行业的既定价格水平 $P_0$ 与厂商的 $SAC$ 相切于 $SAC$ 的最低点处。根据厂商获得利润最大化的原则：$MR = SMC$ 来调整其产量，可得 $E$ 点为厂商的决策点，其恰好也是 $P_0$ 与 $SAC$ 的切点。既定

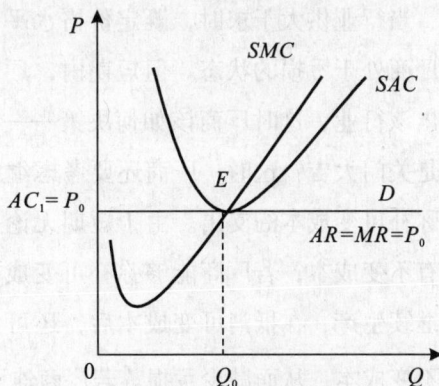

**图 5-3　$P_0$ 与 $SAC$ 相切时短期均衡**

价格为 $P_0$，决定产量为 $Q_0$。当产量为 $Q_0$ 时，对应厂商短期平均成本曲线 $SAC$ 上的交点为 $E$，设此时平均成本水平为 $AC_1$。从图 5-3 中可以看出，此时市场价格 $P_0$ 等于厂商的平均成本 $AC_1$，所以该厂商获得的超额利润 $R_{超} = P_0 \times Q_0 - AC_1 \times Q_0 = 0$。

因此，短期内当 $P_0 = AR = SAC$ 时，完全竞争市场的厂商处于盈亏平衡的状态，$E$ 点为厂商的盈亏平衡点。但此时厂商仍能获得正常利润，因为正常利润为企业家才能的报酬，其被包括在总成本里。

3. 行业供大于求时，既定价格水平偏低

由于整个行业产品的供给大于需求，这时行业的均衡价格水平 $P_0$ 相对偏低，需求曲线与短期平均成本线相离，价格低于厂商的平均成本，如图 5-4 所示。

根据厂商获得利润最大化的原则：$MR = SMC$ 来调整其产量，可得 $E$ 点为厂商的决策点，既定价格为 $P_0$，决定产量为 $Q_0$。当产量为 $Q_0$ 时，对应厂商短期平均成本曲线 $SAC$ 上的交点为 $F$，设此时平均成本水平为 $AC_1$。

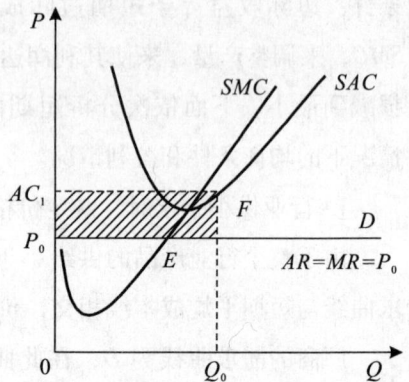

图 5-4　供大于求时短期均衡

从图 5-4 中可以看出，此时市场价格 $P_0$ 低于厂商的平均成本 $AC_1$，所以该厂商获得的超额利润为总收益减去总成本，超额利润为负值，即亏损大小为图 5-4 中的阴影部分的面积，为最小的亏损。

因此，短期内当 $P_0 = AR < SAC$ 时，完全竞争市场的厂商处于亏损状态。

4. 亏损厂商来不及退出——停止营业点

当行业供大于求时，既定价格水平偏低，这时厂商处于亏损的状态。但短期内，厂商来不及退出该行业，这时厂商该如何决策——继续生产还是关门大吉？这时，厂商还要考虑继续生产能否弥补可变成本的支出。由于短期无论是否生产都有不变成本，若厂商能够弥补可变成本，就可以继续生产，在抵消可变成本后，还可以抵消部

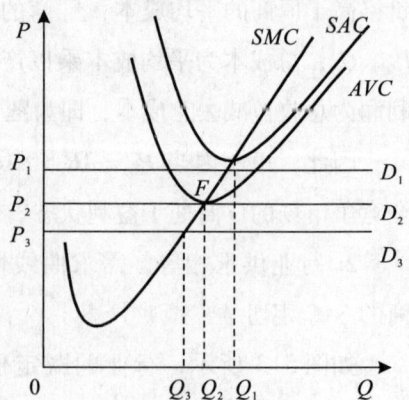

图 5-5　厂商的停止营业点

分不变成本，从而减少亏损。若厂商连可变成本也弥补不了，就只能停止生产，关门大吉了。

如图5-5所示，当既定价格为 $P_1$ 时，虽然厂商处于亏损状态，价格水平高于厂商在均衡产量 $Q_1$ 对应的平均可变成本，即 $P_1 > AVC$。这时厂商能够弥补可变成本，可以继续生产。

当既定价格为 $P_3$ 时，厂商仍处于亏损状态，但价格水平低于厂商在均衡产量 $Q_3$ 对应的平均可变成本，即 $P_3 < AVC$。这时厂商不能够弥补其可变成本，只能停止生产，关门大吉。

因此，当既定价格为 $P_2$ 时，厂商仍处于亏损状态，但价格水平恰好等于厂商在均衡产量 $Q_2$ 对应的平均可变成本，即价格 $P_2$ 线与 $AVC$ 线相切与 $F$ 点，$P_2 = AVC$。这时厂商刚好只能够弥补其可变成本，处于营业与停止营业的临界点。因此，短期内当 $P_2 = AR = AVC$ 时，$F$ 点为厂商的停止营业点。

综上所述，可以看出厂商按照获得利润最大化的原则：$MR = SMC$ 来调整其产量进行生产，可使其利润达到最大或使亏损减到最小。在停止营业点之上厂商正常生产，而在停止营业点之下厂商只能停止生产，也就不再提供产品。所以停止营业点之上的短期边际成本曲线就是完全竞争市场单个厂商的短期供给曲线。

## （二）完全竞争市场长期均衡

在长期中，完全竞争市场的厂商来得及进入或退出一个行业，所以能根据市场需求来调整全部生产要素。当市场中价格高于平均成本时，厂商可以获得超额利润，在长期内会吸引其他行业的厂商进入到该行业；当市场中价格低于平均成本时，厂商出现亏损，该厂商在长期内来得及退出该行业。

所以厂商仍然按照利润最大化均衡条件：边际收益等于长期边际成本，即 $MR = LMC$，来调整产量，以使其利润达到最大或使亏损减到最小。下面具体分析长期内厂商的均衡条件和盈利情况。

1. 厂商存在超额利润的情况

当市场中价格高于长期平均成本时，如图5-6中，$P_1 > LAC$，厂商可以获得超额利润，在长期内会吸引其他行业的厂商进入到该行业，使得整个行业的供给量大幅增加。而供给增加，需求不变时，将导致市场的既定价格水平逐渐下降，

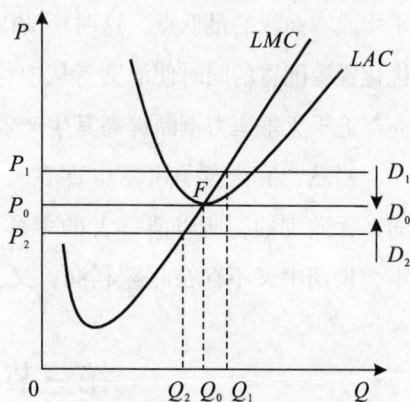

图5-6 完全竞争市场长期均衡

从而超额利润不断减少。一直到超额利润消失，这时不再吸引新厂商进入该行业。

### 2. 厂商存在亏损情况

当市场中价格低于长期平均成本时，如图 5-6 中，$P_2 < LAC$，厂商处于亏损状态，在长期内会导致该行业的厂商退出到其他行业，使得整个行业的供给量大幅减少。而供给减少，需求不变时，将导致市场的既定价格水平逐渐回升，从而厂商的亏损不断减少，一直到亏损消失，这时不再导致厂商退出该行业。

综上所述，只有当价格等于长期平均成本时，如图 5-6 中，$P_0 = LAC$，厂商处于盈亏平衡状态。这时厂商既无超额利润也无亏损；既不会吸引新厂商进入也不会导致原有厂商退出，实现了长期均衡状态。

当价格等于长期平均成本时，可以看出价格线 $P_0$ 与 LAC 相切于 E 点处，也就是长期边际成本 LMC 与长期平均成本 LAC 相交于 LAC 的最低点。在完全竞争市场上，任何需求曲线 D 上均存在 $P = AR = MR$。

所以完全竞争市场长期均衡的条件为：$P_0 = AR = MR = LMC = LAC$（最小值）。

## 四、完全竞争市场与市场经济效率

通过以上对完全竞争市场均衡状态的分析，价格机制在调节资源配置过程中发挥着"看不见的手"的作用，以调节整个经济的正常运行。完全竞争市场被经济学家视为资源配置效率最高的理想的市场结构，其存在以下优点。在完全竞争的均衡中，价格等于边际成本，即消费者为每增加一单位产品消费所愿意增加的支付等于生产者为增加这一单位产品的生产所增加的成本。这时资源配置处于最优状态。在完全竞争的长期均衡中，产品是无差异的，所以厂商没必要再做广告，节约成本。市场价格又等于厂商长期平均成本曲线的最低点，这时厂商以最低成本生产，而消费者又以最低价格购买。厂商优化资源配置的同时使消费者从中获得最大福利。在完全竞争市场的充分竞争下，各厂商都迫于竞争压力不断提高其生产效率，于是带动整个市场经济效率随之提高。

当然，完全竞争市场也存在一些缺陷。在完全竞争市场中，产品被假设为同质的、无差别的，所以消费者的多样化需求无法得到满足。同时，每个厂商的规模很小，长期中又不存在超额利润，又会抑制厂商研发新产品、实现科技新突破等。

# 第三节　非完全竞争市场

上文我们介绍了完全竞争市场的特征和均衡情况。在本节中，我们将进一步研究非完全竞争市场，如完全垄断市场、垄断竞争市场和寡头垄断市场的特征和均衡情况。

## 一、完全垄断市场

### （一）完全垄断市场的含义和特征

完全垄断市场是指行业或市场中只有一个厂商独家控制的情况。在完全垄断市场中，竞争程度最弱，它被视为与完全竞争市场相对的另一个极端的状态。现实市场经济中，完全垄断市场并不多，而在计划经济体制中，完全垄断较为普遍。在我国，完全垄断主要体现在公用事业中，如水、电、铁路等行业。完全垄断市场被经济学家认为是竞争机制作用发挥最弱、资源配置效率最低、消费者福利损失最大的市场类型。下文将具体分析其厂商均衡条件和市场经济效率。

市场具有什么样的特征才符合完全垄断市场呢？完全垄断市场的特征主要体现在以下几个方面。

1. 完全垄断市场上只有一家厂商生产和提供某商品，厂商控制市场价格

由于该市场中只有一家厂商生产和提供某商品，厂商规模相对很大。因此，该厂商的供给量即为整个市场的供给量，从而就有能力通过改变和调整自身的行为来影响整个市场的需求和供给，进而可以控制整个市场的均衡价格水平。在完全垄断市场中，垄断厂商是整个市场既定价格的制定者。

2. 完全垄断市场的产品是不可替代的

由于该市场中只有一家厂商生产和提供某商品，消费者几乎找不到该商品的替代者，消费者只能被动按照垄断厂商制定的价格水平来购买，所以垄断厂商的需求即为整个市场的总需求。

3. 完全垄断市场中不可能有新的厂商进入

由于完全垄断市场中厂商的规模非常大，其他行业的厂商进入该行业存在难以克服的障碍，不可能进入该市场。该行业的资源也不可以在各行业间自由流动。这就降低了资源配置的效率。

完全垄断市场存在进入障碍主要体现在以下几个方面。

• 规模经济。完全垄断厂商的生产规模发展到了一定程度，实现了规模经济，即长期平均成本大幅度降低，在较低的市场价格下也获得较高的利润水平。而新进入的厂商刚开始生产时规模小，存在较高的平均成本，无法与垄断厂商相抗衡，面临同样较低的市场价格，进入即面临高额亏损。因此，其他行业的厂商也就放弃进入。

• 自然垄断。某行业中垄断厂商通过获得一种关键资源或技术水平来控制整个行业的情况，即为自然垄断。其他行业的厂商无法获得生产该产品的资源和技术，当然

也就无法进入该行业。例如微软公司垄断了电脑的 Windows 操作系统。

● 政府许可。政府出于某种目的，控制某产品的生产许可，只授予一个厂商来提供生产。其他行业的厂商没有法律许可也就无法进入该行业。例如我国的公共事业。

● 其他因素。完全垄断市场中的进入障碍也有一些其他因素，如产品的版权限制、产品专利以及产品的品牌效应等，都会导致其他行业的厂商很难进入某个行业。

### (二) 完全垄断市场的需求曲线

垄断厂商的需求曲线即为整个市场的需求曲线，垄断厂商的供给量即为整个市场的供给量，从而有能力通过改变和调整自身的行为来影响整个市场的需求和供给，进而可以控制整个市场的均衡价格水平。

如果垄断厂商增加产品的供给，就会降低该产品的市场价格，消费者需求也会有所增加；如果垄断厂商减少产品的供给，就会提高该产品的市场价格，消费者需求也会有所减少。因此，完全垄断厂商的需求曲线符合市场的需求规律，为一条向右下方倾斜的曲线，如图 5-7 (a) 所示。

在需求曲线 $D$ 上，不同的价格水平 $P$ 对应不同的产量 $Q$。由于商品的价格等于厂商的平均收益，即 $P = AR$。所以垄断厂商的平均收益线 $AR$ 即为需求曲线 $D$，如图 5-7 (a) 所示。

垄断厂商的边际收益线 $MR$ 是一条低于平均收益线 $AR$ 的向右下方倾斜的曲线。此时，当垄断厂商增加销售量时，市场价格就会沿着需求曲线 $D$ 下降。降价时，不仅是所增加的产量降价，而且所有产量都要降价。于是每新增一单位产品的销售所增加的收益都显然少于市场价格，即 $MR < P = AR$，如图 5-7 (a) 所示。

垄断厂商的总收益等于价格乘以产量，即 $TR = P \times Q$。当垄断厂商的产量为 $Q_0$ 时，边际收益 $MR = 0$，这时其总收益 $TR$ 达到最大，如图 5-7 (b) 所示。

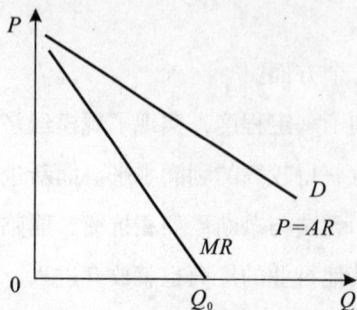

(a)垄断厂商需求曲线　　　　　　(b)垄断厂商收益曲线

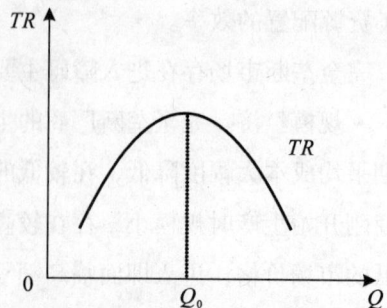

图 5-7　完全垄断市场

## （三）完全垄断市场中厂商均衡

虽然完全垄断市场中的厂商只有一家，可以控制市场价格，但要想获得最大利润也要遵循利润最大化原则：$MR = MC$。下文将具体分析完全垄断市场的短期和长期均衡条件及盈利情况。

1. 垄断厂商的短期均衡

垄断厂商在短期内可以调整其可变生产要素来调整产量。其获得利润最大化的均衡条件为边际收益等于短期边际成本，即 $MR = SMC$。

如图 5-8 所示，厂商的需求曲线为 $D$，在此曲线上有平均收益和均衡价格相等，即 $P = AR$；垄断厂商的短期平均成本曲线为 $SAC$，短期边际成本为 $SMC$。

根据厂商获得利润最大化的原则：$MR = SMC$ 来调整其产量，可得 $E$ 点为厂商的决策点，决定产量为 $Q_0$。当产量为 $Q_0$ 时，对应市场价格线 $P$ 的交点为 $G$，设此时价格水平为 $P_0$；对应厂商短期平均成本曲线 $SAC$ 的交点为 $F$，设此时平均成本水平为 $AC_1$。

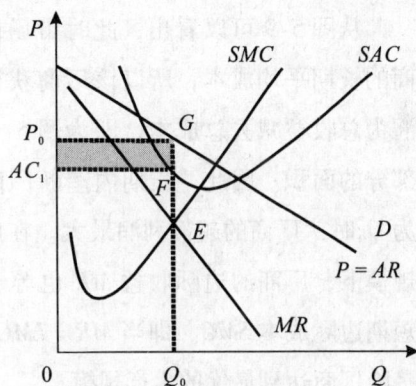

图 5-8 垄断厂商短期均衡

从图 5-8 可以看出，此时市场价格高于厂商的平均成本，厂商的总收益为平均收益乘以产量，即 $TR = AR \times Q_0 = P_0 \times Q_0$，总成本为平均成本乘以产量，即 $TC = AC_1 \times Q_0$，所以该厂商获得的超额利润为总收益减去总成本，即为图 5-8 中阴影部分的面积。

因此，短期内垄断厂商决定产量为 $Q_0$ 时，厂商的超额利润最大。

完全垄断厂商显然能够调整产量和价格，但不能调整全部生产要素，所以仍有三种不同情况：盈利、亏损和盈亏平衡。垄断厂商短期的盈利情况与完全竞争市场短期盈利情况相似，都取决于需求曲线与平均成本曲线的相对位置。两条线相交时，如图 5-8 所示，垄断厂商可以盈利；若两条线相切，垄断厂商处于盈亏平衡状态；若两条线相离，垄断厂商处于亏损状态。后两者情况可参照完全竞争市场厂商短期均衡的图进行分析，在此不再赘述。

2. 垄断厂商的长期均衡

在长期内，完全垄断厂商能根据市场需求来调整全部生产要素。垄断厂商仍然按照利润最大化均衡条件：边际收益等于长期边际成本，即 $MR = LMC$，来调整产量，以使其长期超额利润达到最大。

如图 5-9 所示，厂商的需求曲线为 $D$，垄断厂商的长期平均成本曲线为 $LAC$，长期边际成本为 $LMC$。

根据厂商获得利润最大化的原则：$MR = LMC$ 来调整其产量，可得 $E$ 点为厂商的决策点，决定产量为 $Q_0$。当产量为 $Q_0$ 时，对应市场价格线 $P$ 的交点为 $G$，设此时价格水平为 $P_0$；对应厂商长期平均成本曲线 $LAC$ 的交点为 $F$，设此时平均成本水平为 $LAC_1$。

从图 5-9 可以看出，此时市场价格高于厂商的长期平均成本，所以该厂商获得的超额利润为总收益减去总成本，即为图 5-9 中的阴影部分的面积。因此，长期内垄断厂商决定产量为 $Q_0$ 时，厂商的超额利润最大。在此时的生产规模下，厂商的边际收益 $MR$ 也等于相对应的短期边际成本 $SMC$，即当 $MR = LMC = SMC$ 时，垄断厂商达到最优的生产规模。

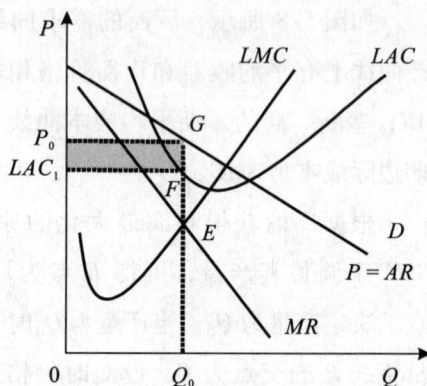

与完全竞争市场厂商的长期均衡不同，若垄断厂商在长期内获得了超额利润，则可以长期存在，而不会被新进入的厂商所瓜分。其原因是完全垄断市场存在很大的进入障碍，其他行业的厂商想进入该行业，但没有能力进入，也就不能瓜分垄断厂商的超额利润。

图 5-9　垄断厂商长期均衡

## （四）完全垄断市场与市场经济效率

完全垄断市场被经济学家视为资源配置效率最低的市场结构。通过以上对完全垄断市场特征和均衡状态的分析，可以得出其具有以下缺点。在完全垄断的均衡中，垄断厂商可以控制市场的价格，为了谋取高额利润，而使市场价格高于边际成本，即消费者为每增加一单位产品消费所愿意增加的支付大于垄断厂商为增加这一单位产品的生产所增加的成本，这时资源配置效率较低。在完全垄断市场的长期均衡中，市场价格又高于厂商长期平均成本曲线的最低点，这时厂商没有以最低成本生产，同时产量也较低，而消费者又以最高价格购买，因此垄断厂商获得高额利润的同时使消费者的福利损失最大，加重了社会收入分配不平等的程度。

当然，完全竞争市场也存在一些优点。在完全垄断市场中，垄断厂商存在规模经济，长期中存在超额利润，凭借雄厚的资金和人才实力有利于促进垄断厂商研发新产品，同时实现科技新突破等。

## 二、垄断竞争市场

### （一）垄断竞争市场的含义和特征

垄断竞争市场介于完全垄断市场和完全竞争市场两个极端状态之间，是一种现实经济中普遍存在的情形。垄断竞争市场是指一种既有垄断又有竞争，既不是完全垄断又不是完全竞争的市场结构。这种类型主要体现在轻工业，如家电和服装行业。下面将具体分析其厂商均衡条件和市场经济效率。

具有什么样特征的市场才是垄断竞争市场呢？垄断竞争市场的特征主要体现在以下几个方面。

1. 垄断竞争市场存在许多的厂商

由于该市场中存在许多厂商共同生产和提供某类产品，每个厂商都会面对众多的竞争对手，各自占行业总供给量的份额相对较少，因此，每个厂商的决策对其他厂商的影响不太大，只对市场中该产品的平均市场价格比较敏感。

2. 垄断竞争市场的产品存在一定的差别

由于该市场中众多的厂商提供同类产品，而每个厂商所提供的产品都具有一些独特的、有别于那些与之相竞争的产品的特征，这样有助于厂商形成各自的消费群体。产品具体差别主要体现在物理性能差别、消费者主观偏好、销售服务差异、地理位置差异、特殊需要差异等方面。例如手机行业中，不同厂商生产的手机都具有最基本的功能，如接打电话，但不同品牌的手机又具有各自独特的性能，如音乐手机的音乐功能较强等。垄断竞争市场存在非价格竞争，即不通过降低价格，而通过增加产品其他特征的优势进行竞争的方式。垄断竞争厂商的非价格竞争主要体现在新产品开发和广告两方面。

3. 垄断竞争市场的厂商对产品价格有一定的控制能力

正是由于每个厂商所提供的产品都具有一些独特的特征，在市场中有各自忠实的消费群体，所以每个厂商对自家的产品又有一定的控制能力，即在产品某个特征上形成垄断。当垄断竞争厂商独自提高价格时，虽然会失去一部分消费者，但并不是全部，因为有些消费者是其产品特征的忠实偏好者。相反，当垄断竞争厂商独自降低价格时，虽然会争夺一部分消费者，但仍有部分消费者是无法吸引的。例如，音乐手机的消费群体主要是青年人，他们不会因为其他品牌的手机价格微调就放弃对音乐手机的偏爱。所以每逢节假日，各大手机厂商都在搞活动，而具体促销的幅度和方式由各厂商自主决策。

4. 垄断竞争市场中厂商进出市场比较容易

由于垄断竞争市场中厂商的规模相对比较小，其他行业的厂商进入该行业存在的障碍也较低，所以厂商有能力及时退出亏损的行业，进入到获利的行业，所有的资源也可以在各行业间流动。

## （二）垄断竞争市场需求曲线

垄断竞争厂商的需求曲线与垄断厂商的需求曲线存在相似之处，都面临一条向右下方倾斜的需求曲线，这条需求曲线同时也是该厂商的平均收益曲线，而其边际收益曲线同平均收益曲线分离，处于平均收益曲线的下方，如图 5-10（a）所示。

但是垄断竞争厂商的需求曲线又有其独特的地方。垄断行业无竞争，需求曲线是稳定的，不受竞争影响；而垄断竞争厂商是相互独立的，存在竞争。因此，单个厂商感受到的竞争压力是全部行业总和的结果。如果竞争压力减少，每个厂商可以争夺更多的市场份额，所以需求增加，需求曲线右移到 $D_3$；如果竞争压力加大，每个厂商的市场份额逐渐减少，所以需求减少，需求曲线左移到 $D_2$，如图 5-10（b）所示。

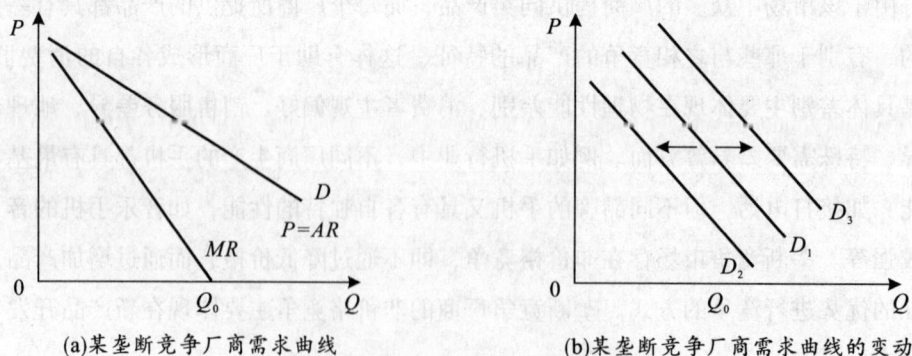

(a)某垄断竞争厂商需求曲线　　　　　(b)某垄断竞争厂商需求曲线的变动

**图 5-10　垄断竞争厂商需求曲线**

## （三）垄断竞争市场中厂商均衡

垄断竞争市场中的厂商进出市场比较容易，因此垄断竞争厂商的均衡情况与完全竞争市场的均衡情况类似，要想获得最大利润也要遵循利润最大化原则：$MR = MC$。

在短期内，厂商来不及进入或退出某行业。当市场中厂商可以获得超额利润时，其他行业的厂商在短期内来不及进入到该行业，行业的超额利润在短期内可以存在；当市场中厂商出现亏损时，该厂商在短期内也来不及退出该行业，行业的亏损在短期内仍然存在。

相反，在长期内厂商来得及进入或退出某行业。当市场中厂商可以获得超额利润时，在长期内会吸引其他行业的厂商进入到该行业，在长期内各厂商利润逐渐消失；当市场中厂商出现亏损时，该厂商在长期内来得及退出该行业，市场竞争压力发生变化，行业的亏损在长期内也逐渐消失。

接下来我们将详细分析垄断竞争市场短期和长期的均衡条件及盈利情况。

1. 垄断竞争厂商的短期均衡

垄断竞争厂商在短期内可以调整其可变生产要素来调整产量。其获得利润最大化的均衡条件为边际收益等于短期边际成本，即 $MR = SMC$。

如图 5-11 所示，厂商的需求曲线为 $D$，在此曲线上有平均收益和均衡价格相等，即 $P = AR$；垄断厂商的短期平均成本曲线为 $SAC$；短期边际成本为 $SMC$。

根据厂商获得利润最大化的原则：$MR = SMC$ 来调整其产量，可得 $E$ 点为厂商的决策点，决定产量为 $Q_0$。当产量为 $Q_0$ 时，对应市场价格线 $P$ 上的交点为 $G$，设此时价格水平为 $P_0$；对应厂商短期平均成本曲线 $SAC$ 上的交点为 $F$，设此时平均成本水平为 $AC_1$。

从图 5-11 可以看出，此时市场价格高于厂商的平均成本，即 $P = AR > SAC$。厂商的总收益为平均收益乘以产量，即 $TR = AR \times Q_0 = P_0 \times Q_0$；总成本为平均成本乘以产量，即 $TC = AC_1 \times Q_0$。所以，该厂商获得的超额利润为总收益减去总成本，即为图 5-11 中的阴影部分的面积。

因此，短期内垄断厂商决定产量为 $Q_0$ 时，厂商的超额利润最大。

垄断竞争厂商显然能够调整产量和价格，但不能调整全部生产要素，所以其短期均衡仍

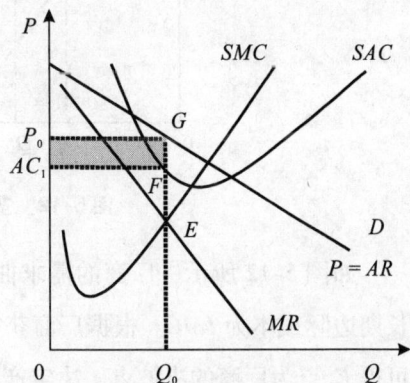

图 5-11 垄断厂商短期均衡

有三种不同的情况：盈利、亏损和盈亏平衡。垄断竞争厂商短期的盈利情况与完全竞争市场和完全垄断厂商的短期盈利情况相似，都取决于需求曲线与平均成本曲线的相

对位置。两条线相交时，如图 5-11，$P = AR > SAC$，垄断厂商可以盈利；若两条线相切，$P = AR = SAC$，垄断竞争厂商处于盈亏平衡状态；若两条线相离，$P = AR < SAC$，垄断竞争厂商处于亏损状态；当厂商亏损后，若 $P = AR > AVC$，则垄断竞争厂商仍可以继续生产，若 $P = AR < AVC$，则垄断竞争厂商只能停止生产。所以，$P = AR = AVC$ 为垄断竞争厂商的停止营业临界点。后几种者情况可参照完全竞争市场厂商短期均衡的图进行分析，在此不再赘述。

2. 垄断竞争厂商的长期均衡

在长期内，垄断竞争厂商能根据市场需求来调整全部生产要素。垄断竞争厂商仍然按照利润最大化均衡条件：边际收益等于长期边际成本，即 $MR = LMC$，来调整产量。

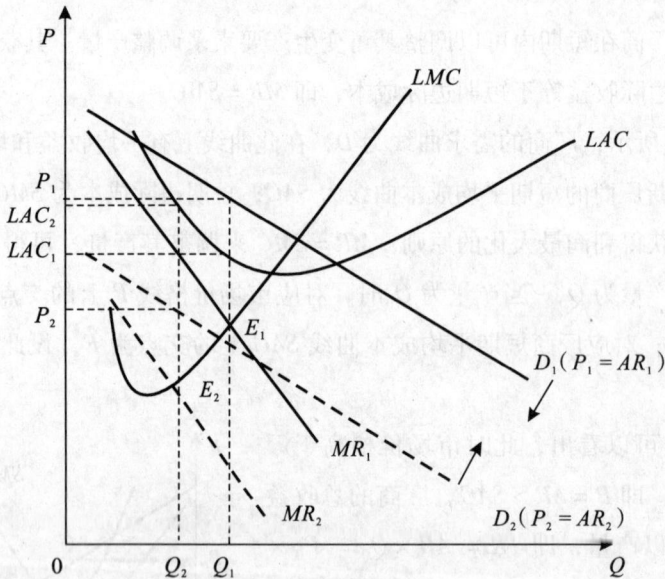

图 5-12　垄断竞争厂商的长期均衡变动

如图 5-12 所示，厂商的需求曲线为 $D_1$，垄断厂商的长期平均成本曲线为 $LAC$，长期边际成本为 $LMC$。根据厂商获得利润最大化的原则：$MR_1 = LMC$ 来调整其产量，可得 $E_1$ 点为厂商的决策点，决定产量为 $Q_1$。当产量为 $Q_1$ 时，对应市场的价格水平为 $P_1$，对应厂商的长期平均成本为 $LAC_1$。从图 5-12 可以看出，此时市场价格高于厂商的平均成本，即 $P_1 = AR_1 > LAC_1$，所以该厂商获得了超额利润。

由于长期中，垄断竞争厂商的超额利润会吸引新厂商进入到该行业，使得该行业的竞争压力加大。该垄断竞争厂商面临的需求曲线向左移动，使得其超额利润不断减少，当需求曲线 $D_1$ 向左移动到 $D_2$ 时，可以看出需求曲线 $D_2$ 与长期平均成本相分离。根据厂商获得利润最大化的原则：$MR_2 = LMC$ 来调整其产量，可得 $E_2$ 点为厂商的决策点，决定产量为 $Q_2$。当产量为 $Q_2$ 时，对应市场价格水平为 $P_2$，对应厂商的长期平均成本为 $LAC_2$。从图 5-12 可以看出，此时市场价格低于厂商的平均成本，即 $P_2 = AR_2 < LAC_2$，所以该厂商处于亏损状态。这时又会导致一些厂商退出该行业，使得该行业的竞争压力减少，该垄断竞争厂商面临的需求曲线又会向右移动，使得亏损不断减少。

与完全竞争市场厂商的长期均衡相似，垄断竞争厂商长期均衡时，既无超额利润，不会吸引厂商进入；又无亏损，不会导致厂商退出，这时垄断竞争厂商就达到长期均衡。即垄断竞争厂商的需求曲线 $D_3$ 与长期平均成本曲线 $LAC$ 相切时，仍按照利润最大化原则：$MR_3 = LMC$ 来调整其产量为 $Q_3$，使得 $P_3 = AR_3 = LAC_3$，垄断竞争厂商达到盈亏平衡的长期均衡状态，如图 5-13 所示。

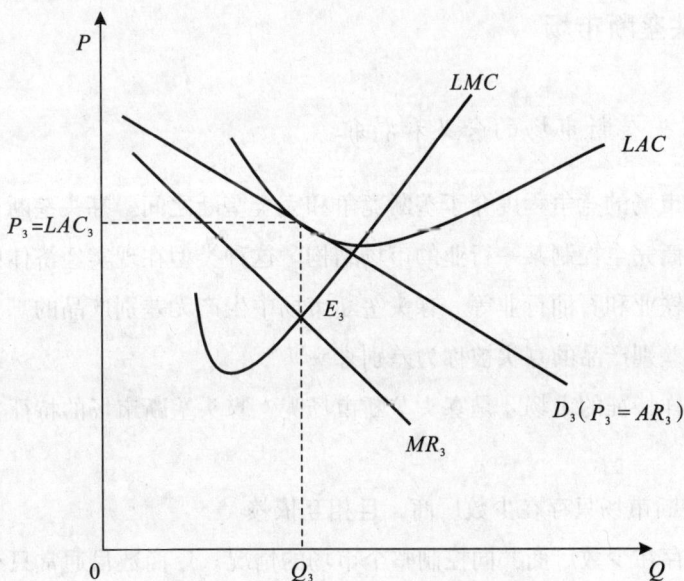

图 5-13 垄断竞争厂商长期均衡

综上所述，垄断竞争市场中的厂商长期均衡的条件为：$MR = LMC$ 且 $P = AR = LAC$，处于盈亏平衡状态。

## （四）垄断竞争市场与市场经济效率

垄断竞争市场中既有竞争又有垄断，是现实经济中比较普遍的市场结构，所以垄断竞争市场的经济效率介于完全竞争市场和完全垄断市场之间。通过对垄断竞争市场特征和均衡情况的分析，可发现此市场结构既有利又有弊。

垄断竞争市场中的优势体现在以下几个方面。垄断竞争市场中厂商数目较多，存在竞争，竞争机制在资源配置方面能发挥作用，促进各厂商不断创新，开发新产品，开辟新市场；垄断竞争厂商在长期均衡中无超额利润，因此是一个相对公平的市场；垄断竞争市场与完全竞争市场相比，产品价格水平偏高一些，市场中产量偏少一些，但却以较高的价格和较低的产量为代价换取了产品的多样化，满足了多样化的需求。

垄断竞争市场中的劣势体现在以下几个方面。垄断竞争厂商在各自产品的特性方面存在垄断，为了巩固其各自产品的特性，垄断竞争厂商不得不在广告上花费大笔资金，因此其资源利用效率要比完全竞争市场低，存在很大的资源浪费。垄断竞争市场长期均衡时没有完全垄断市场中的超额利润，所以厂商进行研究和开发投资的规模和可能性要小于垄断厂商。

## 三、寡头垄断市场

### （一）寡头垄断市场的含义和特征

寡头垄断市场的竞争程度介于垄断竞争和完全垄断之间。寡头垄断市场，顾名思义是指少数厂商完全控制某一行业的市场结构。这种类型在现实经济体中普遍存在于重工业，如钢铁业和石油行业等。寡头垄断市场中生产无差别产品的寡头被称为纯粹寡头，生产有差别产品的寡头被称为差别寡头。

具有什么样特征的市场才是寡头垄断市场呢？寡头垄断市场的特征主要体现在以下几个方面。

1. 寡头垄断市场只存在少数厂商，且相互依赖

该市场中存在少数厂商共同控制整个市场的情况。厂商数目通常只有几个，最少两个。厂商各自占行业的份额相对较高。因此，每个厂商的决策对其他厂商的影响很大，厂商之间相互依存、相互影响和制约。当行业中任何一家厂商变动其产量和价格时，都必须考虑其他厂商的反应。寡头之间这种相互依赖性对寡头市场的均衡有着至关重要的影响。

因此，寡头垄断市场中存在两种情况：串谋和竞争。串谋是指各寡头厂商联合起来形成向垄断厂商那样的整体，在价格水平、产量、市场份额及广告支出等方面取得相一致的决策，获得最大的行业利润；然后再共同商议如何瓜分这个最大的行业利

润。竞争是指如何瓜分最大的行业利润，又促使各寡头厂商在市场中的相互竞争，其目的是争得最大份额行业利润。所以寡头市场又可分为两种类型：串谋的寡头市场和竞争的寡头市场。

2. 寡头垄断厂商对产品价格有一定的控制能力

虽然寡头厂商之间相互制约，但寡头厂商可以根据其实际情况来对自身价格进行调整。寡头厂商对价格的控制能力要高于垄断竞争厂商。尤其体现在竞争的寡头市场方面，每个寡头为了争夺更多的市场份额会展开一系列的价格竞争和非价格竞争。

3. 寡头垄断市场中厂商进出市场比较困难，存在进入障碍

由于寡头垄断市场中厂商的规模相对比较大，一般都已进入规模经济状态，实现了较低的成本。因而其他行业的厂商要进入该行业时，在短期内很难实现以较低成本生产，无法与寡头厂商相抗衡，于是进入该行业也就较为困难。这就妨碍了经济资源在各行业间流动的灵活性。

### （二）寡头垄断市场中的厂商均衡

寡头垄断厂商的行为具有不确定性，这使得厂商的决策变得很复杂，分析寡头厂商均衡时所用方法就不同于前三种市场类型，寡头厂商的均衡产量和价格也难以有一确定的解。各国经济学家们都在绞尽脑汁建立模型来分析寡头理论。本文在研究寡头垄断市场中的厂商均衡时，将分为串谋的寡头市场和竞争的寡头市场两种类型来分析。

1. 串谋的寡头市场厂商均衡

串谋的寡头市场中，各寡头厂商联合起来形成向垄断厂商那样的整体，在价格水平、产量、市场份额及广告支出等方面取得相一致的决策，以获得最大的行业利润。串谋又分为公开的串谋和隐蔽的串谋两种。

对于公开的串谋，我们可以将各寡头看成一个整体，即类似于完全垄断厂商来求解厂商均衡。公开串谋的典型为"卡特尔"，即有正式的串谋协议的串谋。独立厂商之间有关于价格、产量和瓜分市场销售区域的明确协议，即所有成员（厂商）的行为能够使他们像一个厂商一样，获得垄断市场中的最大化行业利润，如图 5-14 所示。

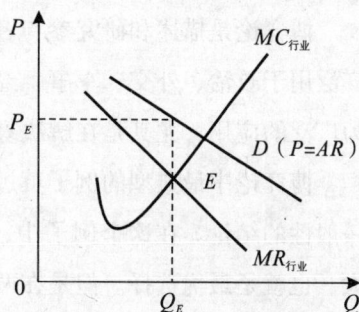

图 5-14 卡特尔的厂商均衡

根据行业的利润最大化利润原则：$MR_{行业} =$

$MC_{行业}$，行业的均衡决策点为 $E$，对应行业的产量为 $Q_E$，市场价格为 $P_E$。此时寡头垄断市场的行业利润达到最大。该行业中，所有寡头厂商的份额受到严格限制，加起来等于 $Q_E$，且都要按着价格 $P_E$ 来销售产品。如果某成员单独违背合同，偷偷扩产独享限产好处，将会导致卡特尔的不稳定。

对于隐蔽的串谋，是指寡头厂商之间不采用公开的协议，而采用心照不宣的隐蔽性串谋形式，也可以称为默契。隐蔽串谋的典型为价格领导，即寡头厂商们在价格上与行业的领导者保持一致，跟随领导者调整各自的价格水平，避免寡头市场中的恶性价格战和过度的广告竞争。

在现实经济中，串谋最典型的例子就是石油输出国组织 OPEC 的价格勾结，它是一个限制产量并提高石油价格的寡头价格联盟。由于各成员国都想更多享受限产保价的利益，于是纷纷打破限产规定，都争先增加石油销量，结果导致 20 世纪 80 年代的石油大幅降价。而现在石油价格持续不断上升的原因不再是石油寡头成员国的价格勾结了，而是国际石油市场供求关系变动的结果。在任何一种市场上，决定价格的最基本因素还是供求关系。在市场供大于求的情况下，任何串谋价格都不可能长远地维持高价。而在市场供小于求的情况下，无需价格串谋，商品的价格也会上升。近几年石油价格的飙涨基本原因还是石油的供小于求。

2. 竞争的寡头市场厂商均衡

竞争的寡头市场中，各寡头厂商为了争得最大份额的行业利润，促使它们在市场中相互竞争，也可称为非串谋的寡头。在这种情况下，各寡头厂商只关心自身的利益，而不会顾及行业的总利益。其考虑的是采取什么策略能够最大程度地维护自身利益，避免被竞争对手欺骗或冲击。于是在竞争的寡头市场中普遍存在恶性价格竞争和非价格竞争，如广告、研发新技术、新产品等。在经济学中，我们采用纳什的博弈论为理论工具来分析这种非串谋寡头市场的厂商均衡情况。

博弈论是描述和研究参与者之间的策略相互依存和相互作用的一种决策理论，被广泛用于政治、外交、军事、经济等研究领域。近些年，博弈论在经济学中得到了更为广泛的应用，尤其是在解决寡头理论方面做出了重要的贡献。

博弈论中最典型的例子莫过于"囚徒困境"，这是一个非合作博弈，包含着一个一般性的结论。在这个例子中，如果囚徒之间相互合作，可以使两人的利益达到最大，也就是最优选择。但是在两人之间的博弈中，各自都只考虑自身利益，往往不能相互合作，博弈结果就是每个人的处境都选择最差的状况。

"囚徒困境"是一个关于两名被警察抓住的犯罪分子间博弈的例子。警察在缺乏足够证据时，采取分开审问这两名疑犯的策略。在审判中，两名疑犯都深知抗拒从严、坦白从宽的原则。所以两人都有两种选择：坦白和不坦白。两人的最终判决结果取决于他们的策略组合。如表5-2，如果两人都选择坦白，则证明两人均有罪，都判坐牢3年，如策略组合A；如果两人都不坦白，则没有足够证据证明两人犯有严重罪行，只能判坐牢1年如策略组合D；若其中一人坦白，而另外一个人不坦白，则释放坦白的疑犯，严惩不坦白的疑犯，判坐牢5年，如策略组合B和C。

表5-2　囚徒困境

| 参与人 | 囚徒乙 | | |
|---|---|---|---|
| | 策略 | 坦白 | 不坦白 |
| 囚徒甲 | 坦白 | A：甲3年；乙3年 | B：甲自由；乙5年 |
| | 不坦白 | C：甲5年；乙自由 | D：甲1年；乙1年 |

　　两名囚徒对上面策略矩阵的结果都心知肚明，都知道两人一致合作、坚持不坦白是最好的结果。但是由于分开审问，每个人都很难确定对方的选择。我们首先考虑甲的决策，甲不能确定乙的决策。假设乙坦白了，对于甲来说，比较策略组合A和C，占优策略应是坦白，选择坐牢3年；如果乙不坦白，对于甲来说，比较策略组合B和D，占优策略也是坦白，获得自由。因此，不管乙是坦白还是不坦白，对于甲来说坦白都是最好的策略。同理类推，我们可以得出乙的决策和甲的是一致的，即不管甲坦白还是不坦白，对于乙来说坦白都是最好的策略。两人从自身的利益最大化出发时，都选择了坦白，即策略组合A是两人最终的博弈结果，被称为"纳什均衡"。纳什均衡是指每个参与人都认为自己的策略是最优的，并且也没有一个参与人愿意单独背离这个状态的策略组合。

　　通过比较表5-2中的四种策略组合，组合D是两囚徒最好的处境，组合A是最差的处境。但由于两囚徒的不合作，导致两人的博弈结果反而选择了最差的。而对于整个社会的利益来说，犯罪人被绳之以法，策略组合A却是利于社会安定的最优结果。

　　我们将上面的"囚徒困境"应用到非串谋的寡头市场来研究寡头厂商的均衡情况。我们假设某行业中只有两个寡头厂商：甲和乙。两家厂商分别给自己的产品定价，有两种选择定价：10元或15元。由于寡头厂商之间具有相互依赖的特点，两者的最后定价取决于他们的策略组合，如表5-3。

表5-3　非串谋寡头厂商的均衡决策

| 参与人 | | 寡头乙 | |
|---|---|---|---|
| 寡头甲 | 策略 | 10 元 | 15 元 |
| | 10 元 | A：甲 70 万元；乙 70 万元 | B：甲 120 万元；乙 50 万元 |
| | 15 元 | C：甲 50 万元；乙 120 万元 | D：甲 100 万元；乙 100 万元 |

　　两个厂商选择不同的定价，存在表 5-3 中的四种收益结果。如果两厂商串谋起来，都选择定价 15 元，则两厂商的收益都为 100 万元，即组合 D；若两者大搞价格战，都选择低价销售而定价 10 元，两厂商的收益都为 70 万元，即组合 A；若只有一个厂商选择高价，而另一个厂商选择低价销售，则低价销售的厂商会争夺更多的市场份额，获得较高的收益 120 万元，而另外一方则只能获利 50 万元。

　　我们首先考虑甲的决策，甲不能确定乙的决策。假设乙低价销售，对于甲来说，比较策略组合 A 和 C，占优策略应是低价销售，定价 10 元，获得收益 70 万元；如果乙高价销售，对于甲来说，比较策略组合 B 和 D，占优策略也应是低价销售，定价 10 元，获得收益 120 万元。因此，不管乙选择哪个策略，对于甲来说定价 10 元都是最好的策略。同理类推，我们可以得出乙的决策和甲的是一致的，即不管甲选择哪个策略，对于乙来说定价 10 元都是最好的策略。两人从自身的利益最大化出发时，都选择了定价 10 元，即策略组合 A 是两人最终的博弈结果，两厂商均获得收益 70 万。

　　通过比较表 5-3 中的四种策略组合，组合 D 是两寡头厂商的最大收益组合，行业的收益最大；组合 A 是最差收益组合，行业的收益最少。但是由于两寡头厂商的不合作，导致两人的博弈结果反而选择了最差的。而对于广大的消费来说，策略组合 A 却是消费者福利最大的结果。

　　上面我们介绍的两种博弈例子都限于一次博弈。如果参与者重复多次博弈时，情况会有所不同。一般来说，在多次博弈中，参与者更多会选择合作或者串谋，以获取整体利益最大化。

## （三）寡头垄断市场与市场经济效率

　　寡头垄断市场中既有竞争又有垄断，但更偏重于垄断。所以寡头垄断市场的经济效率介于垄断竞争市场和完全垄断市场之间。通过上文对寡头垄断市场特征和均衡情况的分析可以看出，在此市场结构中也是利弊并存。

　　寡头垄断市场中的劣势体现在寡头垄断市场的价格比较高，存在较高的进入障碍，降低了资源的配置效率。此外，寡头垄断厂商在产品差别和广告等非价格竞争方面支出了很大的费用，造成了资源的浪费。尤其是串谋的寡头市场，各寡头之间的串谋会抬高价格，牟取最大的行业利益，与完全垄断市场类似，损害消费者的利益和社会的福利，加剧社会收入的不平等程度。

寡头垄断市场中的优势体现在长期中寡头厂商能获得超额利润，市场中的竞争又促使各寡头厂商不断进行创新，开发新产品、开辟新市场，因而其经济效率要比完全垄断市场的高。

## 📖 本章小结

1. 按市场竞争程度的强弱将市场结构依次划分为以下四种类型：完全竞争市场、垄断竞争市场、寡头垄断市场和完全垄断市场。

2. 完全竞争市场又被称为纯粹竞争市场，是指市场内竞争完全不受任何阻碍和干扰的市场结构。

3. 完全竞争市场单个厂商的需求曲线是一条由既定价格出发，平行于产量轴的直线。

4. 在短期内，厂商来不及进入或退出某行业。相反，在长期内厂商来得及进入或退出某行业。

5. 短期内当 $P = AR > SAC$ 时，完全竞争市场的厂商处于盈利状态；当 $P = AR = SAC$ 时，完全竞争市场的厂商处于盈亏平衡的状态，但此时厂商仍能获得正常利润；当 $P = AR < SAC$ 时，完全竞争市场的厂商处于亏损状态；当 $P = AR = AVC$ 时，为厂商的停止营业点。长期内，完全竞争厂商的长期均衡状态为：既无超额利润也无亏损，既不会吸引新厂商进入也不会导致原有厂商退出。

6. 完全垄断市场是指行业或市场中只有一个厂商独家控制的情况。完全垄断市场存在进入障碍主要体现在：规模经济、自然垄断、政府许可和其他因素方面。

7. 垄断厂商的需求曲线即为整个市场的需求曲线，有能力通过改变和调整自身的行为来影响整个市场的需求和供给，进而可以控制整个市场的均衡价格水平。

8. 垄断厂商短期的盈利情况与完全竞争市场短期盈利情况相似，仍有三种不同情况：盈利、亏损和盈亏平衡。垄断厂商在长期内获得超额利润。

9. 垄断竞争市场是指一种既有垄断又有竞争，既不是完全垄断和又不是完全竞争的市场结构。短期内当 $P = AR > SAC$ 时，垄断竞争市场的厂商处于盈利状态；当 $P$

$=AR=SAC$ 时，厂商处于盈亏平衡的状态，但此时厂商仍能获得正常利润；当 $P=AR<SAC$ 时，厂商处于亏损状态；当 $P=AR=AVC$ 时，为厂商的停止营业点。长期内，垄断竞争厂商长期均衡状态为：既无超额利润也无亏损；既不会吸引新厂商进入也不会导致原有厂商退出。

10. 寡头垄断市场，顾名思义是指少数厂商完全控制某一行业的市场结构。

11. 四种市场类型短期和长期均衡的情况总结表。

| 市场类型 | 新厂商进入 | 厂商收益情况 | | 厂商均衡条件 | | 经济效率 |
|---|---|---|---|---|---|---|
| | | 短期 | 长期 | 短期 S | 长期 L | |
| 完全竞争 | 很容易 | 盈利、亏损、盈亏平衡 | 盈亏平衡 | $MR=SMC$ | $P=AR=MR=$ $LMC=LAC_{最小值}$ | 最高 |
| 垄断竞争 | 较易 | 盈利、亏损、盈亏平衡 | 盈亏平衡 | $MR=SMC$ | $P=AR=LAC$ $MR=LMC$ | 较高 |
| 寡头垄断 | 较难 | 盈利、亏损、盈亏平衡 | 超额利润 | —— | —— | 较低 |
| 完全垄断 | 不可能 | 盈利、亏损、盈亏平衡 | 超额利润 | $MR=SMC$ | $MR=LMC$ | 最低 |

## 📖 复习思考题

**一、判断题**

1. 完全竞争厂商能够自行定价来增加利润或减少亏损。（    ）

2. 完全竞争厂商在长期均衡中可以获得正常利润。（    ）

3. 垄断厂商可以控制市场的价格水平。（    ）

4. 垄断可以提高资源的配置效率。（    ）

5. 垄断竞争厂商在长期均衡中可以存在超额利润。（    ）

**二、单选题**

1. 作为市场价格接受者的厂商是（    ）。

A. 完全竞争厂商　　B. 完全垄断厂商　　C. 垄断竞争厂商　　D. 寡头垄断厂商

2. 完全竞争市场中，厂商短期均衡时（　　）。

A. 厂商必定获得超额利润　　　　　　B. 厂商不可能收支相抵

C. 厂商可能获利，也可能亏损　　　　D. 厂商不可能亏损

3. 根据完全竞争市场的条件，以下哪个行业最接近完全竞争行业？（　　）

A. 家电行业　　　　B. 汽车行业　　　　C. 服装行业　　　　D. 玉米行业

4. 垄断厂商的边际收益曲线是一条（　　）。

A. 平行于横轴的直线　　　　　　　　B. 向右下方倾斜的线

C. 垂直于横轴的线　　　　　　　　　D. 与需求曲线重合的线

5. 厂商进出行业难度最大的市场类型是（　　）。

A. 完全竞争市场　　　　　　　　　　B. 完全垄断市场

C. 垄断竞争市场　　　　　　　　　　D. 寡头垄断市场

6. 最需要进行广告宣传的市场是（　　）。

A. 完全竞争市场　　　　　　　　　　B. 完全垄断市场

C. 垄断竞争市场　　　　　　　　　　D. 寡头垄断市场

7. 如果垄断竞争的行业存在超额利润，那么（　　）。

A. 新企业将进入该行业　　　　　　　B. 产品差异不再存在

C. 生产成本将上升　　　　　　　　　D. 现存企业将提高它们的价格

8. 下列哪一类市场结构中，企业必须考虑其他企业的反应？（　　）。

A. 完全竞争市场　　　　　　　　　　B. 完全垄断市场

C. 垄断竞争市场　　　　　　　　　　D. 寡头垄断市场

9. 寡头市场的主要特征是（　　）。

A. 只有一个厂商和价格固定　　　　　B. 进出自由和完全信息

C. 外在经济和成本递增　　　　　　　D. 进入障碍和相互依赖

10. 当厂商短期均衡时，$AR$ 小于 $SAC$，但大于 $AVC$，则厂商（　　）。

A. 盈利，继续生产　　　　　　　　　B. 亏损，但继续生产

C. 亏损，停止生产　　　　　　　　　D. 获得了正常利润，继续生产

## 三、简答题

1. 简述完全竞争市场的特征。

2. 用图形分析在完全竞争市场上，一个厂商的短期与长期均衡情况。

3. 试述垄断竞争厂商是如何达到长期均衡的。

4. 简述完全垄断市场的特征。

### 📖 案例讨论

2004 年 3 月，微软拒绝欧洲方面提出的剥离视窗（Windows）操作系统中的媒体播放器（MediaPlayer）软件，双方长达 5 年的谈判破裂，欧盟委员会作出裁决，微软滥用其视窗操作系统的市场垄断地位，与竞争对手进行不公平竞争，伤害了消费者和竞争对手的利益，因此对微软处以创纪录的 4.97 亿欧元（合 6.65 亿美元）罚金，并命令其改变业务方式。

微软对欧盟的处罚表示不服，随即向设在卢森堡的欧洲法院提出上诉，以"如果执行处罚会造成严重和无法弥补的损失"为由，要求暂缓执行欧盟委员会的处罚决定，直到关于欧盟制裁的完全上诉审理完毕。

然而欧盟第二高等法院——初审法院在长达 91 页的宣判书中表示，微软未能提供足够的证据证明执行欧盟的处罚会造成不可弥补的损失，因此驳回微软的请求。

2004 年 12 月 22 日，欧洲法院勒令微软立即执行欧盟委员会于 3 月份作出的反垄断处罚，改变其商业操作模式，剥离视窗操作系统中捆绑的媒体播放器软件，向竞争对手开放一些软件的源代码。一位曾代表业界同微软进行反垄断谈判的律师高度赞扬法官的裁决，说"这是消费者的胜利"。

结合本章所学的经济学市场结构理论的相关知识分析欧盟法院为什么对微软进行反垄断处罚。

# 第六章　分配理论

**知识目标**

1. 劳动供给的特点和工资的决定；

2. 利息的性质及利息的决定；

3. 土地供给的特点及级差地租、准租金和经济地租的概念；

4. 正常利润和超额利润的含义；

5. 洛伦兹曲线和基尼系数的含义。

**能力目标**

1. 解释地租是如何决定的；

2. 区分准租金、经济租金。

**技术目标**

结合本章知识点，能够运用分配理论解决经济中生产要素合理分配的问题。

**案例导入**

## 劳动供给的奇怪现象

一个纺织厂突然接到一个大额订单，要求短时间内交工。纺织厂老板为了完成订单，鼓励工人加班，并给出了加班的奖励：加班时间越长，每小时的加班工资越高。刚开始，工人为了获得更多的工资收入积极参与加班，加班时间越来越长。老板很得意，这样继续下去的话，订单肯定会准时完成。但好景不长，厂里愿意加班的工人越来越少，加班的时间也越来越短。老板着急了，又提高了每小时加班工资。但工人们的加班时间仍然没有之前那么长。这下老板头疼了，为了不耽误订单，只好额外招一些临时工来帮忙。

试分析，劳动供给为什么不像商品供给那样，随着价格上涨而一直增加呢？

# 第一节　生产要素收入的决定

生产要素价格的决定在西方经济学的传统上是分配理论的一个重要部分。生产要素价格决定的主要理论基础是美国经济学家 J. B. 克拉克（J. B. Clark）提出的边际生产力理论和英国经济学家马歇尔（Marshall）的均衡价格论。边际生产力论认为，在其他条件不变和生产力递减的前提下，一种生产要素的价格取决于其边际生产力。均衡价格论认为，生产要素的价格不仅取决于其边际生产力，也取决于一些其他因素，边际生产力只是决定要素需求的一个方面。除此之外，厂商在决定要素需求时还要考虑要素的边际成本。只有当所使用要素的边际成本和边际收益（边际生产力）相等时，厂商才在要素使用上达到利润最大化。此外，要素的供给也是决定价格的一个重要方面。总之，要素的市场价格与其他商品一样，也由其需求和供给两个方面共同决定。

要分析生产要素价格的决定，就必须先分析生产要素的需求曲线与供给曲线。

## 一、生产要素

在经济学中，生产要素一般被划分为劳动、土地、资本和企业家才能四种类型。劳动是指人类在生产过程中提供的体力和智力的总和。土地不仅指土地本身，还包括地上和地下的一切自然资源。资本可以表现为实物形态或货币形态。企业家才能指企业家组织建立和经营管理企业的才能，它其实是一种无形的生产要素。

劳动、土地、资本和企业家才能这四种生产要素的价格，分别被称作是工资、地租、利息和利润。根据消费者提供的生产要素的数量和价格，生产要素的所有者可以获得一定的收入，所以生产要素理论又称为分配理论。

## 二、生产要素需求的特点

生产要素市场的需求来自厂商。厂商购买生产要素不是为了满足自己的消费需要，而是为了满足生产上的需要。能直接满足消费者需要的是各种消费物品和服务，但这些物品和服务要依靠生产要素的投入才能创造出来。例如，服装、面包等的生产离不开劳动、资本、土地和企业家才能。厂商之所以需要生产要素就是为了用这些生产要素生产各种可供消费的物品以满足消费者的需要。如果消费者不需要各种可供消费的物品，生产者也不会需要生产要素了。因此，对生产要素的需求是由对消费物品的需求派生出来的，因而是一种"派生需求"。

生产要素需求不仅是一种"派生需求"，也是一种"联合需求"。这是因为，任何一种产品都不是一种生产要素单独能生产出来的，而必须有许多生产要素共同合作才行。各种生产要素之间还存在相互替补或补充的关系，因此，厂商对某一生产要素的需求，不仅要受该要素价格的制约，还要受其他要素价格的制约。如果人工很便宜，使用昂贵的机器不如使用人工合算，那么厂商就会更多地使用人力来替代机器；反之亦然。

### 三、生产要素的供给

#### （一）生产要素的供给者

市场上的生产要素都是指最初的生产要素。所谓最初的生产要素就是指生产过程中的原始投入，即指未经加工的要素投入，主要包括劳动、资本、自然资源（土地）和企业家才能。资本要素主要是指货币形式的资本，其供给者是家庭或消费者。自然资源，一种是私人拥有的自然资源，其供给者是私人；另一种是公共资源，其与其他生产要素有所不同。企业家才能，其供给者是那些具有企业家素质的人。

#### （二）生产要素的供给

研究生产要素市场的供给就是要确定生产要素供给量关于生产要素价格的函数。一般而言，生产要素的供给量与生产要素价格成同方向变动关系，即当生产要素价格上升时，生产要素的供给量增加；反之，当生产要素价格下降时，生产要素的供给量会随之减少。如果用图形来表示生产要素的供给曲线，可知其是一条向右上方倾斜的曲线，如图 6-1 所示。

在图 6-1 中，横轴 $Q$ 代表生产要素的供给量，纵轴 $P$ 代表生产要素的价格，$S$ 为生产要素的供给曲线。供给曲线 $S$ 向右上方倾斜，表示生产要素的供给量与其价格同方向变动，即当生产要素价格上升时，生产要素的供给量相应增加；反之，当生产要素价格下降时，生产要素的供给量随之减少。

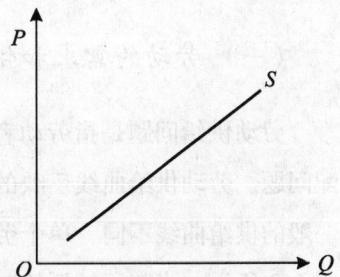

图 6-1 生产要素的供给曲线

### 四、生产要素市场的均衡

与商品市场相似，在完全竞争市场上，生产要素市场的均衡状态也是由需求和供给两个方面共同决定的。当生产要素的需求曲线 $D$ 与生产要素的供给曲线 $S$ 相交时，生产要素市场达到均衡状态，即图6-2中的均衡点 $E$，从而决定了生产要素的均衡价格 $P_E$ 和均衡数量 $Q_E$。这与商品市场的均衡分析是完全相同的。

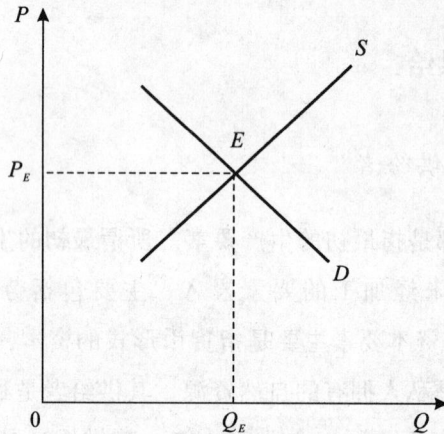

图6-2  完全竞争市场的生产要素价格决定

# 第二节  工资、利息、地租和利润理论

### 一、工资理论

工资是劳动这一生产要素在提供了劳务之后所获得的报酬，它是由劳动的供给和需求决定的。

#### （一）劳动的需求和供给

劳动供给问题是指劳动者如何决定其全部资源在闲暇和劳动供给两种用途上的分配问题。劳动供给曲线反映的是劳动要素供给量与其价格（工资）之间的关系。与一般的供给曲线不同，单个劳动者的劳动供给曲线有一段"向后弯曲"的部分。如图6-3所示，当工资较低的时候，随着工资的上升，劳动者受较高工资的吸引将逐渐增加劳动供给量。这时，劳动供给曲线同一般供给曲线一样向右上方倾斜。但是，当工资增加到一定程度后（如 $W_0$），再增加工资，劳动供给量会减少，这时，劳动供给曲线开始向后弯曲。

经济学上用替代效应和收入效应来对劳动的供给曲线进行解释。劳动者根据工资高低将时间在工作与闲暇之间进行配置。当工资增加时，存在两方面的共同作用：一方面，由于替代效应的作用，劳动者用工作代替闲暇，从而增加劳动供给；另一方面，由于收入效应的作用，随着收入水平的提高，劳动者需要更多的闲暇，从而使劳动供给减少。替代效应和收入效应对劳动供给的影响是相反的，最终结果取决于两种效应的强弱程度。一般规律是：当工资水平较低时，人们更加看重工资收入，替代效应大于收入效应；当工资水平较高的时候，人们更加看重闲暇时光，收入效应大于替代效应。因此，劳动供给曲线是一条向后弯曲的曲线。

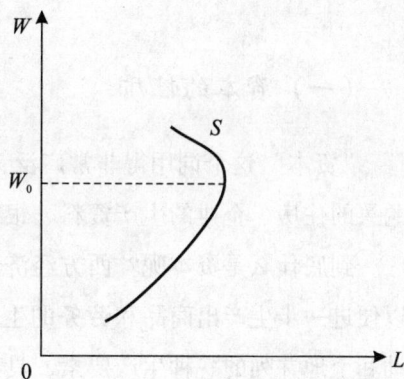

图 6-3　劳动供给曲线

厂商对劳动的需求主要取决于劳动这种生产要素的边际收益。厂商对劳动的需求量所遵循的原则就是使购买劳动所花费的边际成本（即工资）等于劳动所带来的边际收益。

## （二）工资的决定

如果将所有单个劳动者的劳动供给曲线水平相加，就得到整个市场的劳动供给曲线。它是一条"向后弯曲"的曲线。

由于生产要素的边际生产力递减和产品的边际收益递增，生产要素的市场需求曲线通常总是向右下方倾斜。劳动的市场需求曲线也不例外。将向右下方倾斜的劳动需求曲线和"向后弯曲"的劳动供给曲线结合起来，即可决定均衡工资水平，如图 6-4 所示。

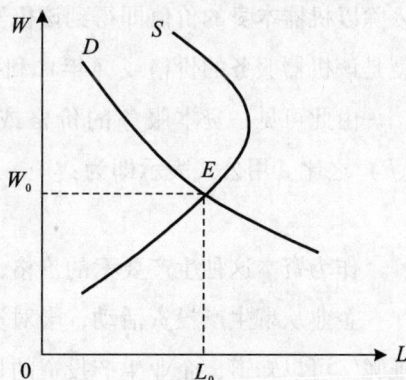

在图 6-4 中，劳动需求曲线 $D$ 和劳动供给曲线 $S$ 的交点 $E$ 是劳动市场的均衡点。该均衡点决定了均衡工资为 $W_0$，均衡劳动数量为 $L_0$。显然，工资水平由劳动的需求和供给共同决定。一般而言，劳动的需求增加会使工资水

图 6-4　均衡工资的决定

平上升，而劳动的需求减少会使工资水平下降。

## 二、利息理论

### （一）资本的性质

"资本"这个词用得非常广泛，且在不同的场合被解释成不同的内容，如消费者购买的住房、企业的生产资料、银行的现金、甚至土地都可以被称作资本。

到底什么是资本呢？西方经济学认为，资本是人们生产出来的并且被用作投入，以便进一步生产出商品和劳务的生产要素。从这个定义中可以看出，资本作为与劳动和土地并列的一种生产要素，具有如下特点：第一，它的数量是可以改变的，即它可以通过人们的经济活动生产出来；第二，它被生产出来的目的是生产出更多的商品和劳务；第三，它是一种投入要素，即通过参与生产过程来获得更多的商品和劳务。

### （二）利率

作为生产服务的源泉，资本本身具有一个市场价格，即所谓的资本价值，例如，一台机器、一幢建筑物在市场上可按一定的价格出售；另一方面，资本也与土地和劳动等其他要素一样，可以在市场上被租借（注意不是出售）出去。因此，作为生产服务，资本也有一个价格，即使用资本（或资本服务）的价格，或者说资本所有权得到的价格。这个价格通常被称为利率，并用 $r$ 表示。

例如，一台价值为 1000 元的机器被使用一年得到的收入为 100 元，用这个年收入除以机器本身的价值即得到该机器每单位价值服务的年收入：$100/1000 = 10\%$，这就是该机器服务的价格或（年）利率 $r = 10\%$。

由此可见，资本服务的价格或利率等于资本服务的年收入（$Z$）与资本价值（$P$）之比。用公式表示即为：

$$r = Z/P$$

作为资本这种生产要素的价格，利息率的高低最终取决于对资本的需求和供给。

企业从事生产投资活动，会对资本提出需求。那么，企业对资本的需求有什么特征呢？可以知道，企业生产投资的目标是实现利润最大化。在使用资本方面，企业获得的纯利润率等于利润率减去利息率。这个数值越大，纯利润越多，企业越愿意投资；反之，差值越小，纯利润越少，企业越不愿意投资。所以，在利润率既定时，投资就与利息率成反方向变动，即资本的需求曲线是一条向右下方倾斜的曲线。

人们通常将所有财富分为两部分：一部分用于消费，剩下的部分用于储蓄。储蓄构成了资本供给的主要来源。利息构成了人们储蓄的收益，当利息率较高时，人们会更多地进行储蓄；反之，当利息率较低时，人们的储蓄就会较少。可见，储蓄与利息率成同方向变动的关系，即资本的供给曲线是一条向右上方倾斜的曲线。

资本的需求和供给共同决定了利息率的高低。具体如图 6-5 所示。

在图 6-5 中，坐标横轴 $K$ 表示资本量，坐标纵轴 $i$ 表示利息率。$D$ 为资本的需求曲线，向右下方倾斜表示资本需求量与利息率成反方向变动。$S$ 为资本的供给曲线，向右上方倾斜表示资本供给量与利息率成同方向变动。曲线 $D$ 与 $S$ 相交于点 $E$，即为资本市场的均衡点，资本的需求和供给相等，决定了均衡利息率为 $i_0$，均衡的资本量为 $K_0$。

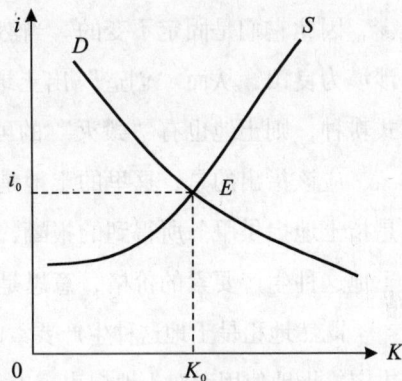

图 6-5　利息率的决定

📁 **拓展资料**

---

### 政治经济学中的资本和利息

在政治经济学中，资本是指能够带来剩余价值的价值，资本在不断的循环和周转中带来越来越多的剩余价值，而剩余价值是资本家进行生产的一切动机和目的。资本家可以分为产业资本家（包括农业和工业）、商业资本家、借贷资本家、银行资本家等几种类型。产业资本家主要负责生产过程，商业资本家主要从事商品销售，借贷资本家是从产业资本家和商业资本家中分离出来的，他们因为有暂时闲置的货币而选择出借给产业资本家和商业资本家用于生产和销售，并通过出借资本而获得利息收入。利息是从产业资本家和商业资本家的利润中分出的一部分，利息率等于利息/借贷资本总量，它介于零和平均利润率之间（平均利润率＝社会剩余价值总额/社会预付总资本），当平均利润率一定时，利息率的高低取决于金融市场上借贷资本的供求关系。若借贷资本的供给大于需求，利息率就下降；反之，利息率则会上涨。当平均利润率既定且借贷资本供求平衡时，利息率是由习惯和法律等因素决定的。

---

## 三、地租理论

### （一）地租的决定

经济学上的土地泛指一切自然资源。它们既不能被生产出来，也不能在数量上减少，因此它们是固定不变的。当然，如果土地价格合适，人们可以沿海岸造陆地、变沙漠为良田，从而"创造"出土地。另外，如果人们采用一种会破坏土壤肥力的方式耕种，则土地也有"毁灭"的可能。

应该指出的是，这里的土地是从其提供服务的角度加以分析的。例如，土地价格是指土地提供服务所得到的报酬，即地租，而不是指土地本身的价格。我们说地租是土地这种生产要素的价格，意思是地租是使用土地这种生产要素所要付出的报酬。

既然地租是土地这种生产要素的价格，那么地租的高低就由土地的需求与供给共同决定。土地使用者对土地提出需求，其多少取决于土地的边际生产力。由于土地的边际生产力是递减的，所以土地的需求曲线是一条向右下方弯曲的曲线。土地的供给是固定的，即土地的供给曲线是一条垂线。地租由土地的需求和供给共同决定，如图6-6所示。

在图6-6中，$N$ 代表土地数量，$R$ 表示地租，$D$ 为需求曲线，$S$ 为供给曲线，两者相交于点 $E$，土地供求相等，土地市场均衡，决定了均衡的地租为 $R_0$，均衡的土地使用量为 $N_0$。

一般而言，随着经济和社会的发展，对土地的需求不断增加，由于土地的供给是固定的，所以，长期来看，地租就有不断上升的趋势，如图6-7所示。

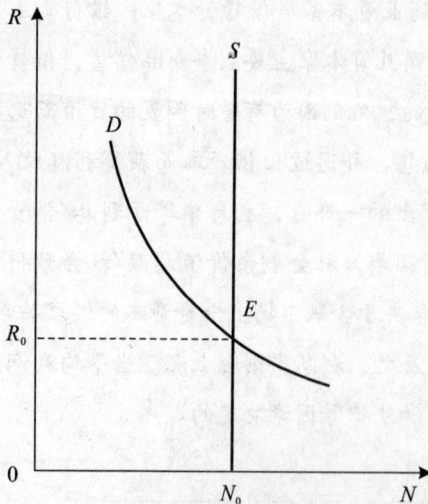

图6-6　地租的决定

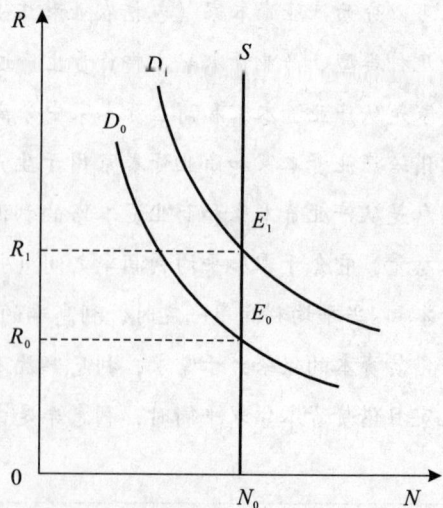

图6-7　地租不断上升的趋势

在图 6-7 中，土地的需求增加，导致需求曲线由原来的 $D_0$ 向上平移到 $D_1$，土地的供给曲线不变，原来的均衡点上移到 $E_1$，决定了均衡的地租 $R_1$，显然，$R_1 > R_0$，即地租上升了。随着需求的不断增加，需求曲线继续上移，地租不断上升。

### （二）准租金和经济租金

在某些情况下，许多其他资源的供给也可以看做是固定不变的。例如，短期内的固定资产，就如土地一样，其供给是固定不变的。这些固定不变的资源也有相应的价格。这种价格显然与土地的地租非常相似。为与特殊的地租相区别，可以把这种供给同样固定不变的一般资源的价格叫做租金，主要包括准租金和经济租金。

1. 准租金

准租金是对供给量暂时固定的生产要素的支付，即固定生产要素的收益。例如，生产经营者使用的厂房、机器、设备等，从短期看其供给量是固定不变的，不因其是否取得收入而影响其供给，在短期内，只要产品价格能够补偿平均可变成本，生产经营者就会利用这些厂房和设备进行生产。在这种状况下，产品价格超过其平均可变成本的余额代表固定设备的收入。很显然，这种收入由于存在足够大的需求，以致产品的价格超过其平均可变成本之后尚有余额，因而使用这些要素所取得的报酬相当于地租，具有地租的性质，被称为准地租。长期来看，这些要素的供给发生变化，这时要素报酬由供给和需求两方面共同决定，准地租就不存在了。我们可以用图 6-8 来说明准地租。

在图 6-8 中，$MC$、$AC$、$AVC$ 分别表示厂商的边际成本曲线、平均成本曲线和平均年可变成本曲线。假定产品价格为 $P_0$，则厂商将生产 $Q_0$。这时的可变总成本为面积 $OGBQ_0$，它代表了厂商对生产 $Q_0$ 所需要的可变生产要素量而必须作出的支付。固定要素得到的则是剩余部分 $GP_0CB$，这就是准租金。

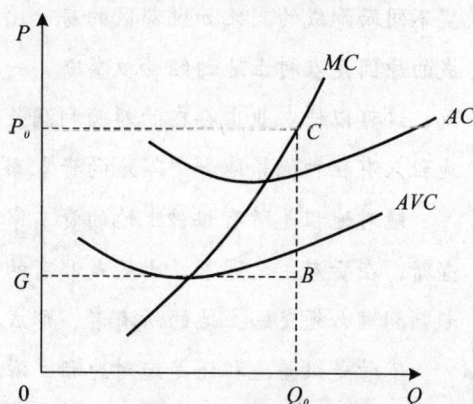

图 6-8　准租金

2. 经济租金

经济租金是指生产要素的所有者所得到的实际收入高于他们所希望得到的收入的部分，超过的这部分收入就被称为经济租金，类似于消费者剩余，但是由生产要素所有者获得，所以也被称为生产者剩余，如图 6-9 所示。

在图6-9中，区域 $AR_0E$ 为经济租金，生产要素的全部收入为 $OR_0EQ_0$。但按照生产要素供给曲线，生产要素所有者为提供生产要素 $Q_0$ 所愿意接受的最低生产要素收入却是 $OAEQ_0$。因此，区域 $AR_0E$ 是生产要素的"超额"收益，即使去掉，也不会影响生产要素的供给量。

准租金和经济租金不同，准租金仅在短期内存在，而经济租金则会长期存在。

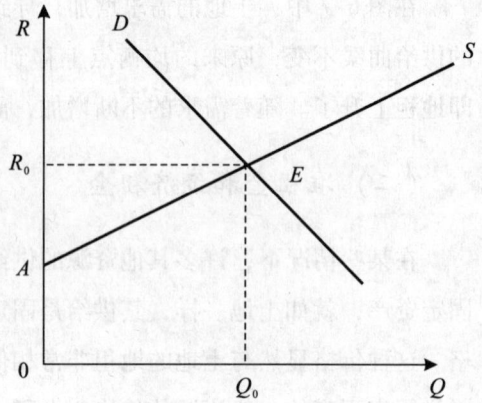

图6-9　经济租金

## 📁 拓展资料

### 政治经济学中的地租及其分类

在政治经济学中也存在地租的概念，地租是农业资本家缴纳给土地所有者的超过平均利润的那部分超额利润。平均利润的产生是部门之间竞争的结果，其使各个不同部门之间的利润趋向于平均化。而在农业中却有所不同，超额利润可以长期存在，原因是农村土地私有权的垄断。

地租分为级差地租和绝对地租，级差地租是由于土地的肥沃程度不同、地理位置不同而形成的，比如说郊区的房价比市区的便宜，就是因为存在级差地租，其形成的原因是农村土地的经营权垄断，一旦租种了土地，经营权在一段时间内不会变更，这可以使农业中存在的超额利润长期存在，别的资本家没有办法来分享。级差地租只有租种优等地和中等地的资本家缴纳，土地的价格由劣等地的价格决定。

绝对地租是所有租种土地的资本家都必须缴纳的，形成的原因是农业的私有权垄断，在资本主义国家，土地是私有的，所有权归土地的所有者，在农业中存在的超额利润必须交给土地的所有者，形成绝对地租。

不管是级差地租还是绝对地租，源泉都是农业雇佣工人创造的剩余价值的一部分，它体现的是农业资本家和土地所有者对雇佣工人的剥削关系。

**土地的价格＝地租／利息率**

从上式可以看出，当地租上涨时，土地的价格上涨，将会推动房价上涨。

## 四、利润理论

根据利润的性质和来源，西方经济学将利润分为正常利润和超额利润两种。

### （一）正常利润

正常利润是企业家才能的价格，也是企业家才能这种生产要素所得到的收入。它包括在成本中，其性质与工资相似，也是由企业家才能的需求和供给决定的。

对企业家才能的需求是很大的，因为企业家才能是生产好坏的关键。劳动、资本与土地结合在一起能生产出多少产品的决定性因素是企业家才能。而且企业家才能的供给又是很小的，并不是每个人都具有企业家的天赋，只有那些有胆识、有能力，又受过良好教育的人才具有企业家才能。所以，培养企业家才能所耗费的成本也是很高的。企业家才能需求与供给的特点，决定了企业家才能的收入，即正常利润必然是很高的。可以说，正常利润是一种特殊的工资，其特殊性就在于其数额远远高于一般劳动所得到的工资。

### （二）超额利润

超额利润是指超过正常利润的那部分利润，又称为纯利润或经济利润。超额利润有其不同的来源，从而也具有不同的性质。

#### 1. 创新的超额利润

创新是指企业家对生产要素进行新的组合，即建立一种新的生产函数，把一种从来没有过的生产要素和生产条件的新组合引入生产体系。这种"新组合"包括五个方面的内容：引进一种新的产品、引进一种新的技术、开辟一个新的市场、获得一种原材料的新来源、采用一种新的企业组织形式。这五种形式的创新都能产生超额利润。

创新是社会进步的动力，因此由创新所获得的超额利润是合理的，是社会进步所必须付出的代价，也是社会对创新者的奖励。历史上有一些伟大的发明家从他们的经营活动中积聚了大量的财富，如贝尔发明了电话、爱迪生发明了电灯、卡尔松发明了静电印刷术、史蒂夫·乔布斯发明了苹果计算机，米切·凯波在劳特斯公司发明了扩展表格系统，等等。

由创新所带来的超额利润是暂时的，只能存在于开始采用的一定时期。在长期中，由于厂商之间存在竞争，必然会普遍采用这种先进的科学技术和先进的管理方法，或争夺新市场，这样一来，超额利润就会消失。但是，长期内还会不断涌现出更先进的科学技术和更新的管理方法。所以，超额利润只能在短期内存在，从长期来看，却是一个不断涌现、不断消失、又不断涌现的过程。

2. 承担风险的超额利润

未来具有不确定性，人们对未来的预测可能发生失误，因此风险是普遍存在的。生产中，由于供求关系难以预料的变动，如自然灾害、政治运动以及其他偶然事件的影响，也存在风险。不过，这里的风险是指不可进行保险的风险。例如，公司可能对经济周期高度灵敏，在经济周期中总产出上升或下降时，公司收益会有很大的波动，从而具有风险。投资者厌恶风险，需要对这种不确定性投资予以补偿，以酬报其对于风险的承担。

3. 垄断利润

垄断利润也是超额利润的一种，它是由垄断造成的。

在非完全竞争的市场中，企业通过提高价格可获得高于正常水平的利润。例如，某种贵重药品专利的唯一拥有者或某一城市获得收费有线电视的独家特许权者，均可将价格提高到边际成本以上来赚取垄断利润。

# 第三节　收入分配的平等与效率

## 一、洛伦兹曲线与基尼系数

在现实世界中，人们占有要素的状况是不一样的：有的人占有的资本、土地等要素多些，有的人则少些，甚至完全不占有；有的人劳动能力强些，有的人差些。根据要素在生产中的贡献来分配收入，人们收入必然有差别，或者说不均等。不承认这种差别，搞平均主义，必然损害经济效率。一个国家的经济要兼顾平等和效率才能保持持续稳定的发展。

为了衡量一个国家的贫富差别程度，美国经济学家洛伦兹提出了一种广泛使用的收入分配曲线——洛伦兹曲线（Lorenz curve）。

假如把社会上的人口分为 a、b、c、d、e 五个群体，每个群体各占人口的 20%，按他们在国民收入中所占份额的大小可以做出表 6-1。

表6-1 不同群体的收入分配比例

| 级别 | 占人口的百分比 | 合计 | 占收入的百分比 | 合计 |
|---|---|---|---|---|
| 1 | 20 | 20 | 6 | 6 |
| 2 | 20 | 40 | 12 | 18 |
| 3 | 20 | 60 | 17 | 35 |
| 4 | 20 | 80 | 24 | 59 |
| 5 | 20 | 100 | 41 | 100 |

根据这些资料，若横轴表示人口累积百分比，纵轴为收入累积百分比，连接对应关系点得到一条 OY 曲线，这就是洛伦兹曲线，如图 6-10 所示。

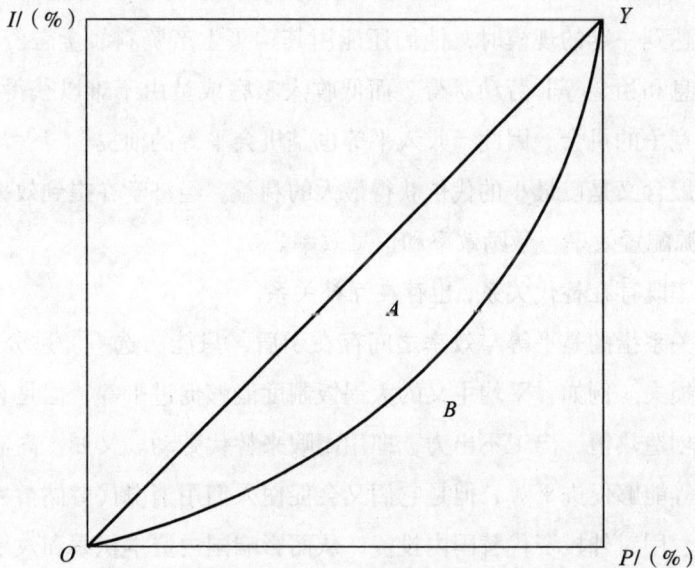

图6-10 洛伦兹曲线

洛伦兹曲线向横轴方向凸出，它与对角线 OY 包围的面积越大，表明收入分配差距越大，就越不平等。因此，A 是"不平等面积"。当收入达到完全平等时，洛伦兹曲线就成为对角线 OY，这时 A + B 的面积就是完全平等面积。不平等面积与完全平等面积之比，称为基尼系数（Gini coefficient），即 $G = A / (A + B)$。

基尼系数是表示收入分配平等状态的系数。实际的基尼系数总是大于 0 而小于 1 的。基尼系数越小，收入分配越平等；基尼系数越大，收入分配越不平等。

作为一种分析工具，运用洛伦兹曲线与基尼系数可以对各国收入分配的平等程度进行衡量和对比，也可以对一项政策实施前后的收入效应进行比较。

一般国际上常用的衡量标准是：基尼系数小于0.2表示绝对平等，0.2～0.3表示比较平等，0.3～0.4表示基本合理，0.4～0.5表示差距较大，0.5以上表示收入差距拉大。

## 二、平等与效率

公平是指社会公平，它包括两方面的内容，一是收入平等，二是机会平等。所谓收入平等，从一般意义上讲是指社会成员之间在收入分配上不存在任何差距或不存在过大的差距。前者为收入绝对平等，后者为收入相对平等。与之相反的概念是绝对不平等和相对不平等。机会平等，从一般意义上讲，是指每一个社会成员都拥有平等获得收入的机会。高收入的家庭能让其成员接受更好的教育，从而能获得高工资的工作，当高收入达到一定的规模时，他们还能用其购买生产资料、金融资产和房地产，获得利润、利息和租金等非劳动所得。而低收入家庭成员由于难以获得良好的教育，往往缺乏平等竞争的机会。因此，收入平等也是机会平等的前提。

效率的一般含义是以最小的代价获得最大的利益。经济学在提到效率时主要有三层含义，即资源配置效率、激励效率和信息效率。

平等与效率既存在替代关系，也存在互补关系。

所谓替代关系指的是平等与效率之间存在矛盾，只能二选一。过分地追求平等，会导致效率的损失。例如，平均主义的大锅饭制度能够促进平等，但是它会削弱人们的工作热情和创造热情，出工不出力，即用闲暇来替代劳动。又如，高额累进税、财产税和遗产税等能够促进平等，但是它们又会促使人们用消费代替储蓄、用财产分散代替财产集中、用对外投资代替国内投资，从而影响国内资本积累和效率提高。过分追求效率，会导致社会两极分化。如果政府不以再分配政策干预市场，甚至推行倾向于高收入阶层的分配政策，就会使两极分化愈演愈烈，形成社会矛盾，进而引进社会动荡等问题。

所谓互补关系是指两者在一定条件下具有相互促进的功能。首先，平等在一定程度上有助于效率的提高。如果社会过分不平等，不仅会影响社会秩序的稳定，而且由于边际消费倾向递减的存在，低收入者的境况过差会影响产品的销售并进而影响到生产与效率。其次，效率在一定条件下有助于实现平等。效率会使国民生产总值越来越多，相当于馅饼越做越大，这样即使存在分配不均的情况，人们所得到的也比平分小馅饼要多。也就是说，追求效率可以创造实现平等的物质条件。

## 本章小结

1. 生产要素需求是一种派生需求，也是一种联合需求。生产要素的价格取决于这种生产要素的需求与供给。

2. 工资是劳动的报酬，取决于劳动的需求与供给。劳动的供给曲线比较特殊，它是一条向后弯曲的曲线。

3. 利息是资本的报酬，取决于资本的需求和供给。

4. 地租是土地的价格，取决于土地的需求和供给。一般而言，在一定时期内，土地的供给量可以认为是固定不变的，因此土地的供给曲线是一条垂线。

5. 西方经济学将利润分为正常利润和超额利润。正常利润是企业家才能这种生产要素的价格。超额利润是高于正常利润的利润，主要来源于创新、风险和垄断。

6. 衡量社会收入分配状况的主要是洛伦兹曲线和基尼系数。基尼系数越大，收入分配越不平等；基尼系数越小，收入分配越平等。

## 复习思考题

### 一、名词解释

地租　准租金　经济租金　正常利润　超额利润　基尼系数

### 二、单选题

1. 一般而言，在工资率较高的阶段，单个劳动者的劳动供给量随着工资率的上升而（　　）。

A. 上升　　　　　　B. 下降　　　　C. 不变　　　　　D. 不确定

2. 生产要素需求是一种（　　）。

A. 派生的需求　　　B. 联合的需求　　C. 最终产品的需求　　D. A 和 B

3. 洛伦兹曲线和基尼系数用来表示（　　）。

A. 税收体制的效率　　　　　　　B. 富裕程度

C. 收入分配的透明度　　　　　　D. 收入分配的平等程度

4. 基尼系数增大将表明（　　）。

A. 收入分配更加平等　　　　　　B. 收入分配更加不平等

C. 人均收入水平提高　　　　　　D. 人均收入水平降低

### 三、简答题

1. 画图说明工资的决定。

2. 画图说明地租的决定。

3. 准租金和经济租金有何区别？

4. 正常利润和超额利润有何区别？超额利润的来源主要有哪些？

## 案例讨论

### 房价为什么会上涨

中国实行住房制度改革的最终结果是由福利型分房转变为货币化分房，相应地，商品房的价格也逐步由市场来决定。购房成为许多家庭最重要的开支之一，其支出比重也占了一个家庭总支出甚至是总财富的大部分。近年来，国内住房价格不断上涨，有些城市年上涨幅度超过20%，普通老百姓的住房负担日益增加，甚至有不堪重负之感。居民陷入两难的境地。

**决策一：**现在购房。但是，房价如此之高，现在购房合算吗？

**决策二：**将来购房。但是，如果房价继续上涨，那么是否更不合理呢？

请讨论分析以下两个问题：

1. 房价上涨的原因。

2. 老百姓应该如何决策？政府在其中应该怎么做？

# 第七章　政府微观经济政策

知识目标

1. 垄断；

2. 公共物品；

3. 外部影响；

4. 非对称信息。

**能力目标**

1. 能够理解市场失灵的原因；

2. 能够理解外部经济和外部不经济的区别。

**技术目标**

在经济社会中，对市场失灵的现象进行分析，并给出解决措施。

**案例导入**

## 火车与农田

20 世纪初的一天，列车在绿草如茵的英格兰大地上飞驰。车上坐着英国经济学家 A·C. 庇古（Arthur Cecil Pigou）。他一边欣赏风光，一边对同伴说：列车在田间经过，机车飞出的火花（当时是蒸汽机）飞到麦穗上，给农民造成了损失，但铁路公司并不向农民赔偿。这正是市场经济的无能为力之处，被称为"市场失灵"。

将近 70 年后，1971 年，美国经济学家乔治·斯蒂格勒（George Joseph Stiger）和阿尔钦（Alchian）同游日本。他们在高速列车（此时已是电气机车）上想起了庇古当年的感慨，就问列车员：铁路附近的农田是否受到列车的损害而减产。列车员说：恰恰相反，飞速驰过的列车把吃稻谷的飞鸟吓走了，农民反而受益，当然铁路公司也不能向农民收取"赶鸟费"。这同样是市场经济的无能为力之处，也被称为"市场失灵"。

同样一件事情在不同时代与地点的结果不同。两代经济学家的感慨也不同。但从经济学的角度看，无论火车通过农田的结果如何，其实都说明了同一件事：市场经济中存在外部影响，会造成市场失灵。

那么什么是外部影响？市场失灵的原因都有哪些呢？

市场失灵是由于经济生活中存在垄断、公共物品、外部影响和非对称信息，而导致市场机制不能使资源得到有效配置的情况。市场失灵时，需要政府在一定规则下进行适度干预，所以政府的微观经济政策是为了保护经济个体的利益，以便更好地发挥市场效率、促进社会福利目标的实现。本章我们将具体分析这四种市场失灵的原因。

# 第一节　垄断

在现实经济生活中，垄断现象到处存在。在第五章中，我们介绍了垄断市场的含义、特点、垄断厂商短期与长期均衡情况以及垄断的经济效率。本节我们将侧重介绍垄断对社会的危害以及政府对垄断的微观经济政策。

## 一、垄断的含义

垄断市场是指行业或市场中只有一个厂商独家控制的情况。在完全垄断市场中，竞争程度最弱。因此，完全垄断市场被经济学家认为是竞争机制作用发挥最弱、资源配置效率最低、消费者福利损失最大的市场类型。

完全垄断市场的特征主要体现在以下几个方面：完全垄断市场上只有一家厂商生产和提供某商品，厂商控制市场价格；完全垄断市场的产品是不可替代的；完全垄断市场中不可能有新厂商的进入。完全垄断市场存在进入障碍主要体现在：规模经济、自然垄断、政府许可、产品的版权限制、产品专利以及产品的品牌效应等方面。

垄断根据不同的方式划分为不同的类型，主要有以下几种。依据经济垄断的具体组织形式，可以将垄断分为短期价格协定、卡特尔、辛迪加、托拉斯、康采恩和其他组织形式的垄断。依据垄断发生的地域范围，可以将垄断分为国内垄断和国际垄断。依据立法的取向，可以将垄断分为合法垄断和非法垄断。依据垄断产生的原因，可以将垄断分为经济垄断、自然垄断、国家垄断、权利垄断和行政垄断。依据市场结构的情况，可以将经济性垄断分为独占垄断、寡头垄断和联合垄断。

## 二、垄断的影响

完全垄断市场被经济学家视为资源配置效率最低的市场结构。市场中存在垄断因素，就会给社会带来以下影响。

资源配置效率较低。完全垄断厂商以及寡头垄断厂商都可以控制市场的价格。为了谋取高额利润，这些厂商制定较高的市场价格，一般均高于其产品的边际成本。垄断者故意制造产品的稀缺性以提高产品价格从而剥夺消费者剩余。而其他厂商想进入，却被垄断行业中的进入障碍挡在门外，降低了经济资源的自由流动性。

社会分配不平等。垄断者获得高额利润的同时使消费者的福利损失最大，加重了社会收入分配的不平等程度。在垄断行业，消费者找不到垄断产品的其他替代品，只能被动接受垄断者制定的较高价格，导致社会绝大数财富集中在少数人手中。

### 三、政府对垄断的微观政策

针对垄断具有这样的危害，为了保护竞争、维护经济效率，经济学家主张政府应对垄断性行业施行一定的微观经济政策来进行干预。对垄断行业进行管制和调整，目的是促进市场竞争，鼓励产业的发展，具体有以下几种政策。

制定反垄断法。反垄断法又称"反托拉斯法"，是政府反对垄断及垄断行为的重要法律手段，也是规范市场经济中各个经济主体的根本大法。政府通过设立专门的部门，依据专门的法律对企业可能的规模发展进行控制，对可能导致垄断的行为进行管制。例如，企业间的兼并要通过政府的批准，政府要检查兼并是否不利于产业中的竞争。假设兼并的结果可能导致垄断，降低市场竞争程度，那么这种兼并就不会被批准。西方许多国家都不同程度地制定了反垄断法，特别是美国，基本形成了一个完整的反垄断的法律体系。

干预市场结构。由于导致市场垄断的最主要因素是卖方集中度、产品差别化和进入障碍，因此政府需要干预其市场结构，以抑制垄断。具体措施可以是降低买方集中度或制止集中度上升、降低进入障碍或制止其上升、降低产品差别化程度，等等。

干预企业行为。在国外，抑制垄断更常用的手段是干预市场行为。政府干预企业行为的内容包括：干预企业定价方式、干预企业非价格竞争的程度、反对压制竞争对手的行为等。具体来说，其措施包括：禁止妨碍正常交易的契约与合谋；禁止对不同销售对象实行价格歧视；禁止签订排他性交易协议；禁止采取降价倾销的办法争夺市场，压制竞争对手；禁止采取不公正的竞争方法以及欺诈性行为来垄断市场；禁止企图垄断的联合，等等。

发展资本市场。由于垄断性厂商的形成主要是规模经济的结果，因此，当其进入资本市场时，在资本市场上对公司控制权的竞争可以把竞争机制引入到大公司身上。政府将这种竞争合理地加以规范和利用，就可以成为促进大企业提高资源使用效率的手段。

# 第二节　公共物品

## 一、私人物品与公共物品

在日常生活中，人类赖以生存的物品大多数都需要付费来获取，如衣、食、住、行、用等。这些物品都在市场经济中进行配置，买者付钱得到物品，卖者得钱。对于这些物品来说，价格是引导买者与卖者决策的信号。而有些东西是大自然免费提供的，如河流、山川、空气和海洋等；也有些东西是政府免费提供给共同公民享用的，如免费的公园、公路、街灯、国防等。当这些物品可以免费得到时，市场机制的作用就不存在了，从而引起市场失灵。

经济学将人们所消费的物品基本分为两类：私人物品和公共物品。下面将详细介绍这两种物品的含义和特点。

### （一）私人物品

私人物品，顾名思义是指只能提供给个人享用的物品。它们能够被分割开并可分别提供给不同的个人。私人物品在生活中随处可见，例如可供自己衣、食、住、行、用的物品。那么这些私人物品具有什么共同的特征呢？

一般来说，私人物品具有以下两种显著的特征。

1. 竞争性

竞争性是指某人或某厂商对物品享用时，会影响他人或其他厂商的同时享用。这时会减少他人或其他厂商享用该物品的数量和质量。例如火车票，谁先买到就可以乘坐火车，而当票售完时，有钱也买不到了。火车票成为先买到票的人的私人物品，从而影响了没买上票的人对火车的使用。

2. 排他性

排他性是指某人或某厂商对物品享用时，不付费就会被排除在消费之外。例如，假期坐火车提前订好了票，但是没有钱去付费，这时也不能坐上火车。这时火车票就具有了排他性，将消费者分为两种情况：付费的可以消费，不付费的得不到消费权。

### （二）公共物品

公共物品，顾名思义是指可供所有人共同享用的物品。它们属于集体共同消费的物品，不能分割开并分别提供给不同的个人。公共物品在生活中也较为常见，例如国防保护、普通公路、免费的公园等。那么这些公共物品又具有什么共同的特征呢？

公共物品是相对于私人物品提出的概念，所以公共物品一般具有以下两种显著的特征。

1. 非竞争性

非竞争性是指某人或某厂商对物品享用时，不会影响他人或其他厂商的同时享用。这时也不会减少他人或其他厂商享用该物品的数量和质量。例如，国防保护可供所有公民来享受，尽管每年人口都有所增加，但没有任何人的享用会减少其他人的安全保障。

2. 非排他性

非排他性是指某人或某厂商对物品享用时，无需付费就可以享用，即在技术上没有办法将拒绝付费的人或厂商排除在公共物品的享用范围之外。例如，免费的公园，任何一个公民都有权利去游玩，而无需付费。

在现实生活中，也存在一些物品介于私人物品和公共物品之间。即只具有非竞争性和非排他性其中一个特征的物品，在经济学中被称为准公共物品。例如收费的公园，具有排他性，不付费就不能享用；同时具有非竞争性，一个人的使用并不影响其他人。免费的公路具有非排他性，不付费也可以享用；但同时具有竞争性，当使用的人较多，造成公路的拥挤时，就会影响后面人的使用。

因此，只有同时具有非竞争性和非排他性两个特征时，才被称为公共物品。

## 二、公共物品的"免费搭车"现象

由于公共物品可供所有人共同享用，所以每个人都不用购买即可享用。公共物品的非竞争性和非排他性的特征就导致了一种现象——"免费搭车"。免费搭车又称"搭便车"，即每个人都不想付出任何代价来享受公共物品提供的服务。一般来说，公共物品覆盖的人数越多，免费搭车问题就越严重，所以公共物品一般只能由政府来提供。

私人物品可以通过市场机制的作用来有效配置资源。而公共物品不能细分给每个人，所有享用的人也都无需付费，因此，人们对公共物品的消费不能由市场价格来决定，价格机制无法将社会对公共物品的供需情况如实反映。或者说，市场机制在公共物品的供给和需求方面是失灵的。任何私人部门都以追求最大利润为目标，提供公共物品无利可图，于是也都不愿意生产和提供任何公共物品。

例如，某村计划修一条公路，以带动村里的发展。公路对于村里每户来说都非常重要，但是每户都在想，如果有人出资修好公路，即使我不出任何钱，照样能享受公路带来的好处。即所有人都想成为免费搭车者，从而导致公路迟迟修建不起来。这既抑制了村里的发展，影响了每一户的享用，又降低了整个村的集体福利。这种情况就形成了"公共财产的悲剧"。因此，只有依靠政府或公共部门开支安排生产并根据社会福利原则来分配公共物品。

### 三、共有资源的"公地悲剧"现象

在我们现实生活中存在很多共有资源，如空气、海洋、河流和山川等。这些资源存在竞争性，但没有排他性。例如，化工厂排出废气，就影响了附近百姓对新鲜空气的享用。

在人们利用和开发共有资源时，就会出现"公地悲剧"的现象。所谓"公地悲剧"，是指当资源或财产被人们共同拥有时，他们每一个人都有权使用和开发资源，但又无人有权阻止他人使用，由此导致资源过度使用的现象，例如草场过度放牧、海洋过度捕捞等。

"公地悲剧"的现象是由美国学者哈丁（Hardin）1968 年在《科学》杂志上发表了一篇题为《公地的悲剧》（*The Tragedy of the Commons*）的文章中提出来的。哈丁在《公地的悲剧》中设置了这样一个场景：一群牧民一同在一块公共草场放牧。一个牧民想多养一只羊增加个人收益，虽然他明知草场上羊的数量已经太多了，再增加羊的数目将使草场的质量下降。牧民将如何取舍？如果每人都追求自身利益的最大化，肯定会选择多养羊获取收益，因为草场退化的代价由大家负担。每一位牧民都如此思考时，"公地悲剧"就上演了。最后的结果是：草场持续退化，直至无法养羊，导致所有牧民破产。

对于"公地悲剧"的发生，人性的自私或不足只是一个必要的条件，而公共财产缺乏严格而有效的监管是另一个必要条件。所以，"公地悲剧"并非绝对不可避免。面对"公地悲剧"的现象，市场机制的调节作用失灵了，只能依靠政府加强对共有资源的利用和开发进行有效的监管和治理。

### 四、政府对公共物品的微观经济政策

鉴于上述公共物品的"免费搭车"和"公地悲剧"现象，政府需要对公共物品制定有效的微观经济政策来尽量避免公共物品带来的负面影响，从而提高整个社会的

福利水平。具体措施如下。

配合企业制度改革。基于具有"公地悲剧"这样的现象，我们应积极探讨公共产品的私人供给问题。公共产品私人供给的形式总的来说有三种：第一，私人完全供给，指公共产品的投资、生产以及修缮由私人来单独完成，私人通过收费的方式向消费者收取费用；第二，私人与政府的联合供给，指在公共产品的生产和提供过程中私人和政府形成某种联合，即政府对私人提供公共产品给予一定的补贴和优惠政策，如政府补贴私人植树造林等；第三，私人与社区的联合供给，指私人与社区通过有条件的联合来提供公共产品，社区可给予私人一些优惠政策（如提供场地等），这样私人可以较低的价格来提供社区公共产品。公共产品私人供给，可以最大限度地发挥私人生产的积极性，既缓解了财政压力，又让公众得到了更多的实惠。

明确和稳定产权。尽可能地将资源或企业的所有权明晰，并制定相应的政策法规，明确责任和义务。利用科斯定理的观点：一旦产权明确规定，无论将产权划归给谁，最终总能达到该资源的最优配置和使用。同样道理，只有做好企业的产权安排，才能避免"公地悲剧"的发生。因此，产权稳定和产权明确同等重要。如果产权不稳定，即使产权明确，也会对资源进行掠夺性的使用。

# 第三节　外部影响

## 一、外部影响的含义

在市场经济活动中，交易的正常进行都是以互惠、互利的利益关系为基础的。人们在市场交易的经济活动中，还可能对其他人产生一些影响，这些影响可以是有益的，也可以是有害的，例如在"火车和农田"的例子中，火车的不同类型对农田的影响是不同的。那么这些处于交易关系之外的对他人的影响被称为外部影响，也被称为经济活动的外部性。

根据对他人影响的不同，经济学将外部影响分为以下两种：外部经济和外部不经济。

### （一）外部经济

外部经济是指处于交易关系之外的、对他人的有益的影响。例如在"火车和农田"的例子中，高速列车（电气机车）飞速驰过农田，把吃稻谷的飞鸟吓走了，农民反而受益了，铁路公司也不能向农民收取"赶鸟费"。铁路部门在运营过程中对农田产生了有益的影响，即存在外部经济。而这种利益关系处于交易关系之外，铁路部门未得到农民给予的补偿。

根据经济活动的主体是生产者还是消费者，外部经济可分为生产的外部经济和消费的外部经济。

生产的外部经济是指当某个生产者采取的经济行为对他人产生了有利的影响，而他却不能从中得到报酬时的情况。例如，花圃主扩大自身花圃的面积会使得养蜂人受益，而养蜂人无需向花圃主付费。

消费的外部经济是指当某个消费者采取的行为对他人产生了有利的影响，而他却不能从中得到补偿时的情况。例如，消费者购买花卉来美化住宅周围的环境，路人经过时可赏心悦目，而路人无需向户主付费。

### （二）外部不经济

外部不经济是指处于交易关系之外的对他人有害的影响。例如在"火车和农田"的例子中，机车（蒸汽机）飞出的火花飞到麦穗上，给农民造成了损失，但铁路公司并不向农民赔偿。铁路部门在运营过程中对农田产生了有害的影响，即存在外部不经济。而这种利益关系也处于交易关系之外，铁路部门没有给予农民补偿。

根据经济活动的主体是生产者还是消费者，外部不经济也可分为生产的外部不经济和消费的外部不经济。

生产的外部不经济是指当某个生产者采取的经济行为对他人产生了有害的影响，而未给予他人补偿的情况。例如，化工厂排放废气和污水，对环境造成了污染，影响了周围居民的生活环境，而化工厂未给予居民相应的补偿。

消费的外部不经济是指当某个消费者采取的行为对他人产生了有害的影响，而未给予他人补偿的情况。例如，吸烟者在公共场合吸烟时，对其周围的人群造成了伤害，而吸烟者未对受害人进行补偿。

## 二、外部影响对社会的影响

在经济学中，外部影响是市场失灵的主要根源。外部影响的存在使得私人成本不等于社会成本，即私人收益不等于社会收益。因此，无论是存在外部经济还是外部不经济，经济资源都没能达到最优配置。

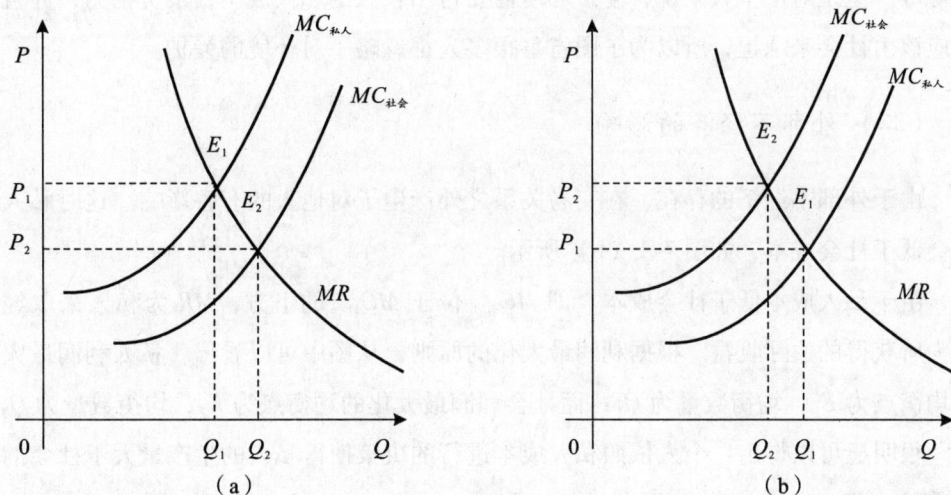

图7-1 外部影响与社会成本

私人成本是人们为了获得私人的利益而由其自己支付的成本。例如，化工厂的生产成本即为其私人成本。社会成本是指人们为了获得私人的利益而由社会（包括他自身）付出的全部成本。例如，化工厂的生产过程中除了自身的生产成本外，还有对环境污染的成本。这些统称为社会成本。

## （一）外部经济的影响

由于外部经济的存在，在交易关系之外产生了对他人的有益影响。这时私人成本会高于社会成本。我们借助于微观经济学中利润最大化原则来分析外部经济下私人的均衡数量，如图7-1（a）所示。

由于私人成本高于社会成本，即 $MC_{私人}$ 位于 $MC_{社会}$ 的上方，$MR$ 为私人采取经济行为所获得的边际收益。根据利润最大化的原则，从图7-（a）中可以看出，私人利润最大化的均衡点为 $E_1$，均衡数量为 $Q_1$；而社会利润最大化的均衡点为 $E_2$，均衡数量为 $Q_2$。

很明显可以得出：个人依照私人成本进行的决策使得私人的生产量小于社会的最优数量，即 $Q_1 < Q_2$。

通过以上分析，可以得出：当私人的经济行为存在外部经济时，社会需要私人多提供这样的活动，而私人却提供得越来越少。这种情况下，经济资源没能达到最优配置，社会福利也没能得到最大限度的提高。

例如，社会希望每个人都爱护环境，如多种树、多采用环保产品、多节约少浪费资源等。但是对于个人来说，爱护环境需要付出较大的私人成本，浪费精力，并且认为应该由社会来承担，所以为了图省事很多人都忽略了对环境的爱护。

### （二）外部不经济的影响

由于外部不经济的存在，在交易关系之外产生了对他人的有害影响。这时私人成本会低于社会成本，如图7-1（b）所示。

由于私人成本低于社会成本，即 $MC_{私人}$ 位于 $MC_{社会}$ 的下方，$MR$ 为私人采取经济行为所获得的边际收益。根据利润最大化的原则，从图中可以看出，私人利润最大化的均衡点为 $E_1$，均衡数量为 $Q_1$；而社会利润最大化的均衡点为 $E_2$，均衡数量为 $Q_2$。

很明显可以得出：个人依照私人成本进行的决策使得私人的生产量大于社会的最优数量，即 $Q_1 > Q_2$。

通过以上分析，可以得出：当私人的经济行为存在外部不经济时，社会需要私人少提供这样的活动，而私人却提供得越来越多。这种情况下，经济资源也没能达到最优配置，社会福利也没能得到最大限度的提高。

例如，化工厂在生产过程中排放废气和污水，对环境造成了污染，严重影响了周围居民的生活环境。社会希望化工厂排放废气和污水越少越好，但是对于化工厂来说，增加废气和污水的过滤设备的支出会增加私人成本，为了尽可能地减少成本获得最大利润，化工厂往往随意排放废气和污水。

### 三、政府对外部影响的微观政策

经过上文分析，由于外部影响中的利益关系处于市场交易之外，所以外部经济或是外部不经济都无"市场价格"，这种利益关系的协调也就不能以市场的方式解决。现代经济中外部不经济的影响越来越广泛和严重。突出问题体现在环境方面。当这些问题出现时，市场无法自发调节，只能由政府出面来寻求解决途径。政府对外部影响的微观政策主要有以下几种。

出台征税和补贴政策。针对外部不经济的现象，政府对造成外部不经济的厂商征收税款，其数额应等于该厂商给社会其他成员造成的损失，使得这些厂商的私人成本等于社会成本。这样有利于抑制厂商造成外部不经济的现象。而针对外部经济的现象，政府对存在外部经济的厂商给予经济补贴，使其企业的私人利益与社会利益相等。这样有利于鼓励厂商多进行外部经济的活动。政府在制定征税和补贴政策时，要获取足够的信息，准确制定征税和补贴的标准，使得征税和补贴达到最佳的效果。

制定法律法规,加强管制。政府可以通过规定或禁止某些行为来解决外部不经济现象。例如,对于环境污染问题,政府要制定法律法规,严格禁止有毒物质对供水资源的污染等类似现象。政府机关中的环保部门提出并执行保护环境的管制,可以采取多种形式,如规定排污的最高水平等。

明确规定财产权。在经济生活中,经济主体之间由于外部影响导致的纠纷越来越普遍,比如企业排放污水影响下游的鱼塘和稻田等。这时,政府应及时明确财产权的政策。如果财产权界定是明确的,那么通过市场交易解决外部性问题是可行的。例如,假定下游用水的鱼塘和稻田对一定的河水拥有明确的财产权,当下游水质下降到特定质量以下时,这一地区的人们可以对企业污染水质的行为提出诉讼,要求企业赔偿他们所遭受的经济损失。由于污染者为其外部不经济的行为支付了代价,所以也会抑制其随意排污的行为。

促进企业间合并。合并企业是解决外部影响问题、改进资源配置效率的主要方法之一。当一个企业的经济行为存在外部不经济时,则将其与受损害企业合并,通过合并使得外部性内部化。由于该企业将支付受损企业的全部成本,包括由其外部不经济所导致的成本,因此,实际上该企业支付了它的全部社会边际成本。这样私人成本与社会成本相等,也会抑制其外部不经济的行为。

# 第四节　非对称信息

## 一、非对称信息的含义

在微观经济学中,有一条很重要的假设条件:完全信息的假设,即在经济交易过程中的双方对相关信息都能完全掌握。但这一条件在现实中很难实现,信息常常是不完全的。在这里,信息不完全不仅是指那种绝对意义上的不完全,而且也指"相对"意义上的不完全,即市场经济本身不能够生产出足够的信息并有效地配置它们。这也被称为非对称信息的现象。

俗话说:"从南京到北京,买的不如卖的精。"非对称信息即指市场交易或者签订契约的一方比另一方拥有更多信息的状况,比如说药品的销售者通常会比消费者更加了解其疗效,劳动力市场上工人比雇主更清楚自己的能力,医疗保险市场上投保人通常比保险公司更了解自身的健康状况等现象。

## 二、非对称信息的影响

由于经济活动的参与人具有的信息是不同的，所以一些人可以利用信息优势对处于信息劣势的一方进行欺诈。这将会损害市场的正常交易。当这种欺诈严重影响交易的正常进行时，市场的正常作用就会丧失，市场配置资源的功能也就失灵了。

一般来说，这种信息非对称性主要引发以下两种后果。

逆向选择。它是指由于签约或者成交之前的信息不对称所引致的逆向选择。一般来说，市场机制总是使好的东西被选择出来。在信息对称时，通过对质量好的商品给予更高的价格，那么厂商的生产就会受到激励。如果你分不清而支付一个折中价格，那么实际上是对差的商品的激励增强，而对好的商品的激励减弱，这就会使市场机制失效。市场的这种功能可能适得其反，差的商品总是将好的商品驱逐出市场，即"劣币驱逐良币"的现象。当然，对逆向选择效应可以采取一些补救办法，但这些也不完全都是一种次优的选择。

道德风险。一般来说，道德风险的存在使得本来能够增进资源配置效率和社会福利的项目无法实现。例如，在保险市场上，只有有限信息的保险公司不可能准确监督投保人，从而投保人可能会采取提高事故或受伤可能性的行为，这种行为就是败德行为。保险公司则由于投保人的败德行为，面临道德风险。败德行为不仅会改变人的行为，而且会导致经济无效率。

## 三、政府对非对称信息的微观政策

非对称信息影响了市场的正常运行，此时市场一般不能完全自行解决问题。为了保证市场的正常运转，政府需要制定一些法律法规来制止和约束欺诈行为。

首先要健全市场监管机制。政府应该积极制定一系列法律法规来健全市场的监管机制，加大对市场交易中欺诈行为的惩罚力度，进而确保交易双方的合法权益以确保市场的正常交易。

其次要提高受害者的维权意识。政府应采取宣传和教育的方式，普遍提高市民的维权意识。当其在市场交易中遇到非对称信息导致利益受损时，可以向政府有关部门进行维权，同时也有利于抑制市场中的欺诈行为。

## 本章小结

1. 市场失灵是由于经济生活中存在垄断、公共物品、外部影响和非对称信息，使市场机制不能促使资源有效配置的情况。

2. 垄断市场是指行业或市场中只有一个厂商独家控制的情况。在完全垄断市场中，竞争程度最弱。因此，完全垄断市场被经济学家认为是竞争机制作用发挥最弱、资源配置效率最低、消费者福利损失最大的市场类型。

3. 公共物品，顾名思义是指可供所有人共同享用的物品。

4. 公共物品一般具有两种显著的特征：非竞争性和非排他性。

5. 免费搭车又称搭便车，即每个人都不想付出任何代价来享受公共物品提供的服务。

6. 所谓"公地悲剧"，是指当资源或财产被人们共同拥有时，他们每一个人都有权使用和开发资源，但又无人有权阻止他人使用，由此导致资源过度使用的现象。

7. 这些处于交易关系之外的对他人的影响被称为外部影响，也被称为经济活动的外部性。

8. 外部经济是指处于交易关系之外的对他人有益的影响，使得其私人成本高于社会成本。

9. 外部不经济是指处于交易关系之外的对他人有害的影响，使得其私人成本低于社会成本。

10. 非对称信息即指市场交易或者签订契约的一方比另一方拥有更多信息的状况。

## 复习思考题

### 一、名词解释

市场失灵　垄断　公共物品　非竞争性　非排他性　外部影响　外部经济　外部不经济　非对称信息

### 二、判断题

1. 市场失灵是指以收入分配不平等的现象。（　　）

2. 当存在外部不经济时，厂商的私人成本高于社会成本。（　　）

3. 公共物品绝对不可能由私人经济部门提供。（　　）

4. 对外部经济的一种解决方法是对该活动强制征税。（　　）

5. 公共物品具有竞争性和非排他性两大特征。（　　）

### 三、简答题

1. 什么是市场失灵？造成市场失灵的原因有哪些？

2. 简述公共物品与私人物品的区别。

3. 什么是外部影响？外部影响有哪些类型？

4. 画图分析外部影响与社会成本的关系。

## 案例讨论

我国是燃煤大国，煤炭消费占一次能源消费总量的近70%，故随之而来的燃煤二氧化硫大气污染也相对较为严重。二氧化硫排放又引发了酸雨，对居民健康和生态系统都造成了重大影响。据测算，每年我国由酸雨导致的经济损失高达1100亿元人民币，为此，我国政府一直在寻求有效的防治办法，目前已在部分省市试行排污权交易。

根据案例分析讨论以下问题：

1. 案例所述为市场失灵的哪种情况？市场失灵具体有哪些类型？

2. 请给出解决这种情况的措施和建议。

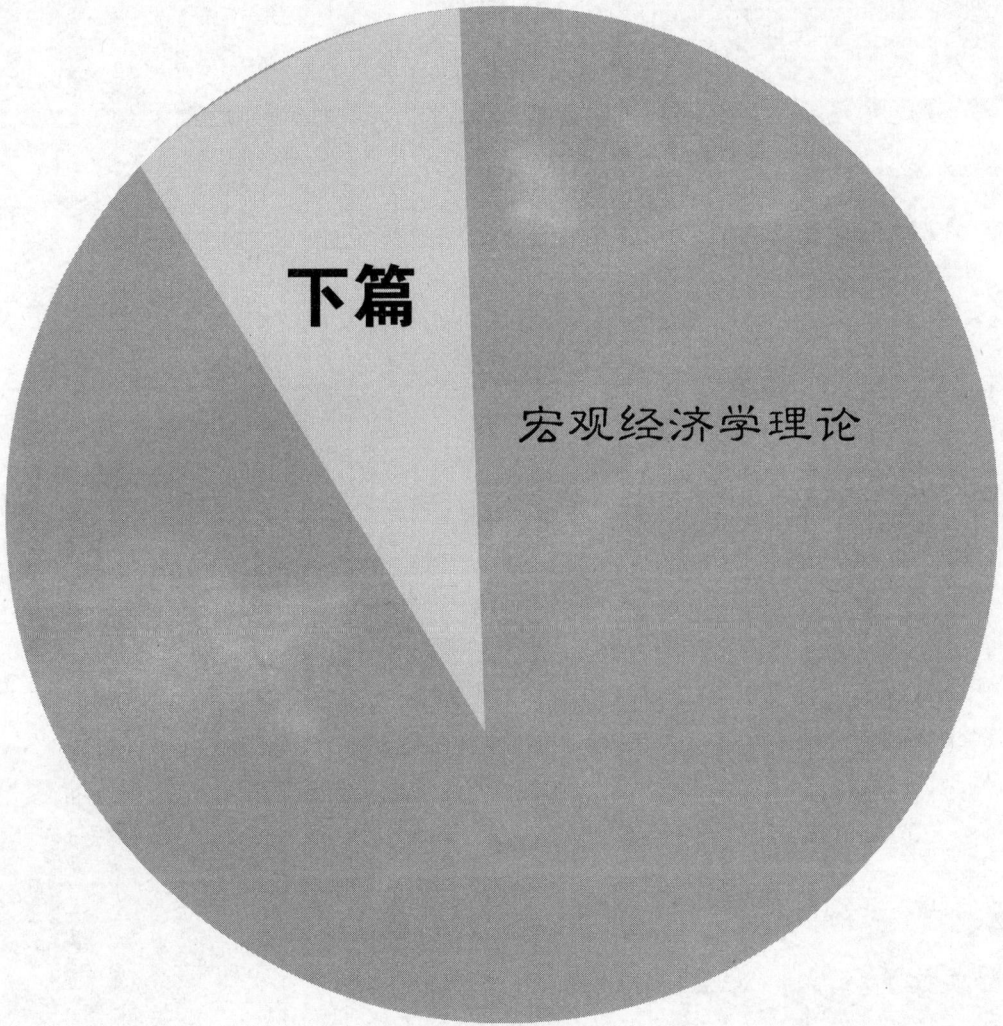

下篇

宏观经济学理论

# 第八章　国民收入的核算理论

知识目标

1. GDP 和 GNP 的定义；
2. 衡量国民收入的五大指标的内涵；
3. 核算国民收入的三种方法。

能力目标

1. 能够理解 GDP 和 GNP 之间的关联；
2. 能够理解衡量国民收入各大指标之间的关系。

技术目标

针对名义 GDP 和实际 GDP，能够通过计算对两者进行换算。

案例导入

在国民经济核算体系所包含的五大核算中，国民收入核算是历史最悠久，也是最重要、最基本的核算。自 17 世纪初以来，国民财富和国民收入就成为宏观经济分析中两个最重要的总量指标。但随着历史条件的发展变化，经济学家从偏重经济存量——国民财富的研究，转向注重经济流量——国民收入的研究。可以说，对国民收入的研究既是宏观经济学的核心，也是宏观经济学的出发点和归宿点。那么怎么核算国民收入呢？

## 第一节　国民收入概念

在市场经济中，国民收入（National Income，NI）是从价值角度去考察全社会生产过程的总成果。关于国民收入的概念，目前比较多的学者将其区分为广义的国民收入和狭义的国民收入。

### 一、国民收入的含义

狭义的国民收入是指一个国家或地区的各种生产要素在一定时期内得到的收入报酬总额。它源于威廉·配第（William Petty）从分配的角度估计英国全体国民的纯收入，并以此作为衡量综合国力的指标，但是这种概念存在着实用性问题，它没有考虑到非要素收入的重要性并忽略了固定资产损耗的形式。

随着经济的不断发展，1917 年经济学家熊彼特（Joseph Alois Schumpeter）首次提出应对国民收入从生产、分配、使用三个不同的角度进行分析。因而，广义的国民收入可以表述为：以货币形式所反映的一个国家或地区在一定时期内社会最终产品和劳务在生产、分配和使用各个环节上的流动总量，它是包括国民收入生产、国民收入分配和国民收入支出在内的总概念。

广义的国民收入包括五个经济总量指标：国民生产总值（或国内生产总值）、国民生产净值（或国内生产净值）、国民收入（狭义的国民收入）、个人收入和个人可支配收入，而其中反映国民收入的主要统计术语是国内生产总值（GDP）及国民生产总值（GNP）。

### （一）国内生产总值

国内生产总值（Gross Domestic Product，GDP）是指在一定时期内（通常为一年），一国国内所生产的全部最终产品和劳务的市场价值的总额。它是一个以地理标准为基础的概念。

理解此概念需注意以下几个问题。

首先，GDP 是个流量概念。何为流量和存量呢？简单而言，存量是指在一定时点上存在的变量的数值；流量是指一定时期内发生的变量变动的数值。以浴盆为例，浴盆中水的量是存量，它是指在某一既定时点上浴盆中水的数量；而从水龙头中流出的水量是流量，它是每单位时间加入到浴盆中的水的数量。这正如一个人的财富是存量，而他的收入和支出是流量一样。GDP 包含时间因素，它是指一定时期内（通常为一年）生产的价值，不包括以前所生产的最终产品和劳务，如往年商品的二手买卖不计入 GDP 中。所以，GDP 是一个流量而不是存量概念。

其次，GDP 是个市场价值概念，产品市场价值就是以最终产品的单位价格乘以产量获得的，并以货币加以衡量。有些产品和服务并不在市场上销售，例如非市场活动（如家务劳动、自给自足的产品等），它们的市场价值就很难估计，所以不计入

GDP 核算中。

再次，GDP 仅指一个时期内生产的最终产品，而不是一定时间内所售出的最终产品。而且，为了避免重复计算，GDP 只计算最终产品价值，而不计算中间产品价值。

最后，GDP 是指一个国家国土内所生产的产品价值，是一个地域概念，而不管这种生产的生产要素的归属关系。

我们可以通过表 8-1 来举例解释 GDP。在表 8-1 所示的成衣生产过程中，棉花、纱、布都是最终产品（成衣）的中间产品。中间产品是各厂商参加最终产品生产过程的各个阶段为相互交换而生产的产品。所以，中间产品的价格已经构成了最终产品价格的一部分，为了避免重复计算，所有中间产品的价值都不能再计入 GDP。因此，只有成衣的价值（50 元）计入到 GDP 中。

表 8-1　价值与增值关系示例

| 工序 | 产品 | 价值（元） | 增值（元） |
| --- | --- | --- | --- |
| 种棉 | 棉花 | 15 | 15 |
| 纺纱 | 纱 | 20 | 5 |
| 织布 | 布 | 35 | 15 |
| 制衣 | 成衣 | 50 | 15 |
| 合计 | — | — | 50 |

## （二）国民生产总值

国民生产总值（Gross National Product，GNP）是指在一定时期内（通常为一年），本国国民所生产的最终产品和劳务的市场价值的总额。

国民生产总值的含义虽与国内生产总值相似，但也有不同之处，除前面所述的几点注意事项也适用于国民生产总值外，GNP 是一个以人口标准为基础的概念，测度的是本国国民在国内和国外的生产总值。

## （三）GDP 与 GNP 的区别

GDP 与 GNP 的区别在于测量的角度不同。GDP 是从"场所"的角度来测度，而 GNP 是从"人"的角度来测度。例如，"中国的 GDP"是指由在中国居住一年以上的人（包括在中国国土上工作的非中国国籍的人）所生产的附加值总额。"中国的

GNP"是指由具有中国国籍的人在本国和他国所生产的附加值总额。

如图 8-1 所示，在美国举行演出的中国歌舞团所得收入虽然不属于中国的 GDP，但是包含在中国的 GNP 当中。同样，在中国举办演唱会的美国歌星所得收入也包含在美国的 GNP 当中。以中国的 GNP 和 GDP 的关系为例，表示如下。

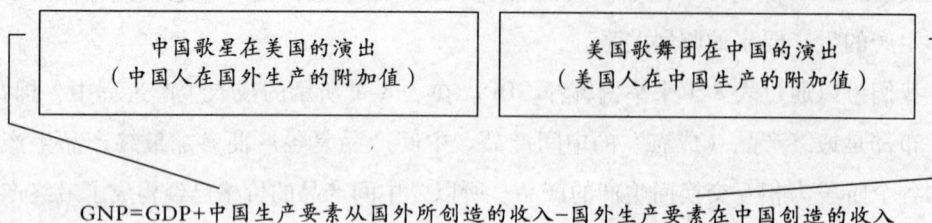

中国歌星在美国的演出
（中国人在国外生产的附加值）

美国歌舞团在中国的演出
（美国人在中国生产的附加值）

GNP=GDP+中国生产要素从国外所创造的收入-国外生产要素在中国创造的收入

**图 8-1　GDP 与 GNP**

如果 GNP 大于 GDP，则表示本国公民在国外得到的收入大于外国公民在本国得到的收入。如果 GNP 小于 GDP，则表示本国公民在国外得到的收入小于外国公民在本国得到的收入。若两者相等，则表示本国公民在国外得到的收入与外国公民在本国得到的收入相等。

## 二、其他宏观总量

衡量国民收入有五大指标：国民生产总值（或国内生产总值）、国民生产净值（或国内生产净值）、国民收入（狭义国民收入）、个人收入和个人可支配收入。前面我们已经论述了第一个重要的指标，下面我们将引入其他国民收入计算的指标。

### （一）国民生产净值和国内生产净值

国民生产净值（Net National Product，NNP），指一个国家的全部国民在一定时期内，国民经济各部门生产的最终产品和劳务价值的净值，一般以市场价格计算。它是国内生产净值（Net Domestic Product，NDP）加上国外净收入（Net Income From Abroad）的总和。

国内生产净值是指在一个国家或地区里，在一定时期内所生产的最终产品和劳务按市场价格计算的净值及新增加的产值。同时，它也是按市场价格计算的国内生产净值的简称，等于国内生产总值减去所有常驻单位的固定资产折旧。

由于固定资产折旧不是新创造的价值，而是以前创造价值在生产过程中发生的价值转移，因而，从理论上讲，与 GDP 相比，NDP 是更为可取的反映一定时期生产活动最终成果的总量指标。然而，由于折旧占 GDP 的比例一般来说是相对稳定，用 GDP 与 NDP 在表示经济活动总量变动意义上差别不大，人们一般更为习惯采用 GDP 概念。

## （二）国民收入

广义的国民收入泛指 GDP 等经济活动总量。宏观经济学中的"国民收入核算"、"国民收入决定"就是指广义的国民收入。

狭义的国民收入指一国一年用于生产的各种生产要素得到的全部收入，即工资、利润、利息和租金的总和。

从 GDP 中扣除折旧、间接税、企业转移支付，再加上政府补助金才形成国民收入。

因为间接企业税这部分是向政府支付的费用，到不了为产生附加价值作出贡献的人那里，因此从中扣除；另一方面，政府发放的企业补贴并不是生产活动的附加价值，原本 GNP 中并不包含此项，但是由于它会被纳入为产生附加价值作出贡献的人的囊中，因此将其计入其中。

## （三）个人收入

所谓个人收入（personal income，PI）是指从国民收入中以法人所得为收入来源的项目，也就是在除去企业所得税和企业未分配利润，并且扣除个人支付给政府的社会保险费用的基础上，再加上政府给个人转移支出后的收入。

$$PI = 国民收入 - 企业所得税 - 企业未分配利润 - 社会保险费用 + 转移支出$$

## （四）个人可支配收入

个人可支配收入（disposable personal income，DPI）被认为是消费开支的最重要的决定性因素，因而常被用来衡量一国生活水平的变化情况。它是指从 PI 中扣除个人所得税后的部分。

上述各指标之间的关系表达如下：

$$国内生产净值（NDP）= GDP - 折旧$$

$$国民收入（NI）= NDP - 间接税 - 企业转移支付 + 政府补助$$

$$个人收入（PI）= NI - 公司未分配利润 - 公司所得税 - 社会保险税 + 政府给个人转移支付$$

$$个人可支配收入（DPI）= PI - 个人所得税$$

### （五）名义 GDP 和实际 GDP

**1. 名义 GDP**

名义 GDP 是指用现行市场价格计算的既定时期国内总产品和服务的价格总和。

$$某年的名义\ GDP = \sum_{i=1}^{n} (Q_i P_i)$$

名义 GDP 的变动可以有两种原因：一种是实际产量的变动，另一种是价格的变动，也就是说，名义 GDP 的变动既反映了实际产量变动的情况，又反映了价格变动的情况。

**2. 实际 GDP**

实际 GDP 是指用从前某一年作为基期的价格计算出来的全部最终产品的市场价值。

实际 GDP 反映了这一时期内国内生产总值中实际产出数量的真实变化情况，便于不同年度国内生产总值之间的比较。

**3. 名义 GDP 与实际 GDP 的区别与联系**

由于 GDP 有名义 GDP 与实际 GDP 之分，为了反映两者之间的内在联系，必须去除价格变动的影响，由此提出了 GDP 价格调整指数的概念。它是指名义 GDP 与实际 GDP 之间的百分比值，即：

$$GDP\ 价格调整指数 = \frac{某年的名义\ GDP}{某年的实际\ GDP} \times 100\%$$

即：
$$实际 GDP = \frac{名义\ GDP}{GDP\ 价格调整指数}$$

如表 8-2 所示，设某经济生产小米、牛肉与棉布三种产品，根据 1978 年和 1998 年中所生产产品的数量与价格，以 1978 年为基年，可以算出：

1998 年的名义 GDP 为 $2.2 \times 200 + 16 \times 100 + 6 \times 150 = 2940$（元）

1998 年的实际 GDP 为 $0.4 \times 200 + 2.8 \times 100 + 2.4 \times 150 = 720$（元）

表 8-2　不同商品的价格

| 项目 | 1978 年价格 | 1998 年价格 | 1998 年数量 |
|---|---|---|---|
| 小米 | 0.4 元/kg | 2.2 元/kg | 200kg |
| 牛肉 | 2.8 元/kg | 16 元/kg | 100kg |
| 棉布 | 2.4 元/m | 6 元/m | 150m |

名义 GDP 的增长一般快于实际 GDP 的增长，因为名义 GDP 的增长既可以来自总产出的增加，也可以来自价格水平的上涨，而实际 GDP 的增长却只能来自总产出的增加。

# 第二节　国民收入的核算方法

从一个国家的经济整体来看，国民经济运行包括生产、分配、使用各个环节，它们形成一个完整的循环过程。国民的生产创造收入，而收入又成为国民支出的源泉。国民支出又使得生产得以最终完成。所以，在社会生产各个环节上所表现出的经济总量应该是相等的。即从生产角度、收入角度和支出角度分别考察国内生产总值原则上是相等的。这就是所谓的国内生产总值的"三面等价原则"。下面我们分别具体介绍这三种核算方法。

## 一、生产法

生产法也称部门法或增值法，是指各物质生产部门要把所使用的中间产品的产值扣除，仅计算本部门的增值，即它是一定时间内一个国家所创造的全部最终产品和劳务的价值总和。该方法反映了国内生产总值的来源。

GDP 可以通过核算各行业在一定时期的价值增值来求得。但是各国的部门分类的方法不同，例如，商业、服务等部门按照增值法计算，而卫生、教育、行政、事业等部门则按照该部门的工资收入来计算，以工资代替他们所提供的劳务的价值。

例如在表 8-1 中，我们运用生产法来核算成衣的市场价值。成衣的生产存在四个生产阶段。第一个阶段，棉花的生产，种植棉花创造的价值为 15 单位；第二阶段，棉花纺成纱，此阶段中纱的价值是 20 单位，用掉的棉花为 15 单位，所以此过程价值增值为 20 – 15 = 5（单位）；第三个阶段，纱织成布，布的价值是 35 单位，用掉的纱是 20 单位，所以此过程价值增值为 35 – 20 = 15（单位）；第四个阶段，布制成衣服，成衣的价值为 50 单位，用掉的布是 35 单位，所以此过程中价值增值为 50 – 35 = 15（单位）。生产法核算国民收入即将所有生产过程中价值增值的部分加总即得。所以，生产成衣的过程中价值增值为 15 + 5 + 15 + 15 = 50（单位），计入国民收入核算中。

## 二、收入法

收入法又称要素分析法，该方法是从收入的角度出发，把生产要素提供者所得到的收入加总来计算国民生产总值。收入法的依据是"总产出＝总收入"。

从收入方面理解 GDP，可将其分解为以下五个要素：

（1）工资、租金、利息等生产要素的报酬（银行存款利息或企业债券利息）；

（2）公司税前利润（公司未分配利润、所得税和社会保险税、红利等）；

（3）非公司企业主收入；

（4）资本折旧（一定时期内因经济活动而引起的固定资本消耗的补偿）；

（5）企业转移支付及企业间接税（企业缴纳的营业税、货物税等）。

为求简化，我们可以将上述的五项因素规划成三大主体的收入，即家庭收入、企业收入和政府收入。

第一，家庭收入，包括工资、租金、利息、利润等，可分解为用于当期消费的收入 C（consumption）和不用于当期消费的收入即储蓄 S（saving）。

第二，企业收入，包括资本折旧和未分配利润等。此部分收入可以归入 S。

第三，政府收入，来源于间接税和直接税，如果不考虑剔除转移支付，计为 T（tax）。

可见，从收入方面核算 GDP 的公式为：

$$GDP = C + S + T$$

上述论述涉及间接税和直接税，怎么去理解这两者的含义呢？一般而言，间接税是指能够转嫁税负，即可以通过提高商品和劳务的售价把税负转嫁给购买者的税收，一般在生产和流通环节征收，如针对货物所征收的增值税，针对劳务所征收的营业税和针对进出口所征收的关税等。而直接税是指不能转嫁税负，即只能由纳税人自己承担税负的税收，一般在收入环节征收，如所得税。

## 三、支出法

支出法也叫产品流动法、产品支出法，或者最终产品法，是指从产品的使用出发，把一年内购买各项最终产品的支出加总，计算出该年内生产出的最终产品的市场价值。支出法是从支出的角度来测算整个社会的总产出或总收入的，其依据是总产出＝总支出。从支出（需求）方面来看 GDP 可分为以下四个要素。

### （一）居民个人的消费支出

消费支出（consumption）是指一定时期内居民个人对于方便或者服务的商品、服务的需求。一般说来，消费者的购买可以分为耐用品、非耐用品和其他劳务三大类。

注意，居民个人消费支出不包括居民购买新建住宅的支出，这块支出被视为投资支出。

### （二）投资

投资（investment）是指一个国家或地区一定时期内社会资本的形成和增加。但需要注意的是，在投资里包含"最后卖剩下的库存"中所包含的存货投资，这是由于在财务处理上，剩余部分的库存只能由创造该库存的企业来支出购买。

因此，这些库存的增加并不是有意堆积的库存产品。一般而言，投资可以分为：厂房、设备、居民用房、企业存货净变动额等。

但按照不同的划分依据，投资可以包括不同的内容。按照投资主体划分，投资分为居民投资和企业投资；按照投资量划分，投资可以分为重置投资与净投资。

重置投资又称折旧投资，是指为补偿固定资产损耗而进行的投资量。净投资又称诱发投资，是指为增加资本存量而进行的投资支出，即实际资本的净增加，包括建筑、设备与存货的净增加。净投资的多少取决于国民收入水平及利率等变化情况。

### （三）政府支出

政府支出（government spending）是指各级政府部门对商品和劳务的购买支出，包括政府的所有薪金开支和向私人厂商购买的产品和服务支出。但需要注意的是政府的转移支付不能被计入 GDP 中，因为这些都不是政府本年度对产品和服务的购买所作的支付。

### （四）净出口

净出口是指从出口中扣除进口后的余额，即 $NX = X - M$。

此处较难理解之处是，为什么出口（export）要加进按支出法核算的 GDP 内，而进口（import）却要从中扣除？要理解这个内容，必须注意从支出方面核算的 GDP 是国内产生的附加价值的支出（需求）金额。也就是说，出口是指国内生产的附加价值由外国人来支付，因此需要加进去；而进口是海外生产的附加价值的支出，不包含在 GDP 之内。

用支出法计算的 GDP 的公式为：

$$GDP = C + I + G + (X - M)$$

综上所述，国内生产总值的计算方法有三种：生产法、收入法、支出法，三种方法的结果应该一致，其中以支出法最为常用。

国民收入核算包括了国民经济的各个部门的收入和支出状况，因而能够比较全面地反映一个国家国民经济各部门的发展水平和速度，进而能够比较综合地反映一个国家经济活动水平。但是国民收入核算中常用的指标如 GDP 和 GNP，并不能完全反映一个国家经济发展的真实状况，存在很多的局限性，具体如下。

首先，核算范围不能全面反映一个国家的真实产出。因为国民收入核算的统计数据基本上是根据市场交易来获得的，而在那些非市场活动中，如家务劳动，自给自足产品的价值被排除在核算之外，因此，其核算的范围存在局限性，不能全面反映一个国家的真实产出。

其次，核算内容不能反映一个国家的真实生活水平。由于国民收入核算只注重统计数据的变化，而没有反映人们在创造收入时的工作条件、生活福利等情况。所以虽然有时国民收入高速增长，而人们的生活质量有时并不能随之大幅改善。另外，各国在追求较高国民收入增长时，往往忽略了随之而来的外部影响，如环境污染问题。

再次，核算结果不能反映收入差距问题。目前，在国民收入不断增加，国家越来越富强的同时，人们的收入差距问题也越来越突出。如果只重视国民收入总量，而忽略国民收入的具体分配，将会引起一系列的社会问题。

最后，各国间的国民收入标准具有不可比性。目前，各国所使用的国民收入核算方法不统一，运用国民收入核算进行国际间的比较会缺乏准确性。

## 本章小结

1. 国内生产总值是指在一定时期内（通常为一年），一国国内所生产的全部最终产品和劳务的市场价值的总额。

2. 存量是指在一定时点上存在的变量的数值；流量是指一定时期内发生的变量变动的数值。

3. 中间产品是各厂商参加最终产品生产过程的各个阶段，为相互交换而生产的产品。

4. 国民生产总值是指在一定时期内（通常为一年），本国国民所生产的最终产品和劳务的市场价值的总额。

5. 国内生产净值是指在一个国家或地区里，在一定时期内所生产的最终产品和劳务按市场价格计算的净值及新增加的产值。

6. 名义 GDP 是指用现行市场价格计算的既定时期国内总产品和服务的价格总和。

7. 实际 GDP 是指用从前某一年作为基期的价格计算出来的全部最终产品的市场价值。

8. 生产法也称部门法或增值法，是指各物质生产部门要把所使用的中间产品的产值扣除，仅计算本部门的增值，即它是一定时间内一个国家所创造的全部最终产品和劳务的价值总和。

9. 收入法又称要素分析法，该方法是从收入的角度出发，把生产要素提供者所得到的收入加总来计算国民生产总值。

10. 支出法也叫做产品流动法、产品支出法，或者最终产品法，是指从产品的使用出发，把一年内购买各项最终产品的支出加总，计算出该年内生产出的最终产品的市场价值。

## 复习思考题

### 一、名词解释

国内生产总值　国民生产总值　存量　流量　名义 GDP　实际 GDP

### 二、判断题

1. 国内生产总值等于各种最终产品和中间产品的价值总和。（　　）

2. 在国内生产总值的计算中，只计算有形的物质产品的价值。（　　）

3. 政府公债利息和公司债券利息都应计入国内生产总值。（　　）

4. 间接税不应计入国内生产总值的统计中。（　　）

### 三、单选题

1. 在下列情形中，应该计入当年国内生产总值的是（　　）。

A. 当年生产的拖拉机

B. 去年生产而在今年销售出去的拖拉机

C. 某人去年购买而在今年转售给他人的拖拉机

D. 生产企业今年计划在明年生产的拖拉机

2. 下列哪一项不列入国内生产总值的核算（　　）。

A. 出口到国外的一批货物

B. 政府给贫困家庭发放的一笔救济金

C. 经纪人为一座旧房买卖收取的一笔佣金

D. 保险公司收到一笔家庭财产保险

3. 国民生产总值与国民生产净值之间的差别是（　　）。

A. 直接税　　　　B. 间接税　　　　C. 净出口　　　　D. 折旧

4. 一国国民生产总值小于国内生产总值，说明该国国民从国外取得的收入与外国居民从该国取得的收入之间的关系是（　　）。

A. 前者大于后者　　B. 前者小于后者

C. 两者相等　　　　D. 不确定

5. 今年的名义国内生产总值大于去年的名义国内生产总值，说明（　　）。

A. 今年的物价水平一定比去年高了

B. 今年生产的物品和劳务的总量一定比去年增加了

C. 今年的物价水平和实物产量一定都比去年提高了

D. 以上三种说法都不一定正确

6. 实际 GDP 是（　　）。

A. 实际 GDP 与 GDP 折算指数的比

B. 名义 GDP 与 GDP 折算指数的比

C. 潜在 GDP 与 GDP 折算指数的比

D. 名义 GDP 与 GDP 折算指数的乘积

7. 国内生产总值是计算下列哪部分的价值（　　）。

A. 中间产品　　　　B. 中间产品和劳务

C. 最终产品　　　　D. 最终产品和劳务

## 四、简答题

1. 什么是国内生产总值，如何正确理解其含义？

2. 简述 GDP 和 GNP 的区别。

3. GDP 是反映一个国家福利水平的理想指标吗？为什么？

4. 试述 "$GDP = C + I + G + (X - M)$" 的内涵。

### 案例讨论

#### 20 世纪最伟大的发现之一

美国著名的经济学家保罗·萨缪尔森（1915 年出生，2009 年 12 月 13 日去世，美国第一位诺贝尔经济学奖得主，1970 年获奖）认为："GDP 是 20 世纪最伟大的发现之一。"没有 GDP 这个发明，我们就无法进行国与国之间经济实力的比较，贫穷与富裕的比较；没有 GDP 这个总量指标我们就无法了解我国的经济增长速度是快还是慢，是需要刺激还是需要调控。因此，GDP 就像一把尺子，一面镜子，是衡量一国经济发展和生活富裕程度的重要指标。

GDP 如此重要，所以我们必须首先搞清楚到底什么是 GDP，美国经济学家曼昆在他的风靡世界的《经济学原理》一书中指出，国内生产总值（GDP）是在某一既定时期一个国家内生产的所有最终物品和劳务的市场价值。曼昆认为，准确理解 GDP 的要点是：①GDP 是按照现行的市场价格计算的；②GDP 包括在市场上合法出售的一切物品和劳务，例如你购买了音乐会的票，票价就是 GDP 的一部分；③只算最终产品，不包括中间环节；④是在一个国家之内，例如外国人暂时在中国工作，外国人在中国开办企业，他的生产的价值是中国 GDP 的一部分。

如果要判断一个人在经济上是否成功，你首先要看他的收入。高收入的人享有较高的生活水平。同样的逻辑也适用于一国的整体经济。当判断经济富裕还是贫穷时，要看人们口袋里有多少钱。这正是国内生产总值（GDP）的作用。

GDP 同时衡量两件事：经济中所有人的总收入和用于经济中物品与劳务产量的总支出。GDP 既衡量总收入又衡量总支出的秘诀在于这两件事实际上是相同的。对于一个整体经济而言，收入必定等于支出。这是为什么呢？一个经济的收入和支出相同的原因就是一次交易都有两方：买者和卖者。例如，你雇一个小时工为你打扫卫生，每小时 10 元，这种情况下小时工是劳务的卖者，而你是劳务的买者。小时工赚了 10 元，而你支出了 10 元。因此，这种交易对经济的收入和支出做出了相同的贡献。无论是用总收入来衡量还是用总支出来衡量，GDP 都增加了 10 元。由此可见，在经济中，每生产一元钱，就会产生一元钱的收入。

根据案例讨论以下两个问题：

1. GDP 核算的优势有哪些？

2. 从现实生活中举例说明 GDP 核算的局限性有哪些。

# 第九章 凯恩斯两部门国民收入决定理论

1. 消费函数的内涵；
2. 储蓄函数的内涵；
3. 投资乘数的作用；
4. 国民收入的决定。

1. 能够运用消费函数的内涵计算 MPC 和 APC，并对结果进行解释；
2. 能够运用储蓄函数的内涵计算 MPS 和 APS，并对结果进行解释。

针对单个经济现象，学会运用投资乘数理论加以解释。

有个人打破了某商店的一块玻璃，逃跑了。店主无奈只好花 1000 元买一块玻璃换上。玻璃店老板得到这 1000 元收入。假设他支出其中的 80%，即 800 元用于买衣服，衣服店老板得到 800 元的收入。再假设衣服店老板用这笔收入的 80%（即 640 元）用于买食物，食品店老板得到 640 元的收入。食品店老板又把这 640 元中的 80% 用于支出……如此一直下去，你会发现，最初是商店老板支出 1000 元，但经过不同行业老板的收入与支出行为之后，总收入增加了 5000 元。

其原因何在呢？本章中的乘数原理回答了这一问题。

## 第一节 消费函数和储蓄函数

国民收入决定理论主要是论述一个经济系统的总需求是如何决定国民收入的，也就是一个经济系统的产出总规模或者总收入水平是如何决定的。

消费是构成一个国家总需求的主要部分，消费波动对总需求影响极大，研究消费和储蓄有助于探索一些对宏观经济运行具有重要意义的问题。

## 一、消费函数

消费是指一个国家或地区，在一定时期内居民个人或家庭为满足消费欲望而用于购买消费品和劳务的所有支出。

消费量由什么决定呢？在现实生活中，影响居民个人或家庭消费水平的因素很多，如收入水平、产品的价格水平、消费者个人的偏好、消费者对其未来收入的预期、消费信贷及其利率水平、消费者年龄结构、甚至是社会制度与风俗习惯等。其中最重要的影响因素是居民个人或家庭的收入水平。

凯恩斯认为，在消费和收入之间存在这样的一条基本规律：随着收入的增加，消费也会增加。但消费的增加往往不及收入增加得多。消费和收入之间的这种关系就被称为消费函数，即

$$c = c(y) \tag{9.1}$$

从消费和收入的关系来看，消费倾向包括边际消费倾向（MPC）和平均消费倾向（APC）两方面。

边际消费倾向（MPC）是指在增加的收入中用于消费支出部分所占的比例，即增加的 1 单位收入中用于增加消费部分的比例，即

$$MPC = \frac{\Delta c}{\Delta y}, \ \text{或} \ \beta = \frac{\Delta c}{\Delta y} \tag{9.2}$$

平均消费倾向（APC）是指消费总量在收入总量中所占的比例，即

$$APC = \frac{c}{y} \tag{9.3}$$

现在我们要考虑的问题是消费和收入之间的变化到底呈现怎样的一种趋势，为了更加详尽地解释两者之间的关系，我们来看一个例子，假设表 9-1 是某个家庭的收入和消费情况。

表 9-1　某家庭的消费函数（单位：美元）

| | (1)<br>收入 | (2)<br>消费 | (3)<br>边际消费倾向 | (4)<br>平均消费倾向 |
|---|---|---|---|---|
| A | 8 000 | 8 100 | | 1.01 |
| | | | 0.89 | |

（续表）

| | （1）收入 | （2）消费 | （3）边际消费倾向 | （4）平均消费倾向 |
|---|---|---|---|---|
| B | 9 000 | 9 000 | | 1 |
| | | | 0.85 | |
| C | 10 000 | 9 850 | | 0.99 |
| | | | 0.75 | |
| D | 11 000 | 10 600 | | 0.96 |
| | | | 0.64 | |
| E | 12 000 | 11 240 | | 0.94 |
| | | | 0.59 | |
| F | 13 000 | 11 830 | | 0.91 |
| | | | 0.53 | |
| G | 14 000 | 12 360 | | 0.88 |

表 9-1 的数字表明，当收入依次增加 1000 美元时，消费依次增加 890 美元、850 美元、750 美元、640 美元、590 美元和 530 美元，也就是说，收入增加时，消费也在增加，但增加得越来越少，即边际消费倾向呈现递减趋势。同时，根据表 9-1 提供的数字，我们也可以得出消费曲线图 9-1，即消费倾向曲线，是用来表示消费与收入之间函数关系的曲线。

在图 9-1 中，横轴表示收入 $y$，纵轴表示消费 $c$，在 45°线上任意点的收入都等于消费。曲线 $c = c(y)$ 表示消费曲线。图中，点 $B$ 既位于 45°线上，又位于消费曲线上，即在点 $B$ 上，收入等于消费。而在点 $B$ 的左方，如点 $A$ 上，消费大于收入；在点 $B$ 的右方，如点 $C$ 上，消费小于收入，这就说明消费随着收入的增加而增加，但是增加幅度越来越小于收入增加的幅度。同时，由公式 9.2 和 9.3 可知，边际消费倾向

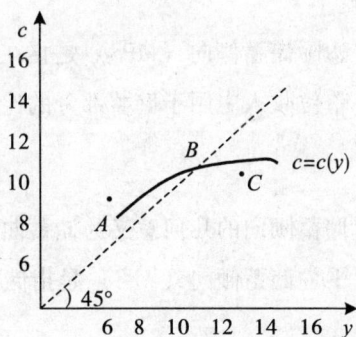

图 9-1 消费函数曲线

即为图 9-1 中消费曲线上任意一点所对应的斜率，平均消费倾向即为图 9-1 中消费曲线上的任意一点与原点相连而成的射线的斜率，虽然两者都在递减，但平均消费倾向始终大于边际消费倾向，而且由于消费增量只占收入增量的一部分，故边际消

费倾向总是大于 0 小于 1，而平均消费倾向可能小于、等于或大于 1，这个结论和表 9-1 的数据相吻合。

如果消费和收入之间存在着线性关系，则边际消费倾向为一常数，此时，消费函数的公式为：

$$c = \alpha + \beta y \qquad (9.4)$$

其中，$\alpha$ 为自发消费，是居民个人或家庭消费中一个相对稳定的部分，其变化不受收入水平的影响。$\beta$ 为引致消费，是随着国民收入增加而引起的消费。从公式 9.4 可以得知：消费是自发消费和引致消费之和，其线性消费函数如图 9-2 所示。

从图 9-2 中可以看出，当消费和收入之间呈线性关系时，消费函数是一条向右上方倾斜直线，消费函数上每一点的斜率都相等，范围都是 $0 < \beta < 1$。

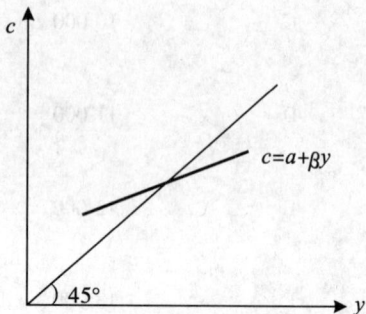

图 9-2　线性消费函数

## 二、储蓄函数

储蓄是指收入中未被消费掉的部分，储蓄与收入的关系就是储蓄函数，即：

$$s = s(y) \qquad (9.5)$$

类似于消费倾向，储蓄倾向也有边际储蓄倾向（MPS）和平均消费倾向（APS）之分。

边际储蓄倾向（MPS）是指在增加的收入中储蓄起来的部分所占的比例，即增加的 1 单位收入中用于储蓄部分的比例，即

$$MPS = \frac{\Delta s}{\Delta y} \qquad (9.6)$$

边际储蓄倾向的几何意义为储蓄曲线上任意点的斜率。

平均储蓄倾向（APS）是指储蓄总量在收入总量中所占的比例，即

$$APS = \frac{s}{y} \qquad (9.7)$$

平均储蓄倾向的几何意义为储蓄曲线上任意一点与原点相连而成射线的斜率。

同样，为了更加详尽地解释储蓄与收入之间的关系，我们再看一个例子，利用表 9-1 的数据来制定表 9-2，以说明某个家庭的收入和储蓄的情况。

表9-2 某家庭的储蓄函数（单位：美元）

| | (1) 收入 | (2) 消费 | (3) 储蓄 | (4) 边际储蓄倾向 | (5) 平均储蓄倾向 |
|---|---|---|---|---|---|
| A | 8 000 | 8 100 | -110 | | -0.01 |
| | | | | 0.11 | |
| B | 9 000 | 9 000 | 0 | | 0 |
| | | | | 0.15 | |
| C | 10 000 | 9 850 | 150 | | 0.02 |
| | | | | 0.25 | |
| D | 11 000 | 10 600 | 400 | | 0.04 |
| | | | | 0.36 | |
| E | 12 000 | 11 240 | 760 | | 0.06 |
| | | | | 0.41 | |
| F | 13 000 | 11 830 | 1 170 | | 0.09 |
| | | | | 0.47 | |
| G | 14 000 | 12 360 | 1 640 | | 0.12 |

从表9 2的数字中我们可以看出：收入增加时，储蓄也在增加，但增加得越来越多，即边际储蓄倾向和平均储蓄倾向呈现递增规律趋势。同时，根据表9-2提供的数字，我们也可以得出储蓄曲线图9-3，即储蓄倾向曲线，是用来表示储蓄与收入之间函数关系的曲线。

图中，点$B$是储蓄曲线和横轴的交点，表示消费等于收入之处，储蓄为零。同时可以看出，在点$B$的左方储蓄小于零，在点$B$的右方储蓄大于零，而且是储蓄越来越多，增加幅度也越来越大，这个结果和表9-2的数字相吻合。

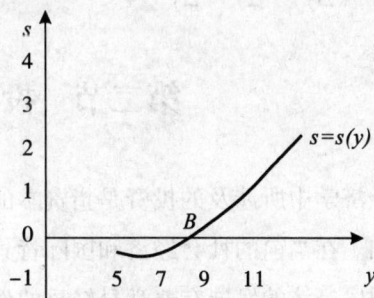

图9-3 储蓄函数曲线

上边论述的是储蓄和收入并非线性关系，那么，如果两者成线性关系呢？我们来推导一下，$s = y - c$，而$c = \alpha + \beta y$，因此，

$$s = y - \alpha - \beta y = -\alpha + (1 - \beta) y \tag{9.8}$$

线性储蓄函数图形如图9-4所示。

### 三、消费函数和储蓄函数的关系

储蓄函数被定义为收入中未被消费掉的部分，两者的关系如下。

结论1：消费函数和储蓄函数之和等于收入。

因为 $c = \alpha + \beta y$，而 $s = y - \alpha - \beta y = -\alpha + (1 - \beta)y$，故 $c + s = y$

另一方面，对于线形消费函数，可以由图形推导储蓄函数，如图9-5所示。

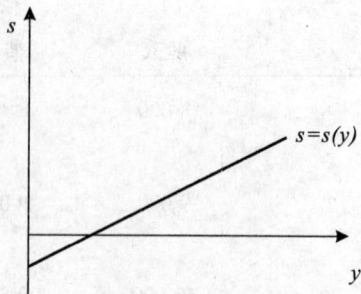

**图9-4　线性储蓄函数**

结论2：边际消费倾向和平均消费倾向呈现递减趋势，边际储蓄倾向和平均储蓄倾向呈现递增趋势。

结论3：APC 和 APS 之和恒等于1，MPC 和 MPS 之和恒等于1。

证明一：因为 $y = c + s$，

所以 $\dfrac{y}{y} = \dfrac{c}{y} + \dfrac{s}{y}$，即 $1 = APC + APS$　(9.9)

证明二：因为 $\Delta y = \Delta c + \Delta s$，

所以 $\dfrac{\Delta y}{\Delta y} = \dfrac{\Delta c}{\Delta y} + \dfrac{\Delta s}{\Delta y}$，即 $1 = MPC + MPS$

(9.10)

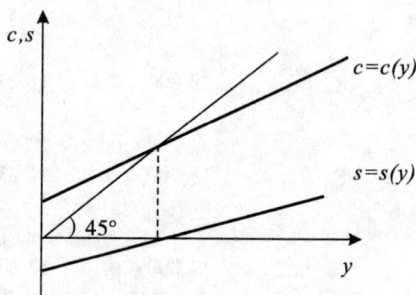

**图9-5　消费曲线和储蓄曲线的关系**

# 第二节　投资函数与投资乘数

经济学中所涉及的投资是指资本的形成，即投资是指在一定时期内社会实际资本的增加。在当前的社会经济和国际背景下，投资并不是无关紧要的变量，投资量的大小对国民经济的发展有着举足轻重的作用，因此，要研究如何决定国民收入，就必须研究投资本身如何决定。

影响投资决策的因素有很多，主要因素有资本市场的利率、投资的预期利润率和投资风险。其中资本市场的利率是影响投资决策的首要因素。

## 一、投资函数

投资函数是指投资和利率之间的一一对应关系。这里的利率指的是实际利率，实际利率等于名义利率与通货膨胀率的差额，即 $r = e - \pi$。一般而言，实际利率指剔除通货膨胀率后储户或投资者得到利息回报的真实利率；名义利率是央行或其他提供资金借贷的机构所公布的未调整通货膨胀因素的利率，即利息（报酬）的货币额与本金的货币额的比率，而在经济学上，通货膨胀率为物价平均水平的上升速度（以通货膨胀为准）。例如，某年的货币的名义利率为10%，通货膨胀率为3%，则实际利率为7%。

在投资的预期利润既定时，企业是否进行投资，关键看实际利率的高低。在这里，我们把投资函数写作：

$$i = i\,(r) \tag{9.11}$$

现在，我们的问题是投资和利率之间的关系到底呈现怎样的趋势呢？要研究这个问题，我们必须先研究凯恩斯提出的另一个概念——资本边际效率（MEC）。

### （一）资本边际效率

根据凯恩斯的定义，资本边际效率是一种贴现率，这种贴现率正好使一项资本物品在使用期内各预期收益的现值之和等于这项资本品的供给价格或者重置成本。

我们来举例说明资本边际效率的内涵。

假设本金为100美元，年利率为3%，则：

第1年的本金与利息之和为：$100 \times (1 + 3\%) = 103$（美元）

第2年的本金与利息之和为：$103 \times (1 + 3\%) = 100 \times (1 + 3\%)^2 = 106.09$（美元）

第3年的本金与利息之和为：$106.09 \times (1 + 3\%) = 100 \times (1 + 3\%)^3 = 109.27$（美元）

第 $n$ 年的本金与利息之和为：

$$R_n = R_0\,(1 + r)^n \tag{9.12}$$

即 $n$ 年后 $R_n$ 的现值是

$$R_0 = \frac{R_n}{(1 + r)^n}$$

其中的 $r$ 使资本物品在使用期内各预期收益的现值之和 $R_n$ 等于这项资本品的供给

价格 $R_0$。因此，$r$ 便是资本边际效率。

假设某企业投资 300 美元购买一个零部件，其使用期限是三年，三年后全部耗损。假设扣除相应的成本，如人工费、原料费后，各年的预期收益分别是 105 美元、110.25 美元、115.76 美元，这也是这笔投资在各年的预期毛收益，三年合计为331.01 美元。

如果贴现率是 5%，那么三年内全部预期收益 331.01 美元的现值正好是 100 美元。即

$$R_0 = \frac{105}{(1+5\%)} + \frac{110.25}{(1+5\%)^2} + \frac{115.76}{(1+5\%)^3} = 100 + 100 + 100 = 300（美元）$$

所以，此时的资本边际效率为 5%。

在上述小案例中，如果零部件不是在三年内报废的，而是在 n 年内报废的，并且在使用终期还有残值（用 J 来表示），则资本边际效率的公式为：

$$R_0 = \frac{R_1}{(1+r)} + \frac{R_2}{(1+r)^2} + \frac{R_3}{(1+r)^3} + \cdots + \frac{R_n}{(1+r)^n} + \frac{J}{(1+r)^n} \tag{9.13}$$

从公式 9.13 可知，预期收益 $R_n$ 既定时，供给价格 $R_0$ 越大，$r$ 就越小；反之，$r$ 就越大。即资本边际效率呈现递减的规律。如果资本的边际效率（$r$）大于市场利率（$i$），则此投资就值得；否则，就不值得。

在实际生活中，每个企业都会面临可供选择的项目，如图 9-6 所示。

从图 9-6 中可以看出该企业有四个可供选择的项目，项目 A 投资量为 100 万美元，资本边际效率为 12%；项目 B 投资量为 150 万美元，资本边际效率为 10%；项目 C 投资量为 300 万美元，资本边际效率为 8%。

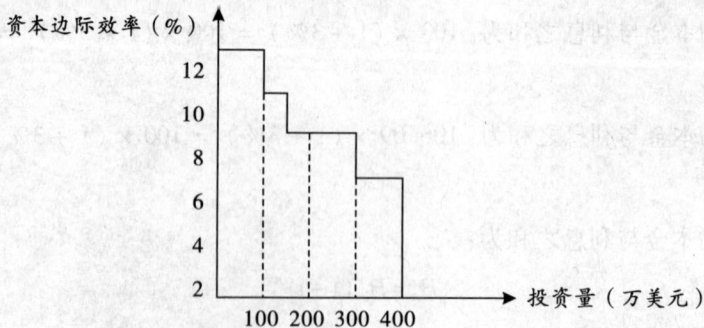

图 9-6  某企业可供选择的投资项目

项目 D 投资量为 400 美元，资本边际效率为 6%，如果此时市场利率为 11%，则

此时只有项目 A 可以投资。图中长方形顶端所形成的折线就是该企业的资本边际效率曲线。

一个企业的资本边际效率曲线是阶梯状的，如果把经济社会中所有企业的资本边际效率曲线加总在一起，就会变成一条平滑而又连续的曲线，这就是凯恩斯所讲的资本边际效率曲线，如图 9-7 所示的 MEC。这条资本边际效率曲线说明：投资量（$i$）和利息率（$r$）之间存在反方向的变动关系。

需要说明的是一些西方经济学家认为 MEC 曲线不能代表企业的投资需求，他们认为表示投资和利率之间关系的曲线是投资的边际效率曲线，即 MEI 曲线（如图 9-7 所示），但是 MEC 曲线和 MEI 曲线都能表示利率和投资量之间存在着反方向的变动关系。

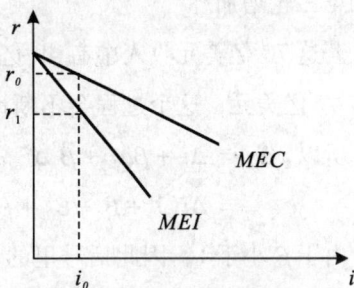

图 9-7 资本边际效率曲线（MEC）
与投资边际效率曲线（MEI）

## （二）投资函数和投资曲线

由上述内容可知，投资和利率之间成反向关系，那么它的表达式该是怎样的呢?

类似于消费，投资也分为自主投资和引致投资。自主投资又称"自发投资"，是指不受国民收入水平或消费水平等经济情况影响和限制的投资，是一种即使利率 $r$ 为零也有的投资量；引致投资是指由经济中的内生变量引起的投资，即为适应某些现有产品或整个经济开支的实际或预期增加而发生的投资。

我们可以将投资函数 $i = i(r)$ 具体表达为：

$$i(r) = e - dr \tag{9.14}$$

其中，$e$ 是自主投资，$d$ 是引致投资。

实际上投资曲线又称投资边际效率曲线，即图 9-7 中的 MEI 曲线，在此我们将投资曲线单独给大家绘制出来，如图 9-8 所示。

## 二、投资乘数

乘数是指某一变量的绝对变化引起另一变量的绝对变化的度量，即变量的变化量之比，也称倍数。因此，投资乘数是指收入的变化与

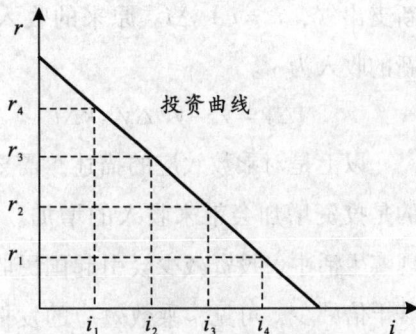

图 9-8 投资曲线

带来这种变化的投资支出的变化的比率，我们要用 $k$ 来表示投资乘数，即

$$k = \frac{\Delta y}{\Delta i} \tag{9.15}$$

假设社会的边际消费倾向为 0.7，也就是说增加的 100 亿美元中会有 70 亿美元用于购买消费品，于是这 70 亿美元又以工资、利息、利润和租金的形式流入生产消费品的生产要素所有者手中，从而使该社会居民收入又增加了 80 亿美元，这是国民收入的第二轮增加。

若这 70 亿美元收入中有 49 亿美元（$100 \times 0.7 \times 0.7$）用于消费，使社会总需求提高 49 亿美元，这个过程会不断地继续下去。

所以，$\Delta y = \Delta i + \beta \Delta i + \beta^2 \Delta i + \beta^3 \Delta i + \cdots + \beta^{n-1} \Delta i$

$\qquad\quad = \Delta i (1 + \beta + \beta^2 + \beta^3 + \cdots + \beta^{n-1})$

由于 $\beta$ 小于 1，因此括号里的无穷几何级数是收敛的，

令 $\psi = 1 + \beta + \beta^2 + \beta^3 + \cdots + \beta^{n-1}$。两边同乘以 $\beta$ 得 $\beta \psi = \beta + \beta^2 + \beta^3 + \beta^4 + \cdots + \beta^n$

另两个公式相减，得 $\psi (1 - \beta) = 1 - \beta^n$

所以，$\psi = \dfrac{1 - \beta^n}{1 - \beta}$，由于 $0 < \beta < 1$，所以当 $n \to \infty$ 时，$\beta \to 0$

故 $k = \dfrac{1}{1 - \beta} = \dfrac{1}{1 - MPC} = \dfrac{1}{MPS}$ \hfill (9.16)

可见，投资乘数的大小和边际消费倾向有关。当边际消费倾向越大或边际储蓄倾向越小时，投资乘数就越大。投资乘数与边际消费倾向成同方向变动，而与边际储蓄倾向成反方向变动。

我们可以用图 9-9 来表示乘数效应在图中，纵轴代表总支出（将在下一节中讲述）$c + i$ 代表原来的总支出线，$c + i'$ 代表新支出线，$i' = i + \Delta i$。原来的收入为 $y$，新的收入为 $y'$。

$$\Delta y = y' - y, \quad \Delta y = k \Delta i$$

以上是对乘数效应的描述，需要知道的是投资增加会带来收入的增加。同样，现实生活中，投资减少会引起国民收入的若干倍减少，可见，乘数效应的发挥是一把"双刃剑"。

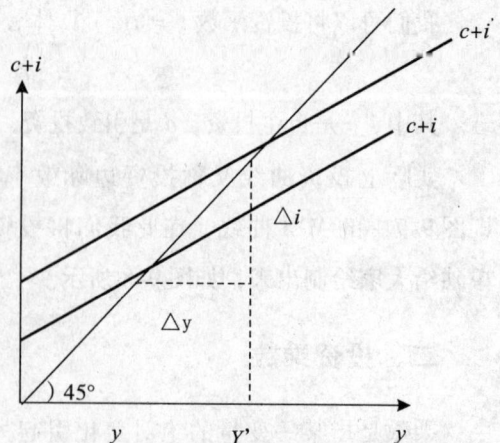

图 9-9　乘数效应

# 第三节 国民收入的决定

凯恩斯主义的全部理论涉及四个市场：产品市场、货币市场、劳动市场和国际市场，仅描述产品市场的理论称为简单的国民收入决定理论。本节只研究两个部门的国民收入决定理论。

## 一、简单国民收入决定的条件

为了研究一个国家的生产或收入是如何决定的，必须从最简单的经济关系入手，即两部门的经济关系，研究时常常作如下假定。

①经济中只有两个部门，即居民和企业，不包括政府和国外部门。居民发生消费行为和储存行为；企业发生生产行为和投资行为。

②凯恩斯定律：当总需求发生变动时，只会引起产量的变动而不会引起价格的变动。凯恩斯研究1929—1933年的大萧条时，指出社会需求的增加引起闲置资源的利用，而生产的增加却不会使资源的价格上升，故产品成本和价格基本上保持不变。

那么，在两部门经济中，国民收入是怎样进行的呢？我们以图表的形式进行解释，如图9-10所示。

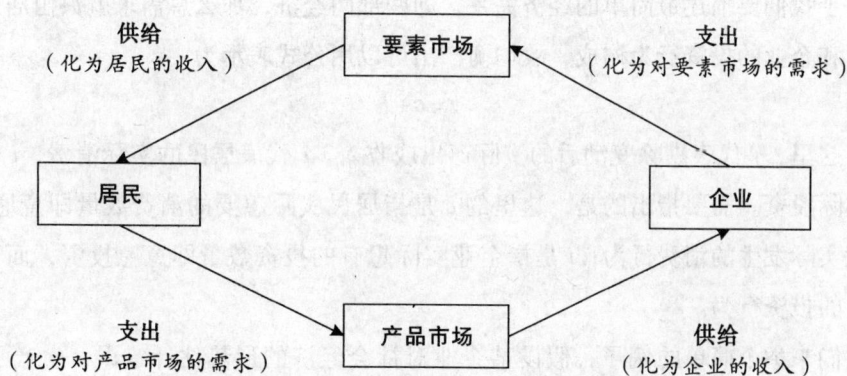

图9-10 两部门经济中国民收入流量循环模型

从图9-10可以看出，居民从要素市场获取收入后，有一部分用于消费产品，而这时所消费的货币又成为了企业销售产品的收入。为了赚取更多的利润，企业需要投入要素进行商品生产，因此，企业的一部分收入又用于要素购买，这种现象循环往复，周而复始。

## 二、均衡国民收入的决定

### (一) 均衡的概念

总需求和总供给达到均衡时的国民收入就称为均衡国民收入。其中，和总需求相一致的产出被称为均衡产出，即经济社会的收入正好等于全体居民和企业所需支出。

从以上的描述中我们可以得知，均衡的条件就是"总支出＝总收入或者总需求＝总供给"。

### (二) 均衡的条件

均衡是一种不再变动的情况，当总产出等于总需求水平时，企业的生产就会稳定下来；当总支出（或总需求）大于总供给时，意味着厂商销售出去的产量大于它生产出来的产量，厂商存货出现意外减少，此时，扩大产量是有利可图的。于是厂商为使存货达到合意的存货水平，就会增雇工人、增加投资、增加产量，最终达到均衡的国民收入水平。当总支出（或总需求）小于总供给时，意味着厂商生产出来的产量大于它销售出去的产量，厂商存货出现意外增加，此时，厂商为使存货达到合意的存货水平，就会减少产量，引起国民收入的收缩，最终达到均衡的国民收入水平。

由于我们要描述最简单的经济关系，即两部门经济，那么总需求就只由居民的消费行为和企业的投资行为构成，故均衡产出可以用公式表示为：

$$y = c + i \tag{9.17}$$

在这里，$y$ 代表剔除变动后的实际产出或收入，$c$ 代表居民的实际消费，$i$ 代表企业的实际投资。需要指出的是，这里的 $c$ 是指居民实际想要的消费数量即意愿消费，而不是实际发生的消费行为；$i$ 是指企业实际想有的投资数量即意愿投资，而不是实际发生的投资行为。

我们来举个简单的例子，假设某企业对社会经济的形势估计错误，生产了 1000 万箱产品，实际上整个市场的需求是 800 万箱产品，于是企业就有 200 万箱的压货，也称为非意愿存货投资或非计划存货投资。这 200 万箱非意愿存货投资在国民收入核算中属于投资支出的一部分，但不是意愿投资。由此看出，国民收入核算中的实际产出等于计划支出加上非计划存货投资，而在国民收入决定理论中，均衡产出与计划需求是相一致的，即此时的非意愿存货投资等于零。

我们用图形来解释 $y = c + i$。假设用 $E$ 来代表支出，用 $y$ 来代表收入，则经济均

衡的条件是 $E = y$。

在图 9-11 中，横轴代表收入，纵轴代表支出，在从原点出发的 45°线上的任何一点都表示支出等于收入，如点 $A$。

投资是指在一定时期内新增加的资本存量。在简单的凯恩斯主义国民收入决策模型中，投资被视为给定的，认为投资与国民收入无关，即 $I = I_0$，如图 9-12 所示。

我们可以从上述内容和图 9-12 得知：

$y = c + i$

$c = \alpha + \beta y$

$i = i_o$，

所以，$y = \dfrac{1}{1 - \beta}(\alpha + i_0)$。

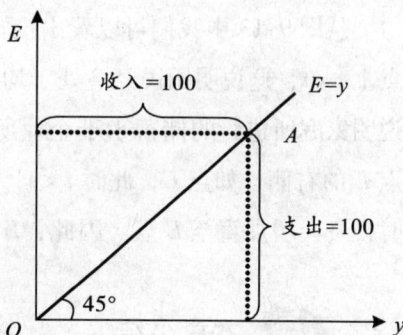

图 9-11 支出等于收入的 45°线

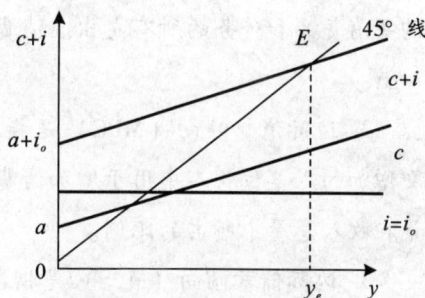

图 9-12 消费投资分析法

## （三）储蓄投资分析法

在两部门条件下，从供给的角度衡量国民收入，国民收入由劳动的报酬工资、资本的报酬利息、土地的报酬地租和企业家才能的报酬利润组成，以 $E$ 表示总供给（总支出），则 $E = $ 工资 + 利息 + 地租 + 利润。这些收入按最终用途可以分为消费和储蓄，也即 $E = $ 消费 + 储蓄 $ = c + s$。

从总需求的角度看，国民收入是由居民的需求和企业的需求构成的，居民的需求称为消费支出，企业的需求称为投资支出，由 $y$ 表示总需求，则 $y = $ 消费支出 + 投资支出 $ = c + i$。

均衡国民收入由总供给和总需求相等决定，所以，在两部门经济中，国民收入决定的条件是：$E = y$，则 $c + s = c + i$，消掉两边的 $c$，则得 $s = i$。这就是说在两部门经济条件下，储蓄和投资相等，即储蓄要全部转化为投资是均衡的条件。

同样，我们用图形来表示储蓄投资分析

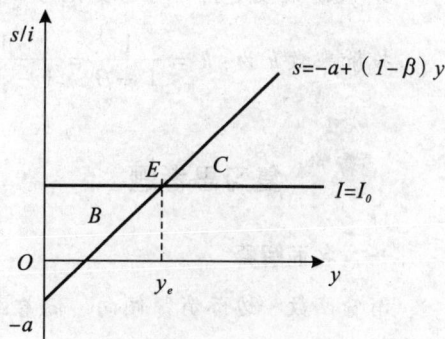

图 9-13 储蓄投资分析法

法，如图 9-13 所示。

从图 9-13 中我们可以看出投资曲线和储蓄曲线相较于点 $E$ 即均衡点 $y_e$，在这一点上 $s=i$，这说明国民经济处于均衡状态 $E$；如果在点 $E$ 的左侧，如点 $B$，此时 $i>s$，说明家庭所进行的储蓄小于企业所进行的投资，此时储蓄会上升直至 $E$ 点；如果在点 $E$ 的右侧，如点 $C$，此时 $i<s$，说明家庭所进行的储蓄大于企业所进行的投资，此时投资会增加直至 $E$ 点。因此，$E$ 点为国民收入的均衡点。

## 本章小结

1. 消费是指一个国家或地区一定时期内居民个人或家庭为满足消费欲望而用于购买消费品和劳务的所有支出。消费和收入之间的这种关系称为消费函数，即 $c=\alpha+\beta y$。

2. 边际消费倾向（MPC）是指在增加的收入中用于消费支出部分所占的比例，即增加的 1 单位收入中用于增加消费部分的比例。平均消费倾向（APC）是指消费总量在收入总量中所占的比例。

3. 边际储蓄倾向（MPS）是指在增加的收入中储蓄起来的部分所占的比例，即增加的 1 单位收入中储蓄起来的部分的比例。平均储蓄倾向（APS）是指储蓄总量在收入总量中所占的比例。

4. 消费函数和储蓄函数的关系为：消费函数和储蓄函数之和等于收入；边际消费倾向和平均消费倾向呈现递减趋势，边际储蓄倾向和平均储蓄倾向呈现递增；APC 和 APS 之和恒等于 1，MPC 和 MPS 之和恒等于 1。

5. 资本边际效率（MEC）是一种贴现率，这种贴现率正好使一项资本物品使用期内各预期收益的现值之和等于这项资本品的供给价格或者重置成本。

6. 投资乘数是指收入的变化与带来这种变化的投资支出的变化的比率。

投资乘数 $k$ 为：$k = \dfrac{1}{1-\beta} = \dfrac{1}{1-MPC} = \dfrac{1}{MPS}$

## 复习思考题

### 一、名词解释

消费函数　边际消费倾向　储蓄函数　边际储蓄倾向　投资函数　投资乘数

## 二、判断题

1. 简单的国民收入决定理论涉及产品市场、货币市场、劳动市场和国际市场。
(　　)

2. 在凯恩斯理论的消费函数中一定存在有 $APC > MPC$。(　　)

3. 在均衡产出水平上，计划产出与计划支出相等。(　　)

4. 经济均衡既可表示为总需求与总产出相等，又可表示为实际投资与储蓄相等。
(　　)

5. 当边际消费倾向小于平均消费倾向时，边际储蓄倾向大于平均储蓄倾向。(　　)

## 三、单选题

1. 在两部门经济中，乘数的大小(　　)。

A. 与边际消费倾向同方向变动　　　　B. 与边际消费倾向反方向变动

C. 与边际储蓄倾向同方向变动　　　　D. 与边际储蓄倾向没有关系

2. 投资乘数说明的是(　　)。

A. 国民收入变动引起投资变动　　　　B. 利率变动引起投资变动

C. 投资变动引起国民收入变动　　　　D. 投资变动引起利率变动

3. 根据消费函数，决定消费的因素是(　　)。

A. 收入　　　　　B. 价格　　　　　C. 边际消费倾向　　　　　D. 偏好

4. 根据简单国民收入决定模型，引起国民收入减少的原因是(　　)。

A. 消费减少　　　　　　　　　　　B. 储蓄减少

C. 消费增加　　　　　　　　　　　D. 注入增加

5. 根据储蓄函数，引起储蓄增加的因素是(　　)。

A. 企业成本提高　　　　　　　　　B. 收入增加

C. 企业利润减少　　　　　　　　　D. 政府税收增加

6. 总消费函数将总消费与(　　)。

A. 总储蓄相联系　　　　　　　　　B. 国民收入相联系

C. 消费支出相联系　　　　　　　　D. 总投资相联系

7. 在以下三种情况中，投资乘数最大的是(　　)。

A. 边际消费倾向为0.6　　　　　　　B. 边际储蓄倾向为0.2

C. 边际消费倾向为0.4　　　　　　　D. 边际储蓄倾向为0.3

8. 如果投资暂时增加150亿元，边际消费倾向为0.8，那么收入水平将增加(　　)。

A. 190亿元并保持在这一水平　　　　B. 750亿元，之后又回到最初水平

C. 750 亿元并保持在这一水平　　　　　D. 150 亿元，之后又回到原有水平

9. 在两部门经济中，收入在（　　）时均衡下来。

A. 储蓄等于实际投资　　　　　　　　B. 消费等于实际投资

C. 储蓄等于计划投资　　　　　　　　D. 消费等于计划投资

10. 在产品市场两部门经济模型中，如果边际消费倾向值为 0.8，那么自发支出乘数值为（　　）。

A. 1.6　　　　　　B. 2.5　　　　　　C. 5　　　　　　D. 4

11. 在产品市场收入决定模型中，实际 GDP 高于均衡 GDP，意味着（　　）。

A. 储蓄大于实际投资　　　　　　　　B. 储蓄小于实际投资

C. 储蓄大于计划投资　　　　　　　　D. 储蓄小于计划投资

12. 对凯恩斯"基本心理规律"的正确表达是（　　）。

A. 随着收入的增加，消费也相应增加；而消费的增加又会促进收入的进一步增加

B. 收入的增长幅度总是大于消费的增长幅度

C. 消费额总是与人们的收入水平有关

D. 收入的增长幅度总是小于消费的增长幅度

13. 以下关于乘数的说法中，正确的是（　　）。

A. 边际消费倾向与乘数成反比

B. 乘数的作用是双向的

C. 乘数反映了收入变化如何引起投资的变化

D. 乘数的作用可无条件地实现

## 四、简答题

1. 产品市场上国民收入均衡时，计划存货投资和非计划存货投资是否都为零？

2. 能否说边际消费倾向和平均消费倾向都总是大于零而小于 1？

3. 投资为什么对国民收入具有乘数作用？

4. 凯恩斯认为消费与收入之间存在着怎样的关系？

5. 简述边际消费递减规律。

## 五、计算题

1. 在两部门的经济中，消费函数为 $C = 100 + 0.8y$，投资为 $I = 50$。试计算：

（1）均衡的国民收入和消费水平；

（2）该经济的投资乘数。

2. 在一个两部门经济中，已知消费函数 $C = 600 + 0.8Y$。当投资从 200 增至 300 时，试问：均衡收入变化了多少？

## 案例讨论

### 可口可乐的乘数效应

"2004 年可口可乐重返中国 25 周年，完全可以说可口可乐见证了中国的改革开放。" 可口可乐中国区总裁包逸秋对此十分骄傲。1979 年，中美建交的第三个星期，一批可口可乐从香港经广州，运到了北京。"我们可口可乐可以说是建国以来重返中国的第一个跨国品牌。"

这个 25 年前还 "洋味十足" 的饮料，在 25 年的时间里，其在中国市场的排名已经迅速攀升到第五位，并且成为增长最快的主要市场之一。"25 年了，可口可乐可以说已经非常融入中国社会。" 包逸秋十分看好中国的市场：可口可乐在中国提供了 40 多万个就业机会，每年为中央和地方税收部门直接或间接带来利税 16 亿元人民币。通过乘数效应，可口可乐系统每年使中国经济增加 300 亿元的产值。

一份 1999 年的市场调查显示：85% 的中国消费者知道可口可乐品牌，可口可乐几乎变成了中国人自己的可乐，并连续八年被选为中国最受欢迎的饮料。同时，截至 2004 年，可口可乐在中国的捐资总额达到 4000 万元人民币，成为中国社会公益事业最积极的倡导者和参与者之一。

根据以上案例，结合投资乘数理论，分析讨论可口可乐的投资对我国的经济发展有什么影响。

# 第十章 货币市场

1. 中央银行的职能;
2. 货币供给四个概念:$M_0$、$M_1$、$M_2$、$M_3$;
3. 货币需求三种类型:交易需求、预防需求、投机需求;
4. 货币创造乘数含义;
5. 货币市场的均衡。

1. 能够运用货币市场均衡理论来解释利率变化;
2. 能够运用货币创造乘数理论解释货币创造的过程。

能够结合本章的知识对中央发布的货币政策进行分析。

1984 年,中国人民银行建立了存款准备金制度。20 多年来,存款准备金率经历了多次调整。尤其是近几年,我国的存款准备金调整很频繁。以 2011 年为例,央行以每月一次的频率,连续四次上调存款准备金率,如此频繁的调升节奏历史罕见。2011 年 6 月 14 日,央行宣布上调存款准备金率 0.5 个百分点。这也是央行年内第六次上调存款准备金率。2011 年 12 月,央行三年来首次下调存款准备金率;2012 年 2 月,存款准备金率再次下调。

什么是存款准备金?存款准备金的上升和下降对货币供给有什么影响?

## 第一节 金融制度

金融制度是一个国家用法律形式所确立的金融体系结构,以及组成这一体系的各类银行和非银行金融机构的职责分工和相互联系，即金融制度是指银行系统及其相应的制度规定。它是在长期发展中逐渐形成的，已演化成复杂而又脉络清晰的系统。构成西方国家金融制度主体的是中央银行和商业银行。

## 一、中央银行

中央银行是专门从事货币发行、办理对银行的业务、监督和管理金融业、执行国家经济政策的特殊金融机构。中央银行是在商业银行的基础上，经过长期发展逐步形成的。历史上，中央银行制度产生、发展到基本完善，经历了三个阶段：中央银行制度的初始期（17世纪到19世纪）、中央银行制度的普遍推行时期（19世纪末至20世纪中叶）、现代中央银行制度的形成时期（20世纪中叶以后）。世界各国中央银行的形成基本上循着两条道路：一是商业银行逐步演变而成的传统功能型的中央银行，如英国的英格兰银行；二是成立之时就履行相应职责的中央银行，20世纪以后建立的中央银行多是这种形式。

### （一）中央银行的职能

1. 发行的银行

中央银行是发行的银行。这一职能是指中央银行服务于社会和经济发展，供应货币，调节货币量，管理货币流通的职能。

（1）中央银行必须根据经济发展和商品流通扩大的需要，保证及时供应货币。

（2）中央银行必须根据货币运行状况合理调节货币数量。一方面为经济发展创造良好的货币环境，促进经济和社会稳定；另一方面，推动经济持续协调增长。

（3）中央银行要依法管理货币发行基金，严格控制货币投放，加强现金管理，做好货币印制、庆典、报关、运输、收兑等方面的工作。

2. 银行的银行

中央银行是银行的银行。这一职能是指中央银行服务于商业银行和整个金融机构体系，履行维持金融稳定、促进金融业发展的职责。其具体体现在以下方面。

（1）中央银行集中商业银行的存款准备

按现行制度，中央银行负责保管商业银行法定存款准备金和一部分超额存款准备。

为了保障存款者的利益和整个社会金融市场的良好秩序，在法律上一般硬性规定商业银行必须保持一定比例的现金，这个法定的比例即为法定准备金率。按法定准备金率提留的准备金即为法定准备金。

$$法定准备金率\ r_d = \frac{准备金}{存款总额}$$

这种存款准备制度的意义在于，一方面保证商业银行的清偿能力，应对客户的提存需要，从而保护存款人的利益、保障商业银行的自身安全；另一方面，相对节约整个社会存款准备数量，同时为中央银行调节信用规模、控制货币供给量创造条件。法定准备金制度为中央银行执行货币政策奠定了基础。

（2）中央银行充当最后贷款人

在商品经济发展过程中，不可避免地会由于经济波动而引发金融危机。这不但会影响经济的健康发展，还会对经济造成破坏。为避免这类事情的发生，中央银行充当最后贷款人，通过再贷款、再贴现等手段，向资金周转困难的商业银行提供流动资金，补充其流动性的不足。

再贴现是指商业银行在需要现金时往往将未到期的票据到中央银行换取现金的过程。在此过程中，中央银行可以根据自身的目标制定相应的贴现率水平。再贴现制度为中央银行执行货币政策奠定了基础。

（3）中央银行是全国资金划拨与清算中心

如前所述，中央银行对全国范围内的电子资金划拨系统、商业银行各应收应付款项进行清算，同时对商业银行调拨资金提供划转服务。这不但有利于加快社会资金周转、节约资金成本，而且对于提高资金使用效率具有重要意义。

3. 国家的银行

中央银行是国家的银行，是指中央银行对一国政府提供金融服务，同时中央银行代表国家从事金融活动，实施金融监管。具体从以下几个方面表现出来。

（1）中央银行代理国库收支。从世界范围来看，大多数国家中央银行都负有代理国库的职责。各级财政部门在中央银行开立账户，国库资金的收缴、支出、拨付、转账结算等均委托中央银行无偿办理。此外，中央银行还代理国库办理公债券、国库券的发行和还本付息事宜。

（2）中央银行向政府融资。中央银行对国家提供贷款，在国家财政状况稳定的情况下，中央银行以国库券贴现或国家债券抵押的形式向国家提供贷款。当国家财政出现经常性赤字时，中央银行贷款就会成为国家财政弥补财政赤字、平衡财政收支的手段。

（3）中央银行保管国家黄金外汇储备。一国黄金外汇储备数量的多少是一国国力强弱的标志，也是一国维持对外经济活动稳定的物质条件。中央银行负有持有和管理国家黄金外汇储备的责任。

## （二）中央银行的主要业务

中央银行要履行自己的职能，就必须经营一定的业务。不过，中央银行的业务活动与商业银行有明显的不同，即不以盈利为目标，不与一般金融机构争利，最大限度地保持其资产的流动性。其具体业务可归纳为负债业务、资产业务和中间业务三大类。

1. 负债业务

中央银行的负债业务主要包括货币发行、代理国库、集中存款准备金等业务。

（1）货币发行业务。中央银行发行的货币主要是通过对商业银行及其他金融机构提供贷款、接受商业票据的再贴现、在公开市场上购买有价证券以及收兑黄金、白银、外汇等方式投入流通的。

（2）代理国库业务。在通常情况下，政府都要赋予中央银行代理国库的职责，财政预算的收入和支出都由中央银行代理。中央银行代理国库不仅可以积聚大量资金，还可以降低其总的筹资成本。

（3）集中存款准备金业务。中央银行集中的准备金存款，包括法定准备金存款和超额准备金存款（含备付金）两个部分。开展这项业务的意义一方面在于集中各家银行及其他金融机构自存的准备金，充分发挥资金作用，以满足社会对资金的需要；另一方面还在于控制银行及其他金融机构的放款规模，对宏观经济进行调节。

2. 资产业务

中央银行的资产业务主要有贷款、再贴现、有价证券买卖、黄金外汇储备等。

（1）贷款业务。即中央银行对商业银行和其他金融机构的贷款，其目的在于弥补它们短期资金的不足。

（2）再贴现业务。再贴现是商业银行为了弥补自有资金的不足，将其由贴现所取得的未到期票据，请求中央银行再办理贴现的行为。这是中央银行向商业银行融通资金的主要方式之一，也是中央银行实现宏观调控的一项重要手段。

（3）有价证券买卖业务。它是指中央银行在金融市场上公开买卖有价证券的一项业务，其目的不在于盈利，而是为了调剂资金，起到稳定金融局势、调节货币流通的作用。

（4）黄金外汇储备业务。各国中央银行基于稳定货币流通和发展国际交往的需要，通常需要保留一定数量的金银和外汇储备。而保留金银和外汇储备就必然要占用中央银行的资金，储备数量的增减（买卖）即为中央银行的资产业务之一。

3. 中间业务

中央银行的中间业务主要是资金清算业务，它是中央银行金融服务职能的具体反映。具体包括三项，即集中办理票据交换、结清交换差额和办理异地资金转移。

（1）集中办理票据变换。同城或同一地区商业银行之间的票据交换业务通常是在票据交换所进行的。而票据交换所作为各银行之间清算应收应付款项的集中场所，是中央银行的重要业务部门之一。

（2）结清交换差额。各清算银行，即参加票据交换所交换票据的银行或金融机构，均在中央银行开设活期存款账户，存有一定数额的备付金，票据交换出现的应收或应付的差额，通过在中央银行存款账户间的划转即可完成。

（3）办理异地资金转移。各国异地银行间远距离资金的划拨均由中央银行统一办理。概括起来，有这样两种做法：一种是先由各商业银行通过内部联行系统划转，最后由其总行通过中央银行办理转账清算；另一种是把不同银行的异地票据统一集中到中央银行总行，一并办理轧差转账。

## 二、商业银行

商业银行是伴随着商品货币经济和信用制度的发育成长而产生和发展起来的。"商业银行"这个名称在英美等国最为通用，西欧各国习惯上称其为信贷银行（Credit Bank），有的国家（如日本）将其称为存款银行，国际货币基金组织将其称为存款货币银行。

随着工商业和商品经济的不断发展，资金的市场需求越来越呈现多样化趋势，对金融服务的要求也不断发生变化。由于银行间竞争的加剧和盈利动机的驱动等多种原因，其业务种类和经营范围日益扩大，最终演变成为一种综合性、多功能的银行。它能够提供多种类型和期限的贷款，为客户提供多种金融服务，并参与金融市场的投资，其业务经营的内容已经与其名称不相符，但由于历史的延续和人们的习惯，商业银行这一名称一直沿用至今。如果将商业银行的经营目标、主要经营内容和机构性质特点等结合起来，就可以简单地给出一个商业银行的定义：商业银行是以获取利润为经营目标、以多种金融资产和金融负债为主要对象、主要经营工商业放款同时又具有综合性服务功能的金融企业。

### （一）商业银行的职能

#### 1. 信用中介职能

这是商业银行最基本、最能反映其经营活动特征的职能。这一职能表现为：银行通过其负债业务，把社会上的各种闲散货币资金集中起来，再通过资产业务，把它投向社会经济各个部门。银行是作为货币资金的贷出者和借入者的中介人来发挥作用的，既达到了融通社会资金的目的，又从贷款利息收入、投资收益和吸收资金成本的差额中获取基本收入，形成银行利润。

#### 2. 支付中介职能

商业银行既是信用机构，又是经营货币的机构。在经营货币的过程中，商业银行为客户保管货币，代客户支付货款和各种费用，为客户兑付现金等，这种职能就是支付中介职能。之所以称为支付中介，是因为商业银行在经营活动中事实上充当着工商企业、社会团体、个人等的货币保管者、出纳者和支付代理人。从全社会的角度看，商业银行实际上成了国民经济的"总出纳"和"公共簿记"，是一个办理支付、结算和现金出纳的社会中介机构。

#### 3. 调控媒介职能

商业银行并不是专门的经济和金融调控机构，但是通过其自身的业务活动，客观上对经济和金融活动从多个方面发挥了调控功能。例如，通过放款和投资，从总量上和结构上调节企业的生产经济活动；通过办理消费信贷业务调节和引导消费；通过利用国际金融市场筹借外资，可增加国际收支平衡表中的资本输入项目、调节和平衡国际收支等。其中，最能体现调节功能的是商业银行充当中央银行货币政策的传导媒介。

#### 4. 金融服务职能

商业银行凭借自身的优势，如社会联系面广、信用可靠、信息灵通、装备先进等，可以为客户提供各种服务，如信息咨询、自动转账、保管箱、代发工资、代理各种费用支付、代理买卖有价证券等。商业银行发挥这种服务职能，既是现代经济生活多样化、企业经营环境复杂化的客观要求，也是银行间及银行与各种金融机构间激烈竞争的结果。

#### 5. 信用创造职能

这一职能表现在两个方面：一是随着信用制度的发展，商业银行在银行信用的基础上创造了可以代替货币的信用流通工具，如银行券和支票，这种信用流通工具代替现实货币流通,因而相对扩大了流通手段和支付手段,扩大了社会信用量;二是商业银行能够经营各种存款业务,尤其是可以签发支票的活期存款业务。

## (二)商业银行的业务

商业银行经营的业务很多,按客户的国别不同,可以分为国内业务和国际业务;按经营业务间的相互联系,可分为基本业务和派生业务;按经营业务的性质,可以分为负债业务、资产业务和中间业务。负债业务和资产业务合称为信用业务,中间业务属于服务性业务。

1. 负债业务

商业银行是经营货币资金的企业,负债业务是商业银行最基本和最重要的业务,商业银行通过负债业务来筹集资金,这是商业银行经营的基础。负债规模决定了商业银行的资产规模。负债业务主要包括资本金业务和吸入资金业务两类。资本金业务是银行的自有资本业务,吸入资金业务又有存款业务和借款业务之分,其中存款业务最为重要。

(1)自有资本业务

商业银行作为金融企业,和其他工商企业一样,必须具备一定数额的自有资本。商业银行拥有的资本越雄厚,越能得到存款人的信任并吸收更多的存款。由于银行的组织形式不同,银行资本金的来源也有所不同。凡是由国家组织的商业银行,其资本金主要来自政府财政拨付的信贷基金;凡是以公司形式组织的商业银行,其资本金来自股份资本、储备资本及未分配利润。当然银行资本金也可能来自个人资本或合伙资本。资本金与银行的对外负债不同,它是商业银行对自身的负债。在现代银行中,资本金往往是其资金来源的一小部分,一般为全部资金来源总额的10%,而大部分的资金来源是吸入资金。

(2)存款业务

存款是商业银行负债业务中最重要的业务,是商业银行经营资金的主要来源,是商业银行全部经营中起支配作用的基本部分。商业银行存款的种类很多,按照不同的标准可作不同的划分。大多数商业银行是按提取方式划分存款种类的。

①活期存款

它是相对于定期存款而言的,是存户不需要预先通知便可随时提取或支取利息的存款。这种存款主要是为满足客户支取方便、运用灵活的需要,同时也是客户取得银行放款和债务的重要条件。活期存款是受政府、企业和个人欢迎的存款形式。

②定期存款

它是商业银行的又一重要资金来源。与活期存款不同，这是一种与存户预先约定期限，一般到期才能支取的存款。定期存款的特征是银行与客户之间有约定的义务，客户不能随时支取。在提前支取的情况下，银行有不同的处罚措施。另一方面，由于期限确定，定期存款支付的利息也比其他存款高。定期存款的期限通常为3个月、6个月和1年，也有3年、5年，甚至更长时间的，其利率随期限的长短而不同。

③储蓄存款

储蓄存款多是个人为积蓄货币和取得利息收入而开立的存款账户。这种存款通常由银行发给储户存折，作为存款和提款的凭证，不能据此签发支票，支用时只能提取现金或先转入储户的活期存款账户。储蓄存款通常限于个人和非营利组织。储蓄存款的利率比活期存款高，但比其他类型的存款低。从原则上讲，储蓄存款不能随时支取，但实际上银行和客户都是把它当作可以随时支取来对待的。

（3）借款业务

借款又称非存款性负债，是商业银行通过金融市场或直接向中央银行融通的资金。由于存款水平的波动，商业银行注重非存款性的来源，或将借款负债作为永久性资金来源或弥补法定准薪金的暂时不足，或应对紧急提款。

①向中央银行借款。商业银行为解决临时性或季节性的资金需要，可以通过再贴现、再抵押和再贷款的方式向中央银行借款。向中央银行借款的利率对银行贷款的利率水平有很大的制约作用，从而成为中央银行调节和控制银行信用规模的手段。

②银行同业借款。银行同业借款即银行同业拆借，是指商业银行向往来银行或通过同业拆借市场向其他金融机构借入短期性资金而形成的银行借款负债。

③回购协议。回购协议作为商业银行的一种借款方式，是指商业银行以出售政府债券或其他证券的方式暂时性地从客户处获得闲置资金，同时订立协议，约定在将来某一日再购回等量证券偿付客户的一种交易方式。

④市场借款。这是商业银行为筹集比较稳定的信贷资金或特定用途贷款的资金，通过向社会公开发行银行债券而形成的一种借款负债，发行金融债券是银行的一项特殊负债。金融债券、固定利率或浮功利率的定期存单以及本票等都是商业银行常用的市场借款工具。

2. 资产业务

商业银行的资产业务是指商业银行运用其经营资金从事各种信用活动的业务。主要有现金资产、信贷业务和投资业务三种形式。

（1）现金资产

商业银行吸收存款后要保持部分现金，现金资产为银行的一线准备。主要包括在中央银行的存款、库存现金、存放同业的存款和托收未达款。

（2）信贷业务

银行的信贷业务是指银行的贷款业务和贴现业务，是商业银行主要的传统业务。

①贷款业务。发放贷款成为银行主要的收入来源，通过向信用可靠的借款人发放贷款，建立和加强与客户的关系，还能增强银行出售其他金融服务的能力。

②贴现业务。贴现业务在形式上是票据的买卖，但实际上是一种特殊形式的放款。票据贴现，是指贷款人以购买借款人未到期的商业票据的方式发放的贷款。银行买进票据，等于通过贴现间接地给票据持票人发放了一笔贷款。因此，票据贴现是一种特殊形式的担保贷款。

（3）投资业务

商业银行的投资业务是指银行购买有价证券的活动，是商业银行一项重要的资产业务，是银行收入的主要来源之一。商业银行购买有价证券包括债券（国库券、公债券、公司债券）和股票。但对于股票购入，一般国家都加以限制或禁止。我国的商业银行投资品种也主要有政府债券、金融债券、企业债券或公司债券。

3. 中间业务

中间业务是指商业银行不需动用自己的资金，而是利用银行设置的机构网点、技术手段和信息网络，代理客户办理收款、付款和其他委托事项，收取手续费的业务。现代商业银行运用金融营销手段，不断开拓中间业务的新领域，从而使中间业务收入成为银行利润的重要组成部分。这些业务主要有以下几个方面。

（1）转账结算

转账结算又称非现金结算和划拨清算。它是指银行为那些用收取或签发书面的收款或付款凭证代替现金流通来完成货币收支行为的企业、单位或个人提供技术性中介服务。用划转客户存款余额的办法来实现货币收付的业务活动，是商业银行主要的中间业务之一。

（2）信托业务

信托业务是指银行以受托人的身份，接受客户委托代为管理、营运、处理有关钱财的业务活动，它是商业银行重要的中间业务。信托不同于代理，在信托关系中，托管财产的财产权即财产的占有、管理、经营和处理权，从委托人转到受托人，而代理则不涉及财产权的转移。

（3）租赁业务

租赁是指资产的所有权和使用权之间的一种借贷关系，即由所有者（出租人）垫付资金购买设备租给使用者（承租人）使用，并按期以租金形式收回资金。我国银行业从 20 世纪 70 年代末开始经营融资性租赁业务，主要由信托部经营。目前，由于实行分业经营，商业银行信托部取消了，所以该业务也被终止。

（4）保险箱业务

银行诞生后，把单纯保管货币扩展为代保管一切物品。出租保险箱是银行为顾客保管物品的较好形式，它可靠安全、保密性好、租金低廉。

（5）咨询服务业务

商业银行凭借广泛的信息来源、资深专家和现代化设备的优势，向政府、企业或个人提供咨询服务，包括财务分析、验资、资信调查、商情调查、金融情报等。

4. 表外业务

表外业务是指商业银行所从事的、按照现行的会计准则不记入资产负债表内、不形成现实资产负债，但能增加银行收益的业务。它是有风险的经营活动，表外业务有以下三种类型。

（1）担保类业务是指商业银行接受客户的委托对第三方承担责任的业务，包括担保（保函）、备用信用证、跟单信用证、承兑等。

（2）承诺类业务是指商业银行在未来某一日期按照事先约定的条件向客户提供约定的信用业务，包括贷款承诺等。

（3）金融衍生交易类业务是指商业银行为满足客户保值或自身货币头寸管理等需要，而进行的货币和利率的远期、掉期、期货、期权等衍生交易业务。

# 第二节　货币需求

## 一、货币需求

### （一）货币需求的含义

经济学意义上的货币需求是指人们愿意以货币形式拥有其收入和资产的一种需求，即人们愿意在手头上保存一定数量货币的要求。它包括两个基本要素：一是意愿，即人们得到或持有货币的意愿，这完全取决于其自身的经济利益，是权衡利息成本、预期收益及市场风险等因素后的一种选择；二是能力，即人们得到或持有货币的能力，受到其可支配收入和拥有财产的数额的制约。从这个角度来讲，货币需求就是一种由货币需求愿望和货币需求能力相互决定的特殊需求。

人们为什么愿意在手头上保存一定数量的货币呢？西方经济学家认为，货币是具有较强的流动性或说灵活性极强的资产。人们持有货币主要有以下三种动机：交易动机、预防动机和投机动机。三种动机分别对应以下三种货币需求。

## （二）货币需求种类

### 1. 货币的交易需求

货币的交易需求是指人们为了应对日常商品交易需要而持有货币的需求。在经济生活中，个人、家庭和单位为了满足消费需要或者从事经营活动而必须购买各种商品和劳务，满足这两种需要所持有的货币就称为出于"变易动机"的货币需求。货币交易需求的大小取决于个人的收入量，是收入的函数。

### 2. 货币的预防需求

货币的预防需求是指人们为了应对不测之需而持有一定量货币的需求。人们在日常生活和经营活动中可能会遇到各种意外情况或突发事件，而解决这些事情常常需要人们支付一定的代价，否则很可能会造成严重的后果。因此，人们出于谨慎和安全性的考虑，通常会准备一些货币以应对这些无法预计的突发事件，这就是"预防动机"的货币需求。同交易需求一样，货币的预防需求一般同货币收入水平密切相关，它与收入大体上成正比。

因此，如果用 $L_1$ 表示交易需求和预防需求所产生的全部货币需求量，用 $Y$ 表示收入，则这种货币需求量和收入的关系可以表示为：

$$L_1 = L_1(Y)$$

在一般情况下，人们的收入水平与货币需求成同方向变动。收入越多，消费支出必然增多；而支出越多，需要持有的货币也越多。

### 3. 货币的投机需求

货币的投机需求是指人们出于随时利用市场可能出现的有利生息机会而获利的目的所保持货币的一种需求。由于人们周围的许多东西，包括商品、证券、房屋等的价格经常会发生变动。如果你持有货币，你就可以等待时机，在较低的价格买进，再以较高的价格卖出，赚取差价以获利。

一般认为货币的投机需求与收入无关，只与利率有关。利率越高，货币的投机需求越小，利率越低，货币的投机需求越大。这是因为当利率水平较高时，一般证券价格较低，这时人们购入有价证券最为有利。

总之，对货币的投机需求取决于利率，并且与利息率的变动方向相反。如果用 $L_2$ 表示货币的投机需求，用 $r$ 表示市场利率，则这一货币需求量和利率的关系可以表示为：

$$L_2 = L_2 \, (r)$$

## 二、流动性陷阱

以上分析说明，对利率的预期是人们调节货币和债券配置比例的重要依据。利率与货币的投机需求成反方向变动，即利率越高，货币需求量越小。

当利率极高时，这一需求量等于零，因为人们认为这时利率不大可能再上升，或者说有价证券价格不大可能再下降，因而人们倾向于将所持有的货币全部换成有价证券。反之，当利率极低，例如2%时，人们会认为利率不大可能再下降，或者说有价证券市场的价格不大可能再上升而只会跌落，因而人们倾向于将所持有的有价证券全部兑换成货币。人们有了货币也决不肯再去购买有价证券，以免证券价格下跌时遭受损失。这时，人们不管有多少货币都愿意持在手中，这种情况被称为"凯恩斯陷阱"或"流动性陷阱"（Liquidity Trap），如图 10-1 所示。

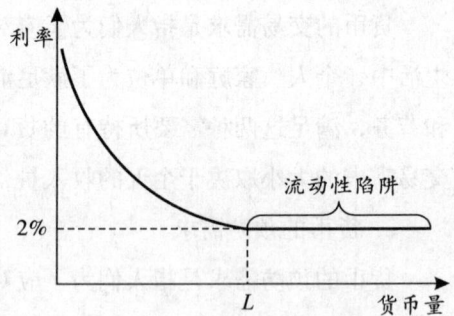

图 10-1　流动性陷阱

## 三、影响货币需求的因素

在现实生活中，决定和影响人们货币需求的主要因素有收入和利率，当然还有一些其他因素。下面将简要介绍一些。

### （一）物价水平和通货膨胀预期

物价水平与货币需求呈正相关关系。因为在物价水平上涨时，同样数量的商品和劳务需要有更多的货币与其相对应。而通货膨胀预期与货币需求则呈负相关关系。当预期通膨胀率上升时，人们担心货币会进一步贬值，转而购买实物资产而不愿保存货币，因而对货币需求会减少；反之，预期通货膨胀率下降时，货币需求会增加。

### （二）信用的发达程度

在现代经济条件下，信用制度健全，经济交易更多地采用信用交易方式，即使市场规模再大，对货币的需求也不会增加。人们可以容易地获得贷款和现金以及采用信用交易而不必持有太多的货币；而在一个信用制度不健全的社会里，人们要取得贷款或现金就不太容易，于是人们宁愿在手头多保留一些货币以方便支付，从而增加了整个社会的货币需求量。

### （三）交易成本与市场效率

金融市场效率高和交易成本低，意味着一个国家的信用比较发达，金融市场比较完善。在这种条件下，相当一部分交易可以通过债权债务相抵消来结算，于是可以减少作为流通手段的货币需求。由于金融市场比较完善，金融工具的品种多、选择性大、流动性强，人们可以在保证正常支付需要的前提下，减少货币的持有量而相应增加其他金融资产的持有量，以增加收益。

### （四）人们的预期和心理偏好

人们的预期和心理偏好都是一种心理因素，具有一定的复杂性和不确定性。一般而言，当人们预期企业利润趋于增强时，便会增加交易需求；相反，则会减少货币的交易需求。当人们预期证券投资收益丰厚时，就会减少货币需求量转而持有证券；预期证券投资收益微薄时，则会增加货币需求量而减少证券持有量。心理偏好全凭个人兴趣和社会媒体的诱导，若偏好货币，则货币需求量增加；若偏爱其他金融资产，则货币需求量减少。

## 四、货币需求函数

凯恩斯将货币需求定义为一定时期内人们能够而且愿意持有的货币量，并将人们的需求分为三个动机：即交易动机、预防动机和投机动机。凯恩斯认为，人们为满足交易动机和预防动机而需要持有货币的愿望构成了对消费品的需求，其归根结底由收入水平决定，两者呈同方向变化关系；而投机动机则构成对资本品的需求，其由利率水平决定，两者呈反方向变化关系。

对货币的总需求是人们对货币的交易需求、预防需求和投机需求的总和。货币的交易需求和预防需求决定收入，即 $L_1 = L_1(Y)$。为了便于理论分析，我们可以把交易和预防需求表示为 $L_1$（$Y$）$=kY$，其中 $k$ 代表货币需求量与收入的比例关系。货币的投机需求决定利率，即 $L_2 = L_2$（$r$）。特别地，为了便于说明，把 $L_2$（$r$）表示为 $L_2 = -hr$，$h$ 表示利率变动一个百分点时货币需求量的变动程度，负号表示 $L_2$ 与 $r$ 变动成反方向变动。

因此，货币的总的需求为：

$$L = L_1（Y）+ L_2（r）= kY - hr$$

货币需求函数可用图 10-2 来表示。

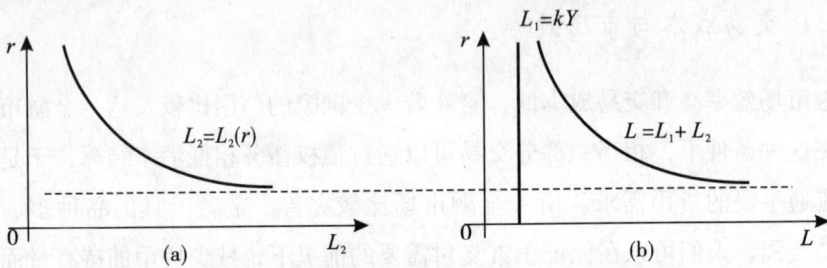

图 10-2　货币需求曲线

在图 10-2（a）中，$L_2$ 线表示货币投机需求曲线，向右下方倾斜，表示货币的投机需求量随利率下降而增加。但当利息率降低到一定程度之后，投机需求落入到"流动性陷阱"，因而呈现水平形状。在图 10-2（b）中，垂线 $L_1$ 表示满足交易动机和预防动机的货币需求曲线，它取决于收入，而与利息率无关，因而是一条垂直于横轴的直线。把图 10-2（a）中的 $L_2$ 向右平行移动 $L_1$，则得到图 10-2（b）中的货币需求曲线 $L$，即表示包括 $L_1$ 和 $L_2$ 在内的全部货币需求的曲线。这条货币需求曲线表示在一定收入水平上货币需求量和利率的关系，即利率上升时，货币需求量减少；利率下降时，货币需求量增加。

但是，货币需求量和收入水平的正向关系又是如何表现出来的呢？这需要通过在同一坐标图上画若干条货币需求曲线来表示。如图 10-3，图中三条曲线分别代表收入水平为 $Y_1$、$Y_2$ 和 $Y_3$ 时的货币需求曲线。可见，货币需求量与收入的正向变动关系是通过货币需求曲线向右上方移动来表示的。例如，当利率相同时（如都为 $r_1$），则在收入

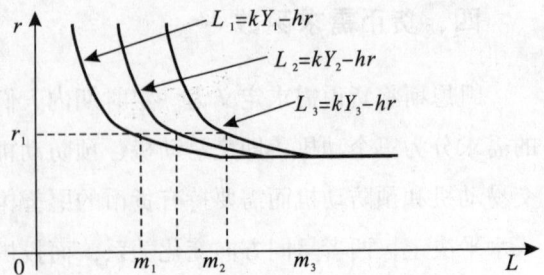

图 10-3　收入对货币需求的影响

分别为 $Y_1$、$Y_2$ 和 $Y_3$ 时，实际货币需求量分别为 $m_1$、$m_2$ 和 $m_3$。由 $m_1 < m_2 < m_3$，即 $L_1 < L_2 < L_3$，可推出 $Y_1 < Y_2 < Y_3$。

## 第三节 货币供给

### 一、货币的含义和职能

经济学通常将货币定义为公众普遍接受的对商品、劳务和债务的一种金融支付手段。货币在社会经济生活中起到了重要的作用。在发达商品经济中，货币通常具有以下五种主要职能。

• 流通手段：是指货币充当经济社会中商品之间交换的一种媒介。这是货币最主要的职能。正是由于这种职能，才避免了物物交换的种种不便，使整个国民经济的商品交换顺利进行。执行流通手段职能的货币，必须是现实的货币，而不能是观念上的货币。商品流通过程的公式是：商品—货币—商品。

• 价值尺度：是指货币充当衡量商品所包含的价值量大小的尺度，作为计价单位或记账的单位。货币本身也具有价值，所以商品和劳务的价值可用它来衡量和表示，从而可以方便地进行比较。

• 贮藏手段：是指货币退出流通领域，而被当作独立的价值形式和社会财富的一般代表保存起来。执行贮藏手段职能的货币，既不是观念上的货币，也不是作为价值符号的货币，而必须是足值的金属货币或金属条块，起着蓄水池的作用，自动调节着流通中的货币量。

• 支付手段：是指货币在商品赊购赊销过程中的延期支付功能，以及用于清偿债务或支付租金、工资等的职能。延期支付的原因主要有两点：一是工资的支付有一段时间间隔，为了应付日常的不断支出，需要存有一定数量的货币；二是出于各种各样非预期的突然性的支出需要。货币作为支付手段，一方面暂时缓解了因缺乏现金而不能进行交易的矛盾；另一方面也扩大了商品经济的债务关系矛盾，如果一方的债务链条中断，会使整个经济社会的信用遭到重创。

• 世界货币：是指货币越出国内流通领域，在世界市场上执行一般等价物的作用。货币执行世界货币的职能，其实是货币其他职能在世界范围内的延伸，一般只限于贵金属，如金和银。各国发行的纸币中少数信誉较好的如欧元、美元等，也可以充当世界货币。

## 二、货币供给

### （一）货币供给的含义

货币供给是一国经济中货币投入、创造和扩张（收缩）的全过程，它是一个动态概念。货币供给量是指一个国家在某一时点上保持的不属于政府和银行所有的硬币、纸币和银行存款的总和。也可以理解为，除中央银行和金融机构以外的各经济部门、企业和个人可用于交易的货币，都是货币供给量的组成部分。货币供给量决定于国家的经济政策，按照货币政策，由中央银行控制货币供给量的大小。

### （二）货币供给量划分

货币供给量按照不同的标准可划分为若干不同的层次。国际货币基金组织对货币供应量层次的划分采用两个口径："货币"和"准货币"。"货币"相当于 $M_1$，即商业银行以外的通货加私人部门活期存款之和；"准货币"等于定期存款、储蓄存款和外币存款之和，"货币"加"准货币"相当于 $M_2$。

我国的货币供应量划分为 $M_0$、$M_1$、$M_2$、$M_3$（目前暂未公布其统计数字）四个层次。其中，$M_0$ 为通货，$M_1$ 为狭义的货币量；$M_2$、$M_3$ 为广义的货币量。

$$M_1 = 现金 + 活期存款$$

$$M_2 = M_1 + 商业银行的定期存款$$

$$M_3 = M_2 + 各金融机构发行的大额定期存单$$

考虑到物价变动的因素，货币供给可进一步区分为名义货币量和实际货币量。名义货币供给表示无论货币购买力如何而仅计算其票面值的货币量；实际货币量则是剔除了物价变动因素以后，即货币的购买力的大小。实际货币量是通过物价指数折算的，是名义货币量的换算值。用公式表示为：

$$实际货币量\ m = \frac{名义货币量\ M}{物价指数\ P}$$

例如，已知名义货币量 $M = 220$ 元，价格水平 $P = 1.1$，则实际货币量为 $m = 220 \div 1.1 = 200$ 元。这里为了便于分析，我们把价格总水平的影响忽略不计，将名义货币量等同于实际货币量。在现实生活中，当物价水平上升时，我们对名义货币量和实际货币量的体会更明晰。虽然手中的货币量没有发生变化，即名义货币量不变，但由于物价水平普遍上升，导致以手中的货币能买到的商品的量反而越来越少，即货币的购买力下降了。实际货币量随着物价水平的上升不断下降。

### 三、存款创造

商业银行的存款有原始存款和派生存款之分。派生存款是相对于原始存款而言的，这两种存款在银行贷款规模的决定和对社会货币供应量的影响方面发挥着不同的作用。原始存款即银行的最初存款，它是指商业银行接受客户的现金而直接形成的存款。派生存款是指商业银行以原始存款为基础，通过放款、贴现和投资等业务引申出来的存款，又称衍生存款或引申存款。简言之，派生存款是由银行自身发放贷款而创造出来的存款。

为了说明商业银行体系是如何创造信用的，我们假定：第一，银行体系由中央银行及多家商业银行组成；第二，活期存款的法定准备金率为20%；第三，客户将其一切货币收入都存入银行体系；第四，准备金由库存现金及在中央银行的存款组成；第五，各商业银行只保留法定准备金而不持有超额准备，其余均用于贷款或投资。

假设客户甲向中央银行出售证券获得 10 000 元，并以活期存款的形式存入 A 银行。由于法定准备金率为20%，A 银行只需以 2 000 元（10 000×20% =2 000）作为准备金，其余的 8 000 元全部贷出。

假定 A 银行将 8 000 元贷给客户乙，乙以借到的 8 000 元全部用来向 C 购买商品，C 将收到的 8 000 元存入 B 银行。B 银行在接受 C 的 8 000 元活期存款后，以20%的比率保留 1 600 元（8 000×20% = 1 600）准备金，而将其余的 6 400 元全部贷出去。

假定 B 银行将 6 400 元贷给客户丙，而丙又全部用来购买 D 的商品，D 将收到的 6 400 元全部以活期存款的形式存入 C 银行，C 银行依法留出 1 280 元（6 400×20% = 1 280）作为准备金，其余的 5 120 元全部贷出。C 银行将 5 120 元贷给丁，丁又用于购买……这个过程可以无限继续下去。在这个过程中，每家银行都在创造存款，法定准备金的增加过程等于最初的原始存款增加额。这也意味着由原始存款增加引发的存款扩张过程实际也是这笔原始存款全部转化为法定准备金的过程。此过程需借用数学中的等比递减数列求极限和的方法，即可得出以下结果。

若以 $R$ 表示原始存款，$D$ 表示经过派生的存款总额，$r_d$ 代表法定准备金率，则：

$$D = 10\ 000 + 10\ 000\ (1-20\%)\ + 10\ 000\ (1-20\%)^2 + 10\ 000\ (1-20\%)^3 + \cdots + 10\ 000\ (1-20\%)^n$$

当 $n$ 趋近于无穷大时，利用等比递减数列求极限和的公式，可得：

$$D = 10\ 000/20\% = R/r_d = 50\ 000\ （元）$$

派生存款总额 = $D - R$ = 50 000 − 10 000 = 40 000（元）

在上面例子中，如果假定这笔原始存款来自于中央银行增加的一笔原始货币供给，则中央银行新增一笔原始货币供给将使活期存款总和（即货币供给量）扩大为这笔新增原始货币供给量的 $1/r_d$ 倍。

这个 $1/r_d$ 被称为货币创造乘数，它等于法定准备率的倒数。在上例中，货币创造乘数为 5，即增加一笔原始货币会使经济系统中的货币供给量增加 5 倍。

从上面的分析可知，货币的供给不能只看到中央银行起初投放了多少货币，而必须更为重视派生存款或者说派生货币，即由于货币创造乘数作用而增加的货币供给量。而货币创造乘数的大小和法定准备率有关，法定存款准备率越大，货币创造乘数就越小，原始存款创造的货币增量就会越少。这是因为，准备率越大，表明商业银行吸收的每轮存款中可用于贷款的份额越小，因而下一轮存款就越少。

当然货币创造乘数也是一把双刃剑。当中央银行增加原始货币供给时，货币供给量会多倍地增加；而当中央银行减少原始货币供给时，货币供给量就会多倍地减少。可见货币创造乘数在调整货币总供给量的作用上起到非常显著的作用。因此，中央银行为解决经济问题而达到某种经济目标时，就会采取调整货币创造乘数的方法，即变动法定准备率的手段对经济实施调控。这部分将在政府宏观经济政策章节中具体讲述。

## 四、货币供给机制

货币供给机制是指在经济运行中，货币从哪里来，通过什么途径进入流通，从而形成连续不断的货币运动的一套体系。在现代信用货币制度下，一国的货币供给是由中央银行创造信用的机制和商业银行扩张信用的机制共同发挥作用完成的。

### （一）中央银行创造信用

中央银行创造信用是通过以下途径完成的。

首先，中央银行对商业银行和其他金融机构发放再贷款和再贴现，增加商业银行在中央银行的存款，这部分基础货币经由各金融机构的贷款转化为企业与个人的存款和现金，进入货币流通领域。

其次，中央银行在证券市场进行公开市场业务操作，向商业银行或企事业单位和个人购买证券，这会增加商业银行在中央银行的存款，也会增加社会公众在商业银行的存款，以此扩大中央银行和商业银行的信贷资金来源，通过扩大贷款增加货币供应量。

最后，中央银行作为银行的银行，其释放出的货币供应量是银行体系扩张信用、创造派生存款的基础，因而把中央银行供应的货币量称为"基础货币"，其具有极强的倍数扩张能力；把中央银行提供的再贷款称为"高能贷款"，它也具有创造派生存款、扩张信用规模的能力。

## （二）商业银行扩张信用

商业银行是具有经营货币信用的金融机构，从存贷业务角度看，其需通过吸收存款获取资金来源，以发放信贷资金，保持负债与资产的均衡关系。尽管商业银行没有货币发行权，不具备信用创造的功能，却具备在中央银行再贷款放出货币的基础上创造派生存款、扩大信用、扩大货币供应量的能力。商业银行的存款分为原始存款和派生存款，原始存款是商业银行扩张信用的基础，派生存款则是商业银行运用原始存款，发放贷款转而生成的存款。商业银行吸收原始存款，形成其负债，必然要运用这部分资金来源发放贷款，由贷款派生出的存款，又可被银行贷出，再派生出另一笔存款。这样，存款、贷款反复进行，派生出大量存款，随之增加大量贷款，扩大了信用规模，自然扩大了流通中的货币供应量，最终完成了商业银行的信用扩张。

## （三）货币供给

中央银行为了使商业银行信用扩张完成的货币供应量与社会实际需要量相吻合，通常采用以下两方面的调控措施。一是调节存款准备金率。存款准备金率与货币乘数成反比，当存款准备金率调高时，商业银行存入中央银行的存款增加，能用于贷款的资金减少，货币乘数缩小，商业银行的信用扩张能力就减弱，货币供应量随之减少；反之，则会增强。二是调节基础货币供应量。当商业银行货币乘数确定时，中央银行以再贷款利率和再贷款规模改变商业银行的原始存款量，以控制其信用扩张的原始基础。

# 第四节 货币均衡

## 一、货币市场均衡的含义

货币市场均衡是指货币供应量与经济发展所需要的货币需求量基本一致。基本一致不同于数学意义上完全相等的概念，这是因为经济学所研究的数量和数量的关系由于受种种条件限制，很难准确测量其数值。所以，货币均衡仅仅表现和反映有关变量之间存在的趋同或协调的状态。这种状态用公式表示为：

$$货币供给 = 货币需求$$

在现实经济生活中，货币非均衡（货币失衡）是一种常见的经济现象。当货币供给量与客观经济过程对货币的需求不一致时，就出现了货币失衡现象。一般来说，货币的非均衡或失衡有两种情况：一种是货币不足，即货币供给小于货币需求，表现为经济停止增长或负增长、商品严重积压、失业率上升；另一种是货币过多，即货币供给大于货币需求，表现为商品不足、物价迅速上涨、经济增长速度减缓。

货币均衡的实质是市场上商品供给和用货币购买力表示的商品需求之间的均衡。因此，所谓货币均衡，应当是对国民经济中出现的这种状态的描述：待交易的商品与劳务能够迅速转换为货币，流通中的货币能够迅速转换为商品或劳务；物价相对稳定，经济持续、稳定地增长。在这种状态下，不存在由于购买手段不足而引起的商品大量积压和企业开工严重不足的现象，也不存在由于购买手段和支付手段过剩而引起的商品供给不足和物价上涨的现象。

## 二、利息率的决定

### （一）货币市场均衡决定利息率

依照凯恩斯理论，利息率由货币市场的均衡所决定。货币供给量是由国家用货币政策来调节的，因而是一个外生变量，其大小与利率高低无关，因此货币供给曲线是一条垂直于横轴的直线。如图 10-4 所示。

在图 10-4 中，直线 $m$ 表示实际的货币供给，$L$ 表示货币需求。货币供给曲线和货币需求曲线的交点 $E$ 决定市场利息率的均衡水平 $r_0$，它表示，只有当货币供给等于货币需求时，货币市场才达到均衡状态。

如果市场利率 $r_1$ 低于均衡利率 $r_0$，则货币市场中货币需求大于货币供给。这时人们感到手中持有的货

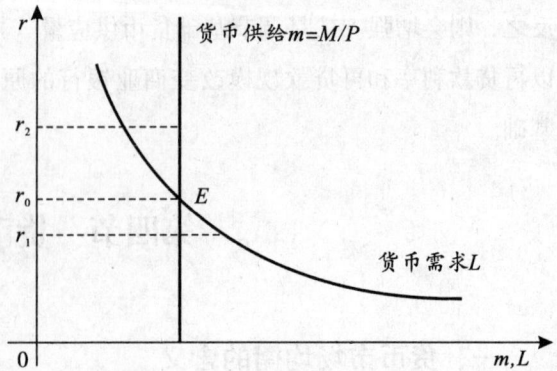

图 10-4　货币市场中利率的决定

币太少，就会卖出有价证券，证券价格就要下降，即利率上升。利率上升，一方面会减少投机动机对货币的需求，另一方面也会抑制投资，从而使国民收入 $Y$ 下降，进而减少人们对货币的交易需求。于是，利率上升、对货币需求的减少，一直要持续到货币供求相等时为止。

相反，当市场利率 $r_2$ 高于均衡利率 $r_0$ 时，货币供给大于货币需求，这时人们感到手中持有的货币太多，就会用多余的货币购进有价证券。于是，有价证券价格上升，即利率下降。利率下降，一方面会增加对货币的投机需求，另一方面又刺激投资，从而使国民收入 $Y$ 水平上升，进而增加人们对货币的交易需求，这种情况也一直要持续到货币供给相等时为止。

因此，只有当货币供求相等时，利率才不再变动，货币市场达到均衡状态。

## （二）利息率的变动

与市场理论中商品价格的决定和变动类似，在货币市场中，货币需求和货币供给的变动也会引起市场均衡利息率的变动。

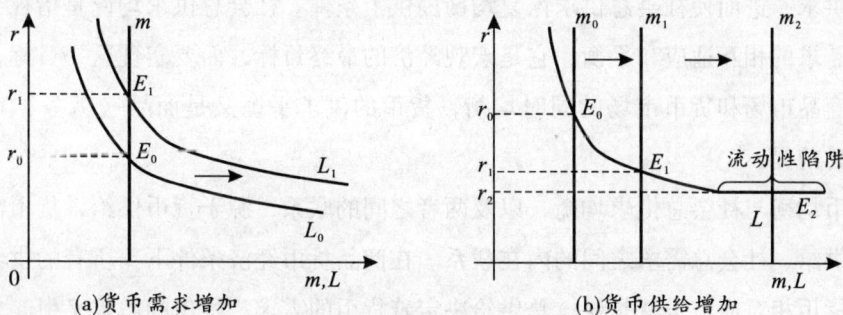

**图 10-5 利息率的变动**

1. 货币供给不变时货币需求变动

如图 10-5（a）所示，当货币供给 $m$ 不变，而人们对货币的交易需求或投机需求增加时，货币需求曲线就会向右上方移动，由 $L_0$ 移动到 $L_1$，可见均衡利率就会从 $r_0$ 上升到 $r_1$。

因此，货币供给不变时，货币需求增加会引起均衡利率的上升；相反，货币需求减少则会引起均衡利率的下降。

2. 货币需求不变时货币供给变动

如图 10-5（b）所示，当货币需求 $L$ 不变，而中央银行对货币的供给增加时，货币供给曲线就会向右上方移动，由 $m_0$ 移动到 $m_1$，可见均衡利率就会从 $r_0$ 下降到 $r_1$。

因此，货币需求不变时，货币供给增加会引起均衡利率的下降；相反，货币供给减少则会引起均衡利率的上升。

需要注意的是，中央银行不断扩大货币供给时，均衡利率不会一直下降，如图 10-5（b）中，当货币供给曲线由 $m_1$ 移动到 $m_2$ 时，可见均衡利率下降到 $r_2$ 水平后，不再继续下降。这就是凯恩斯所说的"流动性陷阱"。此时不管货币供给曲线向右移动多少，即不管政府增加多少货币供给，都不可能再使利率下降。

### 三、货币均衡与社会总供求均衡

在任何一种经济体内，社会总供给与社会总需求的均衡都非常重要。在物物交换的条件下，供给同时创造出需求，社会总供求均衡得以自动实现。在现代货币经济中，总供求均衡常常被打破。货币的出现使得买卖相分离，这为总供求的失衡提供了技术上的可能性。货币供求失衡与社会总供求失衡互为条件、互为因果，从而使社会总供求失衡成为经济运行的常态。当然，货币的存在，也给货币当局运用货币政策调节货币供求，进而使社会总供求恢复均衡提供了条件。社会总供求均衡是指社会总供给与总需求的相互适应和平衡，它是宏观经济的最终目标，而要实现这一目标，就必须实现商品市场和货币市场的同时均衡，货币的供求平衡又是商品（劳务）市场供求平衡的前提。

货币均衡与社会总供求均衡，以及两者之间的联系，源于货币供给、货币需求与社会总供给、社会总需求之间的内在联系。在商品货币经济条件下，所有的供给均与等值的货币相对应，也就是说，总供给决定着货币的需求；货币的需求又引起货币的供给，并制约货币供给的数量；而货币供给则是社会总需求实现的手段和载体，总需求的规模受制于货币供给的规模；总供给与总需求之间在通常情况下是总需求制约着总供给。

### 四、货币均衡的实现条件

在现代经济条件下，一切经济活动必须借助于货币的运动，货币收支把整个国民经济的各个部分和各个要素有机地联系在一起。一定时期内的国民经济状况必然要通过货币的均衡状况反映出来。因此，实现货币均衡要依赖于一系列的客观经济条件和有效的调控手段。

第一，调整货币供给量。中央银行调控的主要手段有法定存款准备金率、再贴现率和公开市场业务等。以此来适应货币需求的变动、控制货币供应量是实现货币均衡的关键。

第二，保持财政收支基本平衡。巨额财政赤字的出现往往迫使政府向中央银行透支或借款，进而迫使中央银行大量发行货币。货币的财政发行必然会导致货币供求失衡，严重时会引发通货膨胀。

第三，较合理的产业结构和产品结构。产业结构的严重失衡使得发展过快的部门对某些产品产生过旺的需求，加大了这些产品价格上涨的压力；相反，发展过慢的部门，由于需求过低，造成产品积压，影响生产的正常进行。产业结构、产品结构不合理会引起商品供求结构失衡，也会导致货币供求失衡。

第四，保持国际收支基本平衡。由于国际收支不平衡，出现大量顺差或逆差均会引起本币对外币的升值或贬值，直接影响到国内市场价格的稳定。在开放条件下，国际收支平衡是保证国内市场供求平衡和货币均衡的重要条件之一。

## 本章小结

1. 中央银行是发行的银行、银行的银行和国家的银行。

2. 为了保障存款者的利益和整个社会金融市场的良好秩序，法律上一般硬性规定商业银行必须保持一定比例的现金，这个法定的比例即为法定准备金率。按法定准备金率提留的准备金即为法定准备金。

$$法定准备金率\ r_d = \frac{准备金}{存款总额}$$

3. 再贴现是指商业银行在需要现金时持未到期的票据到中央银行换取现金的过程。

4. 负债业务是商业银行最基本和最重要的业务。

5. 货币需求是指人们愿意以货币形式拥有其收入和资产的一种需求，即人们愿意在手头上保存一定数量货币的要求。

6. 货币的交易需求是指人们为了应对日常商品交易需要而持有货币的需求。货币的预防需求是指人们为了应对不时之需而持有一定量货币的需求。如果用 $L_1$ 表示交易需求和预防需求所产生的全部货币需求量，用 $Y$ 表示收入，则这种货币需求量和收入的关系可以表示为：$L_1 = L_1\ (Y)$。在一般情况下，人们的收入水平与货币需求成同方向变动。

7. 货币的投机需求是指人们出于随时利用市场可能出现的有利生息机会而获利的目的所保持货币的一种需求。如果用 $L_2$ 表示货币的投机需求，用 $r$ 表示市场利率，则这一货币需求量和利率的关系可以表示为：$L_2 = L_2$ $(r)$。货币的投机需求取决于利率，并且与利息率的变动方向相反。

8. 当利率极低，如2%时，人们会认为利率不大可能再下降，或者说有价证券市场价格不大可能再上升而只会下跌，因而人们倾向于将所持有的有价证券全部兑换成货币。这时，人们不管有多少货币都愿意持在手中，这种情况被称为"凯恩斯陷阱"或"流动性陷阱"。

9. 货币供给量是指一个国家在某一时点上保持的不属于政府和银行所有的硬币、纸币和银行存款的总和。$M_0$为通货；$M_1 = $现金 + 活期存款；$M_2 = M_1 + $商业银行的定期存款；$M_3 = M_2 + $各金融机构发行的大额定期存单。

10. 名义货币供给表示无论货币购买力如何而仅计算其票面值的货币量；实际货币量则是剔除了物价变动因素以后，即货币的购买力的大小。

11. 中央银行新增一笔原始货币供给将使活期存款总和（即货币供给量）扩大为这笔新增原始货币供给量的$1/r_d$倍。这个$1/r_d$被称为货币创造乘数，它等于法定准备率的倒数。

## 复习思考题

### 一、名词解释

法定准备金率　再贴现　货币的交易需求　货币的预防需求　货币的投机需求　流动性陷阱　货币供给量　名义货币供给　实际货币量　货币创造乘数

### 二、单选题

1. 货币需求是指（　　）。

A. 人们希望得到更多的货币

B. 人们愿意把货币留在身边的要求

C. 人们为了进行交易而持有的货币

D. 人们为应对不时之需而形成的对货币的需求

2. 货币的投机需求与利率变动的关系是（　　）。

A. 同方向　　　　B. 没有关系　　　　C. 反方向　　　　D. 不能确定

3. 货币创造乘数等于（　　）。

A. 1/利率　　　　　　　　　　B. 1/（1 - 利率）

C. 1/法定准备金率　　　　　　D. 1/（1 - 法定准备金率）

4. 狭义的货币供给是指（　　）。

A. 现金与活期存款之和　　　　　　B. 活期存款与定期存款之和

C. 现金与商业银行的定期存款之和　D. 商业银行定期存款与准备金之和

5. 法定准备金率是指（　　）。

A. 准备金占货币供给的比率　　　　B. 银行存款占货币供给的比率

C. 准备金占存款总额的比率　　　　D. 银行利润占存款总额的比率

6. 法定准备金率越高（　　）。

A. 银行越愿意贷款　　　　　　　　B. 货币供给量越大

C. 越可能引发通货膨胀　　　　　　D. 商业银行存款创造越困难

## 三、简答题

1. 中央银行的职能是什么？其主要业务有哪些？

2. 什么是货币需求？凯恩斯认为引起货币需求的动机都有哪些？

3. 什么是货币创造乘数？什么因素决定了货币创造乘数的大小？简要说明货币创造过程，可举例说明。

4. 货币均衡是怎样实现的？

### 案例讨论

为促进房地产业健康、持续发展，中国人民银行决定，从 2005 年 3 月 17 日起，调整商业银行自营性个人住房贷款政策。一是将现行的住房贷款优惠利率回归到同期贷款利率水平，实行下限管理，下限利率水平为相应期限档次贷款基准利率的 0.9 倍，商业银行法人可根据具体情况自主确定利率水平和内部定价规则。以 5 年期以上个人住房贷款为例，其利率下限为贷款基准利率 6.12% 的 0.9 倍（即 5.51%），比现行优惠利率 5.31% 高 0.20 个百分点。二是对于房地产价格上涨过快的城市或地区，个人住房贷款最低首付款比例可由现行的 20% 提高到 30%，具体调整的城市或地区，可由商业银行法人根据国家有关部门公布的各地房地产价格涨幅自行确定，不搞一刀切。

这次我国央行运用的是哪种政策工具？结合我国经济运行实际，分析这种政策操作出台的背景及其可能产生的经济影响。

# 第十一章　失业与通货膨胀

知识目标

1. 失业的种类及影响；
2. 通货膨胀的种类及影响；
3. 菲利普斯曲线的含义。

能力目标

1. 对于现实中的失业现象，能够分析其主要成因并提出降低失业率的建议；
2. 对于现实中的通货膨胀现象，能够分析其主要成因。

技术目标

在某个地区，针对某段时间内的失业或通货膨胀现象，进行调研并作出分析。

案例导入

### 魏玛共和国时期的经济梦魇

1919—1933 年是德国的魏玛共和国时期，它的前五年、后四年都在经历经济危机——超级通货膨胀、高失业率与生活质量大幅下降成为这一时代的梦魇。

第一次世界大战德国战败，凡尔赛条约规定的巨额战争赔款令德国魏玛政府收入锐减、财政状况严重恶化，政府被迫让印钞机日夜不停地运转以应付赤字，导致1923 年前后爆发了世界经济史上空前绝后的超级通货膨胀。1921 年 1 月德国一份日报为 0.3 马克，1922 年 11 月为 7000 万马克。1923 年 2 月一磅牛肉的价值是 3400 马克，当年 10 月成为 560 亿马克，一个月后变成 2800 亿马克！第一次世界大战前能购买 500 000 000 000 个鸡蛋的马克彼时只能购买 1 个鸡蛋。马克与美元的比率从 1921年初的 1.8 万：1，到 1923 年 11 月跌至 40 亿：1，而马克与英镑的比价已相当于地球与太阳之间距离的码数。德国民众的日常生活遭到毁灭性打击，人们唯一能做的就是把现金尽快转变为实物才能保护资产。蛋糕店里的食品上架半小时内就被抢购一空……上层社会照旧天天举办奢侈的餐会，大快朵颐，气氛热烈，而整个社会充满了荒诞感。仅仅因为与其让财富第二天一文不值，不如早点花光合算；中产阶层的存款被一扫而空，生活水平大幅度下降；而下层人民很快失去一切变成了乞丐，数百万人在通货膨胀中失业，饥饿、偷盗、暴力、恐怖笼罩着德国。手忙脚乱的政府采取了饮鸩止渴的下策——增发大面值的 10 万马克纸币，但这仍跟不上瞬息即变的市场，于是在 1923 年 8 月又发行了无编号、无大写金额、只有阿拉伯数字、像宣传品一般简捷的 20 万马克"应急纸币"。随后，德国一些大企业也相继自行设计、签发"应急纸币"以作资金周转，国家银行已无力拒绝，只能予以默认，经济走向崩溃的边缘。

资料来源：亚当·弗格森（Adam Ferguson），《货币已死——魏玛时期超级通胀的梦魇》. 北京：中华工商联合出版社，2011.

思考题：

通货膨胀会对社会和经济产生什么影响？

失业与通货膨胀是宏观经济学研究的两个基本问题。失业与通货膨胀在短期内的取舍是经济学十大原理之一，分析失业与通货膨胀的成因及相互关系，找到一条既能保持较快经济增长、扩大就业乃至实现充分就业，又能抑制通货膨胀的途径，对于实现国民经济持续健康的发展至关重要。

# 第一节　失业理论

## 一、失业的含义及统计指标

### （一）人口与劳动力市场

人口与劳动力的概念范畴，如图 11-1 所示。

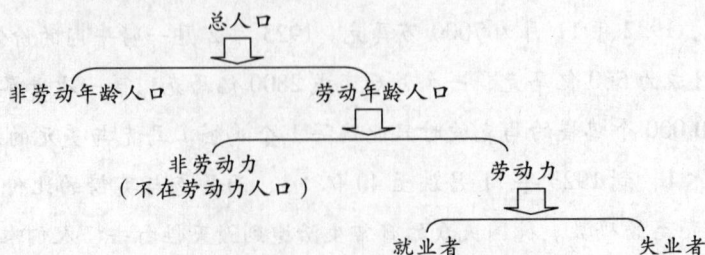

图 11-1　人口与劳动力

劳动年龄人口，指年龄（一般是 16~60 或 65 岁）处于适合参加劳动的阶段作为生产者统计的人口。

劳动力，指达到一定年龄以上的、以取得报酬为劳动目的的、具有被雇佣潜力的社会人群，在联合国的统计中被称为"经济活动人口"，在美国被称为"民用劳动力"。劳动力通常分为就业者和失业者，一个社会的劳动力总数就等于就业者与失业者人数之和。

非劳动力人口，即"不在劳动力人口"或"非经济活动人口"，主要包括：在校学生、家务劳动者（如家庭妇女）、军队人员、服刑人员、退休或病退等无法工作的人、在家庭企业工作少于每周 15 小时的人、不愿工作的人等。

就业，是指劳动者处于受雇佣或"自我雇佣"的状态。就业人数随着人口和劳动力的增长以及经济的发展而增加。就业结构受部门、性别、年龄、文化程度、种族、工资水平等因素的影响，就业结构的变化可以反映出该地区经济结构的调整和生活的变迁。例如，在西方主要发达国家，随着技术变革，就业于第一产业（农业部门）的劳动力比例非常低，而第二产业（制造业）的就业人数也呈下降趋势，就业重心已转移到软件、金融、保险、贸易、咨询、电信、教育、医疗、旅游等第三产业（服务行业）。

## （二）失业与失业者

经济学范畴中的"失业"是指在一定年龄范围内的劳动者，有劳动能力和工作愿望，但处于无工作或正在寻找工作的状态。如果一个人虽无工作，但没有劳动技能，或者不愿意工作、不去寻找工作，或者年龄不在规定范围内，则都不属于失业。

对"失业者"的具体界定，世界各国在年龄、时间等条件上有较大差异。例如，美国要求失业者具备的条件之一是在调查周内没有做过任何有报酬的工作，并且在过去 4 周内曾进行过求职活动。我国城镇登记失业人口只以主动进行失业登记的人为准。

## （三）失业统计指标

人是经济活动的主体，对就业、失业人数的统计可以反映该地区劳动力资源的配置情况，也是反映其总体经济形势的重要指标。

1. 基本指标

衡量一个社会的失业程度的基本指标有两个：失业总人数与失业率。失业总人数是指一定时期（月、季度、年）内的全部失业人数，它反映了失业队伍的规模。失业率是指失业人数占劳动力总数的比率，它反映了失业的严重程度。

$$失业率 = \frac{失业人数}{劳动力总数}$$

各国对失业率的具体统计方法差异很大。美国的数字是劳工统计局采取随机抽样的方法，通过对几万户家庭的入户访谈以及对单位（雇主）的雇用情况这两方面调查结果的汇总而估算出的。英国和意大利则规定失业者必须在有关部门进行登记才计算在内，也有的国家只把领取失业救济金的人数作为失业人数，所以，各国官方所公布的失业数字并不能很准确地反映出劳动力市场的情况。

除了失业人数与失业率以外，雇用率、解雇率、平均工作周、平均失业周、长期失业率等也是反映失业与就业状况的参考指标。这些指标可以按照部门、性别、年龄、种族、文化程度等标准进行分组统计，以详细分析一个国家或地区的失业结构。

2. 失业指标与经济周期

就业与失业指标的上升和下降不但反映出劳动力市场的变化，也反映出经济发展速度的快慢，表明经济走向繁荣或衰退，是研究经济周期的参考指标。

失业指标的变化与经济周期的进程呈明显的逆向关系。失业人数在危机与萧条阶段大量增加，在复苏阶段逐渐减少，在高涨阶段进一步减少。第二次世界大战后，西方发达国家的第三产业就业比重不断上升，由于第三产业受经济周期的影响相对较小，因此用失业率显示的经济危机程度已普遍不像第二次世界大战前那么严重。例如，美国在 20 世纪大萧条期间的失业率超过 20%，但第二次世界大战之后基本没有超过 10%[①]。

（四）隐性失业

经济学中所谈的失业一般是指公开的显性失业。此外还有一种非公开的隐性失业，又称隐蔽性失业、亚失业，是指劳动者表面上有工作、有就业，但没有获得社会认可的正常报酬，或者工作量严重不足，以致未能充分发挥作用的状况。

例如，在经济衰退期，企业开工不足，工人们与雇主之间虽未解除雇用关系，但劳动时间和报酬都大幅减低，甚至长期无薪休假，这种低薪或欠薪掩盖了劳动力过剩的状况。又如，就业者有岗位，但实际对工作并未做出贡献，或者说其边际生产率接

---

① 本章所有的美国失业率数据来自 "Annual average unemployment rate, civilian labor force 16 years and over（percent）". Feb. 3. 2011. U. S. Bureau of Labor Statistics.

近于零，有"职"无"工"，也是劳动力过剩的表现。如果一个社会中减少了就业人员但产量没有下降，就表明存在着隐蔽性失业。

## 二、失业的种类及原因

### （一）失业的种类

按照失业的具体成因，失业可以分为以下几种类型。

1. 摩擦性失业

摩擦性失业指劳动者因生活或工作变动，需要时间寻找新工作而引起的失业。这主要包括两种情况：一种是刚进入劳动力市场的青年学生在未找到合适工作前处于失业状态；另一种是已有工作但需要转换工作的人，在找到新工作前处于失业状态。

摩擦性失业是失业人员与有招聘需求的雇主之间在相互搜寻过程中形成的短期的、过渡性的状态，是劳动力在市场中正常流动的必然现象，而生产要素的自由流动也是优化资源配置不可缺少的必要条件，所以，摩擦性失业在任何时期、即使在劳动力市场供求平衡时都会存在。

造成摩擦性失业较高的原因主要有当地经济制度与社会保障制度的影响、劳动力市场运行机制不完善、市场信息不完备等。改善摩擦性失业的主要方法是健全劳务市场、完善和扩展就业信息的沟通渠道以缩短失业者搜寻、选择工作的时间。例如，可以增设职业介绍所、青年就业服务机构、人才库网站，多举办人才供需见面会等。

2. 结构性失业

结构性失业是指由于社会变化、经济结构调整等因素导致劳动力的供给结构与需求结构不匹配、不吻合所造成的失业。

它主要是由于产业结构变化引起社会对某部门、某行业从业人员的整体需求大幅减少所造成的。比如，从农业经济发展到工业经济时，大批佃农失业；而从工业经济发展到信息经济（又称"知识经济"）时，大批蓝领工人又失去了工作。在产业兴衰的过程中，从事夕阳产业的大批劳动者难以迅速掌握新技能去适应新兴产业，只能被市场淘汰，由此引发较高的失业率。

还有一种情况是劳动力市场中的某个群体或集团受自身特征影响容易发生失业。例如，刚进入劳动力市场的青年绝大多数是非熟练工人，其失业率大大高于社会平均水平，这是世界各国普遍存在的问题。又如，在受传统文化观念影响较大的地区或行业里，妇女或少数民族的失业率可能会高于其他人群等。

劳动力市场供求结构失衡通常表现在技术结构（包括工种、技能熟练程度等）、文化结构（包括文化来源、受教育程度等）、地域结构（求职者与工作空位的地区分布）、年龄结构等的不平衡。此时，劳动力市场上是"失业与空位"并存：非技能劳动者大量过剩，而需要一定职业技能的劳动者又大量短缺，很多空位找不到合适人选。例如，法国 1989 年失业率约 10%，但却有 12% 的企业招聘不到所需要的管理和技术人员[①]。

结构性失业具有群体性和时间较长的特点，其根源在于劳动者受各种条件的限制不能快速适应市场需求的变化。由于经济结构调整是经济增长的必要过程，所以由结构调整引起的结构性失业也是无法避免、难以消除的，它被称为失业的"硬核"，越是在经济变革时期，这个"硬核"越大。尤其当产业从劳动密集型向技术密集型、资本密集型转换的过程中，经济高速增长，但却不一定带来低失业率，由于传统行业的萎缩扩大了失业队伍，导致总失业率不是下降，反而大幅度提高。例如，1970 - 1991 年，西德的生产实际增长超过 50%，出口增长了 2 倍多，失业率却从 20 世纪 70 年代中期低于 2.5% 上升到 1983 年的 8.1%[②]。

结构性失业是科技与经济发展的产物，但过于严重的结构性失业又会成为经济继续发展的阻力。治理结构性失业的原则，主要是提高劳动要素的流动性，缩短劳动者适应新岗位的时间，加快调整劳动力供给结构，例如，完善劳动力市场机制和社会保障制度、消除防碍劳动力在不同地区间自由流动及平等竞争的体制障碍、帮助劳动者尽快转变就业观念、创办各类就业培训机构、建立人力资本投资机制等。

其中，西方发达国家采取的就业培训措施包括：通过制定法律、法规来保障培训计划的实施，政府免费开办职业培训班，建立由中央政府提供资金、由地方政府和私人机构合作开发和监督的管理体制等。例如，法国对初中毕业后要求就业的学生开展取得职业教育证书或职业资格证书的培训。再例如，美国政府为就业培训计划拨款几十亿美元，培训项目主要有：为 21 岁以上的低收入者免费提供技术、技能培训；为退伍军人提供安置前培训；为失业者提供转岗培训等。这些措施有效地提高了劳动力的适应性，对纠正劳动力市场的结构性失衡起到了良好效果。

3. 周期性失业

（1）周期性失业

周期性失业又称为需求不足的失业，是指在经济周期运行到衰退与萧条阶段，社

---

[①] 袁志刚，《失业经济学》. 上海：上海人民出版社，1997.

[②] 许晓红，《论结构性失业及其治理途径》. 福州：福建师范大学出版社，2005.

会总需求不足所引起的短期失业。

周期性失业是宏观经济学要探讨和解决的重点问题之一。古典学派、新古典学派、凯恩斯理论、新凯恩斯理论、货币学派、供应学派等各家学派，从不同的角度对周期性经济危机和失业的成因进行了解释，并从需求与供给、货币政策、财政政策等方面提出了解决办法。这些观点有的相似，有的则完全对立，并各有利弊。

其中，凯恩斯的理论影响较大。凯恩斯认为总需求分为消费需求与投资需求，当经济处于下降阶段时，总需求不足造成了国民收入下降，对劳动力的需求降低，从而形成了非自愿失业，即周期性失业。凯恩斯主张政府应全面干预经济，采用扩张性经济政策甚至是赤字政策来刺激投资和消费，以提高就业水平。凯恩斯理论迎合了1929—1933 年大危机后资本主义经济发展的需要，对帮助西方社会在第二次世界大战后恢复经济取得了一定效果。但是到 20 世纪 70 年代，西方发达国家出现了严重的通货膨胀、失业率居高不下、经济增长迟缓这三者并存的"滞胀"现象，凯恩斯的方法失灵。于是，经济自由主义思潮（以货币学派、供给学派和理性预期学派为典型代表）重新兴起，他们认为扩张性政策对于刺激生产与降低失业的作用只在短期内有效，在长期内则无效，只能引发通货膨胀、加剧经济混乱，因而反对政府过度干预经济，强调通过稳定货币供给、市场调节、提高生产力等来促进产出并提高就业。

（2）工资刚性

货币工资（即名义工资）易升难降的现象被称为工资向下刚性，简称工资刚性。工资刚性也是在现代社会导致非自愿失业的原因之一。

古典经济理论认为劳动力市场与产品市场的情况相同，自由竞争会导致劳动力价格（即工资）随市场需求而上下浮动，最终会消灭劳动力的过剩或短缺，实现劳动力市场的供需均衡。但现代经济学认为，现实中由于工会的抵制、最低工资法的实行和效率工资等原因，工资难以像产品价格一样及时灵活地得以调整。当劳动力需求不足时，工资无法自由下降到劳动力市场出清的水平，就必然导致劳动力过剩，即非自愿失业。

（3）周期性失业与摩擦性失业、结构性失业的主要区别

周期性失业是在劳动力市场需求不足、处于非均衡状态下出现的，人们希望通过各种经济手段力求达到劳动力市场的均衡状态，从而消除周期性失业。而摩擦性失业和结构性失业即使在劳动力市场均衡状态（即充分就业状态）下也会存在。

4. 季节性失业

季节性失业是指某些行业的生产与服务受自然季节、气候、节假日或社会习俗等

因素的影响，存在着季节性波动所引起的失业。

有些行业，如农业、农产品加工业、渔业、建筑业、旅游业等，其生产、销售和服务有着鲜明的季节性特征，导致对劳动力的需求在生产和销售旺季时快速上升，淡季时又大幅下降，因此就规律性地出现了季节性失业问题。季节性失业也是不可避免的。政府可以采取一些解决措施，在淡季帮助这些行业的人员寻找其他短期、临时性的工作，比如在农闲时期组织农民进行基础设施建设等。

### （二）自愿失业与非自愿失业

（1）自愿失业，指劳动者不愿意接受现行的工作条件和工资水平，或者说其要求的工资水平超过其边际生产率而未被雇用所造成的失业。

（2）非自愿失业，指劳动者愿意接受现行工资水平但仍然找不到工作的失业。

（3）充分就业与自然失业率。

自愿失业在任何时期都存在，规模较小，对社会经济的影响不大，因此，一个社会只要消灭了非自愿失业，即非自愿失业为零，就可以说达到了"充分就业"。

充分就业状态下存在的失业率称为自然失业率（由自愿失业、少部分摩擦性与结构性失业构成）。按货币学派理论，自然失业率是在没有货币因素（即没有通货膨胀）的影响下市场供需处于均衡状态时所存在的失业率，这个失业率被认为是由制度因素所决定的，因而被称为经济中"自然"的失业率，一般把它看做是最低失业水平。努力让失业率降到自然失业率水平，即达到充分就业，是一个国家宏观经济管理的目标之一。

自然失业率是一个无法观察的数值，是根据各地经济发展历史与发展水平、人口结构、产业结构、劳动力市场情况等推算出来的，一个简单办法就是考虑很长时间内的平均失业率。自然失业率在各个国家之间有差异，也随时间而变化。美国早期的自然失业率为4%，后来提高到5.5%~6%[①]。由于摩擦性失业与结构性失业随着经济发展而有所提高，所以自然失业率有逐渐升高的现象，但究竟哪些因素真正决定了自然失业率，经济学家们的认识和理解至今仍然是有限的，争议也较多。

### 三、失业的影响

失业的本质是有工作愿望与工作能力的劳动者不能与生产资料相结合进行财富的

---

① 保罗·A·萨缪尔森、威廉·D·诺德豪斯，《经济学》. 北京：首都经济贸易大学出版社，1998.

创造，从而使劳动力、生产设备及其他资源被迫闲置，造成了资源浪费。

## （一）对个人、家庭和社会的影响

失业威胁着作为社会单位与经济单位的家庭的稳定。失业者丧失了收入来源，家庭消费水平下降，生活可能会陷入困境以致家庭关系紧张。经济上的压力能影响人的心理和行为，失业者个人尊严受损，信心受到打击。长时间失业会使人荒疏或丧失部分职业技能，增加日后就业的难度。高失业率也常与自杀、吸毒、高离婚率等诸多问题联系在一起，导致犯罪增多和社会秩序混乱，不利于社会的稳定。

## （二）对国民经济的影响与奥肯定律

失业大量增加后，家庭消费减少，厂商投资下降，经济受到抑制。同时，政府增加了社会福利支出，会造成财政困难。

从整个经济看，失业造成的最主要损失是使社会产量及国民收入减少。经济学家萨缪尔森认为高失业时期的经济损失是现代经济中有据可查的最大损失。

美国经济学家阿瑟·奥肯（Arthur M. Okun）研究发现，失业率与实际国民生产总值增长率呈反相关变动的关系——失业率每高于自然失业率 1 个百分点，实际国民生产总值增长率就比它应该达到的水平低 3 个百分点。

对丁奥肯定律的理解应注意：第一，失业率与实际国民生产总值增长率之间 1∶3 的关系是根据经验统计资料得出的估计值，不同时期会有所不同，如 20 世纪 70 年代是 1∶2.5~2.7，20 世纪 80 年代是 1∶2.5~2.9。第二，该定律主要适用周期性失业的情况。

奥肯定律揭示了劳动力市场和经济增长之间极为重要的联系：如果失业率居高不下，经济增长必会缓慢，经济复苏乏力；国民生产总值必须保持不断增长才能保证失业率保持在原有水平。

# 第二节　通货膨胀理论

美国总统杰拉德·福特（Gerald R. Ford）曾说，通货膨胀是"公众的头号敌人"。鉴于高通货膨胀给社会带来了各种代价，世界各国都把保持低通货膨胀率作为经济政策的重要目标。

## 一、货币价值与商品价格的关系

我们所熟悉的早期货币是黄金，19 世纪末以前，以黄金作为货币的"金本位制"普遍存在于西方世界。现在世界各国流通的是纸币，纸币代替黄金起流通手段的作用，但不能兑换成黄金，这被称为"法定货币本位制"。经济学中所说的货币就是指法定货币，也就是流通在银行体系之外的"通货"——纸币、硬币以及商业银行的活期存款。

货币的价值与商品价格呈反方向变动关系。如果流通中的纸币数量过多，超过了商品流通所需要的黄金，纸币的购买力就要下降，也就是货币贬值，而用货币显示的商品价格就要上涨，即发生通货膨胀。例如，年初 1 元钱能买到 1 袋薯条，到年末价格涨了一倍，要用 2 元钱才能买到同样的薯条，这就说明年末的 1 元钱仅相当于年初的 $1/2 = 0.5$ 元，货币的购买力下降即货币贬值了 50%。20 世纪 50 ~ 70 年代，西方国家广泛推行凯恩斯主义，滥发纸币和公债，造成了物价大幅上涨，使货币贬值一度成为经常性的现象。1974 年的货币购买力与 1950 年相比，美元下降了 49.2%，英镑下降了 30.54%，西德马克下降了 50%，日元下降了 24.7%[①]。

## 二、通货膨胀的含义与衡量指标

### （一）通货膨胀的含义

当代大多数的西方经济学家认为，通货膨胀是指一般物价水平（包括产品和生产要素的价格）普遍而持续的上涨。

对通货膨胀定义的理解，应注意以下几点。

第一，通货膨胀是指物价总体水平或商品平均价格水平的上涨，不是指一种或几种商品价格上涨，也不是所有商品价格都上涨。通货膨胀期间个别物价可以不变，有的可能下降。

第二，通货膨胀是物价总体水平的持续上涨，不是一时的、短暂的上涨（如节假日、灾害或季节变化等导致的价格上升）。物价虽然暂时有一定上升，但若从整个经济周期看（通常为一年），物价总体水平是稳定的，就不能称为通货膨胀。

但是上述定义也有不足之处，对其存在的主要争议有以下几个方面。

---

① 杨逢华、林桂军，《世界市场行情》. 北京：中国人民大学出版社，2006.

（1）货币学派认为，不能把所有的物价总水平上涨情况都算作通货膨胀，只有因中央银行发行过多的货币从而使货币供给量过度增长所引起的物价上涨，才是通货膨胀，货币学派的创始人弗里德曼说"通货膨胀本质上是个货币现象"。

（2）通货膨胀不是都表现为物价水平上升。在物价受严格管制的经济中，通货膨胀是"隐蔽型"的，常常表现为物品短缺以及人们为获得一定量的商品而要付出额外的较高成本，此时难以仅用物价的高低来衡量通货膨胀。

（3）物价的持续时间和上升幅度没有明确的界限，比较模糊。

## （二）通货紧缩

与通货膨胀相反的现象是通货紧缩，即一般价格水平持续下降。它通常意味着经济萧条，多在市场经济的早期阶段出现。现在，由于世界各国采取旨在稳定经济的政策，长期的通货紧缩在大多数国家都比较少见了，尤其在当代社会，人们发现物价水平总是在上升，差别只在于上升速度不同而已。

## （三）通货膨胀的衡量指标

### 1. 价格指数与通货膨胀率

价格指数，也称为价格水平，是指比较重要的、有代表性的一组或一系列商品的加权平均价格。它是用指数来表示的价格，即以某年为基期，设其价格指数为100，将其他年份的价格与之相比，看是上涨或下降了。还是以美国消费价格指数为例，具体如表11-1所示。

表11-1　美国消费价格指数

| 美国消费价格指数（以 2000 年的价格指数为 100） | | | | | | | | |
|---|---|---|---|---|---|---|---|---|
| 年份 | 全部项目 | 食品 | 住房租金 | 燃油和煤 | 能源 | 交通 | 医疗 | 全部商品 | 全部劳务 |
| 2003 | 105.325 | 106.966 | 110.411 | 110.164 | 105.687 | 105.558 | 109.444 | 104.179 | 109.007 |
| 2004 | 106.617 | 108.932 | 111.879 | 114.755 | 113.863 | 106.627 | 117.778 | 105.976 | 110.717 |

资料来源：美国《商业现状》，2004 年 7 月。

通货膨胀的严重程度以通货膨胀率来反映，而通货膨胀率就是不同时期价格指数的增长率，即当期价格指数与基期价格指数相比变动的百分比，公式为：

$$通货膨胀（t年）= \frac{t年的价格水平 -（t-1）年的价格水平}{（t-1）年的价格水平} \times 100\%$$

将公式中的"年"改为"月"或"周"，就得到了月通货膨胀率和周通货膨胀率。以表 11-1 的数据为例，2004 年全部项目的通货膨胀率为：

$$\pi_t = \frac{106.617 - 100}{100} \times 100\% = 6.617\%，表示 2004 年物价比 2000 年上涨$$

了 6.617%。

2. 常用的价格指数

目前西方国家采用的物价指数主要有以下三种。

（1）消费者价格指数（CPI），又称为零售物价指数（RPI）、生活费用指数，我国称其为居民消费价格指数，它是指将零售价格指数化，以衡量居民生活中所消费的商品和劳务的价格水平的变动。消费者价格指数是使用最广泛的衡量通货膨胀的指数。

CPI 除了总指数外，还可以有分类指数，以考察不同人群、不同地区、不同类别商品的消费支出情况，如我国按照城乡差别编有城市和农村的价格指数。

①CPI 的构成及权重

CPI 所涉及的一揽子消费品和劳务的主要大类包括食物、衣物、住房、交通、医疗、娱乐等。CPI 与 PPI 的不同之处在于 CPI 不但包括消费品，还包括劳务，即房租、交通费、医疗费和娱乐费用等。

CPI 的统计是基于对一定样本数量的城乡居民生活支出的抽样调查。由于不同国家的经济发展水平、消费水平和习惯、恩格尔系数等不同，各国在 CPI 构成项目的选项、权重、基准修订时间间隔、统计与取样方式等方面存在着较大差异。CPI 的高低不仅取决于每项商品的价格变化，还取决于商品所占的权重。为保证统计数据的准确性，各国政府会根据居民消费支出结构的变动，定期对 CPI 构成及权重做出调整，比如美国是每两年左右调整一次，我国是每五年调整一次。从 2011 年 1 月起，我国统计局开始以 2010 年为基期计算 CPI，同时调整了 CPI 构成权重。

②CPI 的计算

计算单个商品的 CPI：

$$CPI = \frac{某商品在当期的市场价格}{某商品在基期的市场价格} \times 100$$

例如，以 2010 年为基期，在 2010 年市场上购买某种商品的价格为 500 元，到

2011 年上涨到 530 元，则 2011 年该种商品的 CPI 为：

$CPI = \dfrac{530}{500} \times 100 = 106$，表明该商品物价比上年上涨了 6%。

计算一组商品的 CPI：

$$CPI = \sum_{i=1}^{n} CPI_i \times W_i$$

其中，$W_i$ 表示商品所占的权重。

例如，以 2010 年为基期，将消费者购买各种商品的价格都设为 100；在全部支出中，食品占 30%，居住占 20%，其他消费占 50%，则该年度全部消费项目的 CPI 为 100，其计算过程为（100×0.3）＋（100×0.2）＋（100×0.5）。

假设 2011 年的食品价格上涨了 6%，即食品的 CPI 为 106；居住价格上涨了 5%，即居住的 CPI 为 105；其他消费上涨了 2%，其他消费的 CPI 为 102，则 2011 年全部项目的 CPI 为：

$CPI$ ＝（106×0.3）＋（105×0.2）＋（102×0.5）＝ 103.8，这表明 2011 年与上一年相比，全部项目的总通货膨胀率为 3.8%。

③CPI 的作用

萨缪尔森认为，CPI 的建立是数十年艰苦的理论工作和统计工作的产物。CPI 反映了居民生活支出成本及货币购买力的上升和下降，CPI 的稳定是经济健康发展的象征，对于一个国家制定货币政策、税收政策、银行监管等宏观经济政策方面都起着非常重要的作用。因此，它是人们最关心的价格指数，也是判断经济发展的关键指标。包括我国在内的许多国家和大多数经济学家都直接把 CPI 等同于通货膨胀率，一般来说，当 CPI 的增幅大于 3% 时，视为出现通货膨胀；当 CPI 的增幅大于 5% 时，视为较严重的通货膨胀。由于食品、居住、交通类项目在世界各国 CPI 构成中普遍占有较大权重，所以稳定这三类的价格将会有效地控制 CPI，进而控制通货膨胀率。

（2）生产者价格指数

生产者价格指数（PPI）又称为批发价格指数（WPI），其将批发价格指数化，以衡量一定时期批发市场上价格变化的趋势，主要反映生产企业销售价格的变动。

PPI 统计所涉及的一揽子商品少则几十种，多则上千种，主要涉及制造业、矿业、电力、农业、林业、渔业、公用事业等部门。由于批发交易的商品往往是下道生产工序的投入品，批发价格上涨很大程度上意味着原材料和中间产品的价格上涨，所以批发价格指数是早期通货膨胀的预警信号之一。

（3）国民（内）生产总值平减指数。

国民（内）生产总值平减指数（IPD）又称为 GNP（或 GDP）的折算指数，是指按当期价格计算的名义国民（内）生产总值与按基期价格计算的实际国民（内）生产总值之间的比率。公式为：

$$国民生产总值平减指数 = \frac{名义国民生产总值}{实际国民生产总值} \times 100$$

$$通货膨胀率\ \pi_t = \frac{国民生产总值平减指数 - 100}{100} \times 100\%$$

将上述公式中的"国民生产总值"改为"国内生产总值（即 GDP）"，就是国内生产总值平减指数及相关通货膨胀率的计算方法。

例如，美国 2010 年的名义国内生产总值为 145 265 亿美元[①]，按基期 2005 年的价格水平计算的实际国民生产总值为 130 880 亿美元，则

$$国内生产总值平减指数 = \frac{145\ 265}{130\ 880} \times 100 = 110.99$$

则美国 2010 年物价与 2005 年相比，通货膨胀率为：

$$\pi_t = \frac{110.99 - 100}{100} \times 100\% = 10.99\%$$

国民（内）生产总值平减指数的优点是包括的商品范围更广泛，除了消费品和劳务外，还包括资本品和进出口商品，所以能够反映整体物价水平的变动趋势。

## 三、通货膨胀的类型和成因

### （一）通货膨胀的类型

根据不同的分类标准，通货膨胀可分为不同的类型。

1. 按照物价上升的速度分类

（1）缓和的通货膨胀。该种通货膨胀又称爬行的通货膨胀，是指年通货膨胀率在 10% 以下的通货膨胀。

此时物价相对稳定，人们信任货币，愿意持有货币，愿意签订以货币形式表示的长期合同。尤其当通货膨胀率低于 3% 时，总需求的扩大与生产成本的提高致使物价缓慢上涨。同时，由于货币工资的调整滞后或调整幅度落后于物价的增长，使实际工

---

[①] "National Income and Product Accounts Table 1.1.5 、Table 1.1.6、Table1.1.9"，U. S. Department of Commerce，Bureau of Economic Analysis.

资相对下降，这使得企业的利润相对增加。另一方面，企业扩大劳动需求使社会就业水平和工人收入也有所提高。因此，这种物价上涨是经济发展的润滑剂。

（2）急剧的通货膨胀。这种通货膨胀又称奔腾的通货膨胀，是指一般物价水平以两位数或三位数的速率上涨，年通货膨胀率在10%到100%，甚至百分之几百。

此时会出现严重的经济扭曲：货币迅速贬值，人们不愿持有多余货币，仅保留日常所需最低限度的货币，转而抢购有形资产，市场投机盛行，大多数经济合同采用价格指数或外币来做结算的标志。名义利息跳跃式上升，人们不愿出借货币，企业投资衰退，金融体系和经济秩序在困难中维持。这种通货膨胀严重破坏社会再生产的正常进行，如果不及时采取控制措施，会导致灾难性的后果。

（3）恶性通货膨胀。这种通货膨胀又称超级通货膨胀，是指年通货膨胀率在三位数以上（也有经济学家指月通货膨胀率在50%以上），物价甚至以百分之一百万、百分之十亿的惊人速率上涨。其案例如表11-2所示。

表11-2　20世纪80年代的恶性通货膨胀

| 20世纪80年代的恶性通货膨胀 | | | | |
|---|---|---|---|---|
| 国家 | 年份 | 月通货膨胀率（%） | 年通货膨胀率（%） | 月货币供给增长率（%） |
| 玻利维亚 | 1985 | 118 | 1 152 200 | 91 |
| 尼加拉瓜 | 1988 | 115 | 302 200 | 66 |
| 阿根廷 | 1989 | 95 | 975 500 | 93 |

资料来源：International Financial Statistics Yearbook，1992。

此时货币飞速贬值，失去了交易功能和价值储藏功能。人们对本国货币完全失去信心，像扔掉烫手的山芋一样匆忙花掉货币去抢购一切商品，甚至部分回到物物交换的状态。金融体系崩溃，经济生活混乱，原有的社会阶层与财富分配格局受到强烈冲击。德国魏玛时代的物价疯涨就是历史上最触目惊心的通货膨胀的例子。

2. 按照公众的预期分类

（1）预期的通货膨胀。它是指公众能正确预期到的按一定速率上涨的通货膨胀。

人们会将预期到的通货膨胀纳入到交易合同和经济体系中去，例如，劳资双方订立工资协议时要考虑年通货膨胀率，政府制订财政计划也会假定存在一定比例的物价上涨因素。因此，预期到的通货膨胀常常会变成惯性的，以相同的速率年年持续下去。

（2）非预期的通货膨胀。这是指公众没有正确预期到的通货膨胀，即物价上升的速度超出人们的预料，或者人们根本没有想到的价格上涨。

### （二）通货膨胀的成因

根据供给与需求的理论，我们知道价格水平是由总需求与总供给曲线的交点所决定的。通过曲线位置的变动，得出通货膨胀的原因主要有以下几种。

1. 需求拉动的通货膨胀

需求拉动的通货膨胀指社会总需求过度增长，超过了总供给的增长，即货币数量相对于产品数量过多所引起的通货膨胀。

对商品和劳务总需求的增长通常可以没有限制，可以年 10%、100% 的速度增长，但总供给不行，总供给的增长受生产力水平所限。如果需求的增长速度超过了供给的增长，则在过多的货币竞相购买有限的商品时，价格就会被哄抬起来。总需求的过度增长可能源自政府对消费或投资的刺激，或者政府支出的增加，或者该国净出口的增加，无论哪种情况都会引起需求拉动的通货膨胀。

如图 11-2 所示，AD 与 AS 分别是社会总需求曲线和总供给曲线。需求拉动的通货膨胀表现为总需求曲线向右上方移动所造成的价格上升。

初始的总需求曲线 $AD_0$ 与总供给曲线 $AS$ 相交于点 $E_0$，其总产量为 $Q_0$，价格水平为 $P_0$。现在总需求不断增加，$AD_0$ 持续右移到 $AD_1$，与 $AS$ 相交于点 $E_1$，价格水平上升到 $P_1$，对应总产量 $Q_1$。但总产量达到 $Q_1$ 后受生产力所限不能再大幅增加了，因此 AS 曲线过 $E_1$ 点后变得陡峭。此后，总需求再增加，所扩大的总支出中的大部分最终转变为陡峭的供给曲线上的高价格水平。这就是需求拉动的通货膨胀。

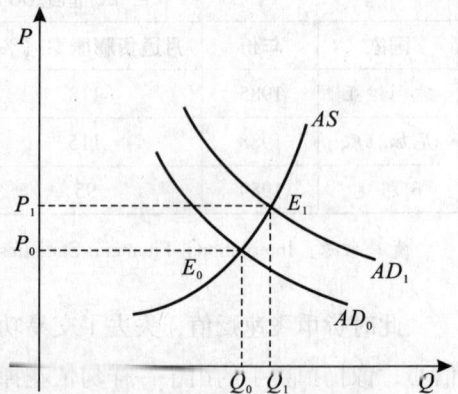

图 11-2　需求拉动的通货膨胀

货币学派认为，"需求过度增长"是表象，货币发行量过度即货币供给过度增长才是病因。消费者或企业的开支若超过自己的货币收入，他们除了花掉收入，还要到金融市场上取走储蓄或者借款；同样，若政府的开支超出其税收，政府也必须在金融市场上发行公债以弥补赤字。如果此时金融市场供求平衡，中央银行不扩大货币供给，则政府部门和私人部门（包括消费者和企业）之间因挤出效应的存在，一方获得了资金，另一方的资金必然相应减少，所以不会引起通货膨胀。如果金融市场处于货币供给大于需求的非均衡状态，有大量多余资金能够为总需求提供过度开支，则就会导致通货膨胀。

因此，控制货币供给的中央银行最终控制着通货膨胀率，中央银行能否保持货币供给稳定，是决定价格总水平是否变动的根本因素。

2. 成本推动的通货膨胀

成本推动的通货膨胀又称供给冲击的通货膨胀，指由于供给方面成本的上升，使总供给减少而引起的通货膨胀。

在市场经济的早期阶段，失业与通货膨胀是交替出现的，只有经济繁荣时才会发生通货膨胀。但20世纪70年代，西方发达国家的通货膨胀出现了变化：价格不但在经济繁荣时快速上升，即使在总需求不足、失业率较高的衰退期，价格和工资仍然在上升，从而出现了"滞胀"局面，为解释此现象，西方学者提出了成本推动理论。

如图11-3所示，成本推动的通货膨胀表现为在总需求曲线不变的情况下，生产成本提高和生产要素供给量减少使得总供给曲线向左上方移动，从而造成价格上升。

初始的总需求曲线 $AD$ 与总供给曲线 $AS_0$ 相交于点 $E_0$，此时价格水平为 $P_0$，总产量为 $Q_0$。现在总供给减少，总供给曲线由 $AS_0$ 左移到 $AS_1$，与 $AD$ 相交于点 $E_1$，总产量左移到 $Q_1$，价格水平由 $P_0$ 上升到 $P_1$。

在现实生活中，成本推动的冲击主要来自于能源（尤其是石油）和食品价格（如粮食）的剧烈变动，或者是汇率变化所造成的进口原料的价格上涨。1973 – 1974 年及1979 – 1980年期间，两次石油禁运和石油提

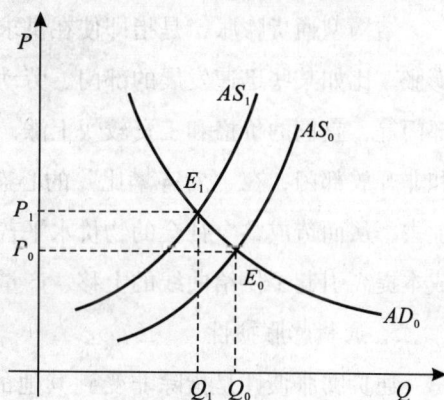

图 11-3　成本推动的通货膨胀

价造成了当时的石油总供给大量减少；同时，钢铁、煤炭等生产资料的价格一起上涨；在工会的干预下，工人的工资也普遍提高。在这样几方面供给因素的冲击下，西方社会随之爆发了成本推动的通货膨胀，这就是在经济不景气的时候价格仍会持续上升的原因。

3. 混合型的通货膨胀

混合型的通货膨胀指需求拉动和成本推动共同作用的通货膨胀。在实际经济生活中，需求拉动与成本推动是交织在一起并互相影响的，即 $AD$ 与 $AS$ 曲线先后向上移动，物价与工资会发生螺旋式上升，如图11-4所示。

一方面，总需求扩张会刺激总供给变化。初始的总需求曲线右移到 $AD_1$，与初始的总供给曲线 $AS_0$ 相交于点 $E_1$，价格水平由 $P_0$ 上升到 $P_1$。当总需求上升时，人们会预期发生通货膨胀，导致工资和名义利率上升，从而增加生产成本，因此，预期的通货膨胀引起总供给曲线 $AS$ 向左上方移动与 $AD_1$ 相交于点 $E_2$，价格水平从 $P_1$ 上升到 $P_2$。

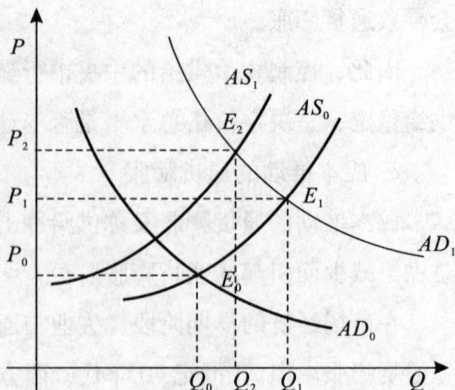

另一方面，通货膨胀也可以先从成本推动开始，价格水平同样从 $P_0$ 上涨到 $P_1$ 再上升到 $P_2$。总之，在每次通货膨胀中，需求拉动和成本推进会产生不同程度的作用。

图 11-4　混合型的通货膨胀

4. 结构型通货膨胀

结构型通货膨胀，是指即使在供求基本平衡时，经济结构的不平衡也会引发通货膨胀。比如某些迅速发展的部门、劳动生产率提高快的部门、同世界市场联系密切的部门等，它们的价格和工资较快上涨，而同时，那些衰落的部门、生产率低下的部门和非开放部门，在"看齐攀比"的心态作用下也会提高自己的价格与工资，努力赶上去，从而造成整个社会的物价水平普遍上涨。归根结底，结构型通货膨胀也是由于成本提高引起了供给曲线的上移、产量减少所致。

5. 通货膨胀惯性

通货膨胀惯性是指除非受到其他的冲击，通货膨胀率倾向于持续保持相同的水平。无论什么原因引起的通货膨胀，即使最初的原因消失了，也会由于人们对通货膨胀的预期而持续一段时间。

预期对人们的经济行为有很重要的影响。预期是指人们对未来经济变量作出的一种估计，人们会根据过去的经验和对未来经济形势的判断作出对未来通货膨胀的估计，从而导致通货膨胀惯性。

## 四、通货膨胀的影响

很多人认为，通货膨胀（物价上涨）会降低社会实际收入和生活水平，这其实是不恰当的认识。根据国民收入循环理论，有一美元的最终产品就必然有一美元的国民收入，所以当产品涨价时，名义国民收入也会以同等幅度上涨，则实际国民收入保持不变。但对于社会成员个人来说，通货膨胀可能会使一部分人的实际收入上升，同时使另一部分人的实际收入下降，但总的实际收入水平是不变的。因此，通货膨胀的影响体现在对国民收入的重新分配上。

在分析这些影响效应之前，应先区分可预期的通货膨胀和不可预期的通货膨胀。

### （一）在平衡的、可预期的通货膨胀状态下

**1. 对收入分配、产出和经济效率的影响**

当所有商品和劳务、生产要素的价格——食品、住房、工资、租金、利息等，每年都按照人们预期的、惯性的固定比率稳定上涨时，不同种类的资产既没有得益，也没有受损，个人收入和支出也都同幅度上涨，那么，就没有人会为物价的变动而惊慌。所以，达到平衡的、可预期的通货膨胀不会对国民收入分配、社会实际产出和经济效率产生什么影响。

**2. 菜单成本与皮鞋成本**

在惯性的通货膨胀中也会有些少量的成本。例如，随着价格上涨，餐馆、商店要不断置换新的价格目录和标签。这种经营者们因价格改变要重新印刷、更换价格单而产生实际的物质损失，这种损失被称作"菜单成本"。这部分成本在经济生活中相对较小。

通货膨胀期间，储蓄的名义利率会上升，而现金和支票账户是没有利息的（名义利率为零），所以人们认为此时持有现金和支票帐户的机会成本加大了，从而会相应减少现金的持有量，频繁地光顾银行或自动提款机。这种为持有较少的现金而增加的对"鞋子"和时间的损耗被称作"皮鞋成本"。这部分成本有时会相对较大一些。

### （二）在非均衡的、不可预期的通货膨胀状态下

现实生活中，物价水平会时常受到意外的需求拉动或成本推动的冲击，迫使物价涨幅偏离人们预期的惯性速率，并且不同部门的物价上涨速度也不一致，也就是说，商品之间的相对价格会发生变化，这种变化不断游移，增加了经济生活中的不确定性，造成了市场扭曲，结果会带来以下影响。

**1. 对国民收入和财富分配的影响**

通货膨胀会对收入分配产生影响，是因为人们持有的资产与负债在种类上存在差别。

**（1）工资与利润**

如果名义工资（货币工资）的增长速度慢于通货膨胀率，会使实际工资相对下

降，工资收入者会感到收入缩水了。而对于企业主来说，实际工资下降会使企业的成本下降、利润相应增加，企业主会相应受益。

为保障工资的购买力，有些国家通过立法对工资进行指数化调整，但这种措施同时也加快了企业成本的提高，降低了企业的竞争力，并造成工资与通货膨胀率轮番上升的恶性循环。2011年11月比利时企业联合会发表公报显示，比利时在指数化工资制度下，工资增幅已连续四年超过邻国，是造成其国内高通货膨胀率的主要原因，并指出，欧盟委员会一再要求比利时放弃指数化工资制，以避免对经济产生严重的消极影响。

（2）税收

许多税则的条款只是按名义收入（货币收入）征税，而没有考虑到通货膨胀的影响，因此无形之中就会增加纳税人的税收负担。例如，在累进个人所得税制度下，若某人的名义工资上升了，他可能会被列入更高的纳税等级，使交税增加更多，造成其实际收入下降，这种现象被称作"税收等级爬升"。对政府来说，这等于自动提高了公众的纳税额，其实质是"无需立法的征税"，从而影响了国民收入在政府与私人部门之间的再分配，使私人部门收入占国民收入的比例减小，而政府收入的比例增大。

为防止征税自动提高，很多国家也对个人所得税进行指数化调整，但不能完全消除通货膨胀对税收的扭曲。例如，当名义利率或名义收益率上升时，对利息、红利等投资收益进行征税，但很少有法规会把仅作为通货膨胀补偿的那部分利息或收益区分开来。

（3）债权人与债务人之间收入的再分配

如果名义利率的增长超过通货膨胀率增长，说明实际利率相对增加，则贷款人受益，借款人受损；反之，若名义利率的增长低于通货膨胀率增长，表明实际利率降低了，则借款人受益，贷款人受损。有银行储蓄的居民等于把钱贷给银行以收取利息，所以有储蓄的人自然也是受损，这就是为什么在通货膨胀较快时人们不倾向于储蓄，而更愿意以长期固定利率向银行借钱去购买有形资产的原因。如果存款的实际利率持续过低，人们会放弃储蓄，转而选择其他更有利可图的金融资产（如股票）或投资。

对于包括股息、租金、红利等在内的各类投资收益来说，真实的收益率与实际利率相似，等于名义收益率减去通货膨胀率，所以真实收益率可能增加，也可能减少，当中某些人因通货膨胀受损的同时，必定有另一些人因此而受益。

有的经济学家认为，通货膨胀对税收、储蓄和投资的影响是通货膨胀的最大成本。

（4）对固定收入的影响

对于领取退休金、抚恤金、社会养老保险、政府医疗补贴等这类固定货币收入的人们，如果没有法规保障其收入随着通货膨胀率提高而自动调整增加的话，那么通货膨胀会降低他们的实际收入，使其生活水平下降。为避免这种损失，现今有的国家对某些固定收入实行指数化调整制度，如对社会养老保险以 CPI 为标准来计算等。

（5）国民收入在国际间的再分配

如果某国的通货膨胀率高于其他国家，意味着外国同类产品的价格相对下降了，则人们对外国产品的购买会增加，即进口增加，从而使本国国民收入较多地流往国外。同时，本国产品价格上涨会使出口竞争力下降，导致出口减少。两方面作用下，很可能导致对外贸易逆差、国际收支不平衡，出现一个净增的流向国外的国民收入流量。但是通货膨胀也会促使本币对外汇的比率下降，例如本币购买力下降 50% 后，本币兑外币的汇率可能会从原先的 2∶1 贬值为 4∶1，从而又有利于增加出口和减少进口，使外汇逐渐转向顺差，国际收支恢复到均衡。这就是通货膨胀对国际收支调节机制发挥作用的过程。

通货膨胀对于国民收入和财富再分配所产生影响的大小，取决于通货膨胀率的大小。低于 3% 的通货膨胀对于再分配所产生的影响较小；而急剧或恶性的通货膨胀等于将民众多年积攒的财富快速剥夺掉，使财富集中到极少数人的手中，从而拉大了贫富差距。

2. 对资源配置、经济效率的影响

在市场经济中，资源的配置是通过价格来进行的。不均衡的通货膨胀引起相对价格体系的变动，最终促使原来的资源配置状况和方式发生改变，使资源重新配置。

在低通货膨胀的经济中，产品价格上升说明了其供给与需求发生了改变，企业可以据此作出决策反应，例如成本上升太快的行业会适当收缩，而利润上升超过成本上升的行业将得到扩张。而在高通货膨胀经济中，各行业日趋频繁地调整价格，却与产品的供需不符，相对价格混乱无序、价格信号失真令经营者们无所适从，市场风险加大，企业投资谨慎，经济增长乏力。

如果超发的货币涌入证券和房地产市场，会引发资产价格急剧攀升，形成泡沫经济，使该国的产业结构和经济结构畸形。泡沫经济一旦崩溃，经济会遭受巨大打击。20 世纪 80 年代日本的地价与股价在宽松的货币政策刺激下狂飙。1985－1989 年仅四年时间里日本的股票市值就上涨了三倍，股票总市值占到全球的 40% 左右，超越美国成为全球第一。日本国土面积不到美国的 1/25，而日本的土地总市值却是美国的五倍。在最高峰时，日本的股市市值是当年 GDP 的 139.5%，仅东京都的住宅用地市值就是日本 GDP 的 1.4 倍。全民疯狂炒股、炒地，实业家们也无心实业。1990 年日本的经济泡沫破灭，资产价格直线坠落，银行与企业大量倒闭，仅地产与股票在五年里的损失合计就接近日本两年的 GDP，比第二次世界大战给日本带来的经济损失还大[①]。国民的心态也跌入深渊，信心指数下降。日本从此陷入长达十几年的衰退，这是第二次世界大战后时间最长、最严重的一次经济萧条。资产泡沫严重扭曲了社会资源配置，损害了经济可持续增长前景。

物价水平的大幅度升高变动也使家庭和个人的理财计划难以正确制订，同时，由于受影响最大的是持有现金的成本，人们会急于抛出现金去囤积不需要的商品，这也造成了资源配置的失调和浪费，降低了经济效率。

如果政府措施得力，在一定条件下，对于资源配置的不合理状态，在通货膨胀时期可以得到一定程度的纠正。例如，20 世纪 50 年代，美国教师缺乏，到 20 世纪 60 年代通货膨胀时期，美国政府采取措施，让教师的货币收入增长超过物价上涨，教师生活的改善吸引了不少人从教，从而使人力资源的配置趋于合理。

3. 对社会政治、思想、文化等方面的影响

通货膨胀的成本更可能是社会性的，而非经济性的。它导致无规律的收入再分配，会影响大众心理，令社会成员普遍感到紧张与不安，总认为物价上涨得太快、自己收入增加得太慢。而那些受到实际损失的人们会有种被抢劫的感觉，易滋生对政府的不满情绪。经济生活影响延伸到思想、政治领域，特别是在急剧或恶性通货膨胀时，利益再分配可以引起社会各阶层的对立冲突，激化社会矛盾，引发政局动荡。

# 第三节 菲利普斯曲线

## 一、菲利普斯曲线的提出

菲利普斯曲线（Fhillips Curve）是伦敦经济学院教授菲利普斯（A·W·Phillips）于 1958 年在《1861－1957 年英国失业和货币工资变动率之间的关系》一文中，最先提出的失业率与货币工资之间的反向变动关系曲线。通过分析英国近百年失业率与货币工资变动率的数据，菲利普斯教授发现二者变动之间存在显著的反向关系。即当失业率较低时货币工资水平倾向于上升，失业率较高时货币工资水平倾向于下降，如图 11-5 所示。

---

① 戴慧，《日本平成泡沫的经验教训及启示》.《中国发展观察》2011 年第 6 期.

1960 年，萨缪尔森和索洛进一步发现失业率和通货膨胀率之间也存在类似状况，于是将早期的菲利普斯曲线发展成为描述失业率与通货膨胀率之间的反向关系，表示两者之间具有此消彼长的替代关系。即当物价通货膨胀率增加时，失业率下降；当物价通货膨胀率下降时，失业率上升，如图 11-5 所示。

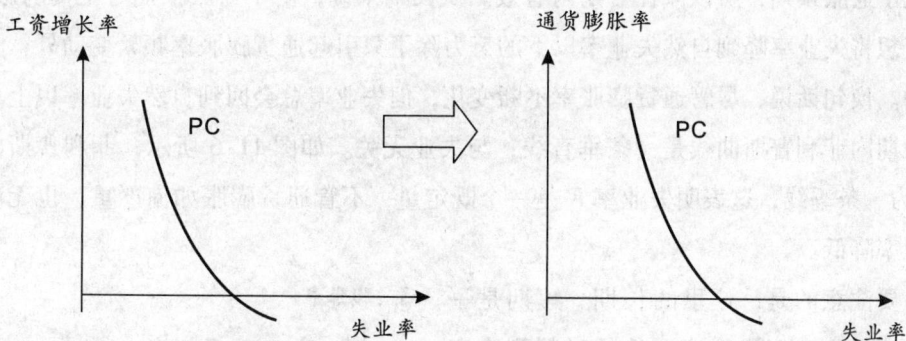

图 11-5　菲利普斯曲线

## 二、短期的菲利普斯曲线

失业与通货膨胀在短期内存在一种反向关系：经济衰退时失业增加，消费需求减少，故而物价低（通货膨胀率降低）；当政府刺激投资和消费，生产扩大、就业增加（失业率降低）时，又会引起物价和工资上涨，即通货膨胀；为压低通货膨胀，就要抑制需求，降低经济发展速度，使就业水平下降，即失业率增加。

奥肯曾描述过这种两难情况："在总体经济运行中需要解决的主要问题是，如何在使经济繁荣的同时保持物价的稳定，即必须要找到一种令人满意的折中方法，使我们既能为不断增长的经济感到自豪，同时也不会为物价的变动感到不舒服。"

短期内，通货膨胀率高时，失业率低；通货膨胀率低时，失业率高。这被认为是经济学的十大原理之一，尽管经济学界对菲利普斯曲线还存在一些争议，但多数经济学家还是接受了这一思想。菲利普斯曲线的存在表明了如下观点：

第一，名义工资（货币工资）上升可以引发通货膨胀，也就是成本推动的通货膨胀；

第二，使物价长期稳定（即通货膨胀率为 0）的失业率，是自然失业率；

第三，若以紧缩性政策降低通货膨胀，就必然以较高的失业率为代价；以扩张性经济政策降低了失业率，就必须容忍较高的通货膨胀，这为宏观经济决策提供了理论依据。

### 三、长期的菲利普斯曲线

"滞胀"经济现象的出现，说明通货膨胀与失业之间的替代关系并非绝对的。货币学派的代表人物弗里德曼认为，原始的菲利普斯曲线混淆了名义工资与实际工资，忽视了通胀预期，所以只在短期内有效。从长期来说，由于通胀预期对工资的影响，政府想将失业率降到自然失业率以下的努力除了只引起通货膨胀率频繁变动外，是徒劳的。换句话说，尽管通货膨胀率不断变化，但失业率总会回到自然失业率以上，所以长期内菲利普斯曲线是一条垂直线，与失业无关。如图 11-6 所示，菲利普斯曲线 $PC$ 为一条垂线，这表明失业率 $N$ 是一个既定量，不管通货膨胀如何严重，也无法使失业率降低。

要注意的是，这里的长期、短期是一个经济概念，工资反应调整的时间到底有多长，取决于很多因素，如经济制度、经济规模、通货膨胀类型、劳动合同的谈判频率、人们的心理等。

引起通货膨胀或失业的原因有很多，弗里德曼甚至认为，如果政府干预过度、市场机制失灵，通货膨胀与失业率的关系还可能存在正相关的关系。因此，对菲利普斯曲线的应用，要注意结合当地经济的实际情况，否则即使在短期内想以菲利普斯曲线来预测通货膨胀或失业，并据此制定经济政策，也可能难以达到预期的效果。

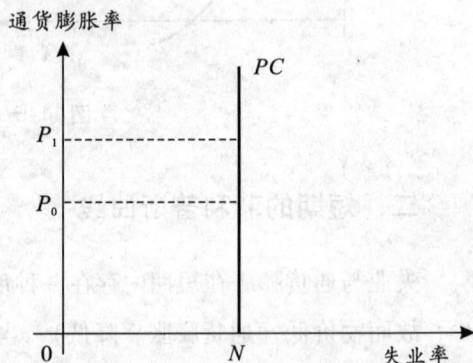

图 11-6　垂直的菲利普斯曲线

### 本章小结

1. 失业是指在一定年龄范围内的劳动者有劳动能力和工作愿望，但处于无工作或正在寻找工作的状态。

2. 失业率是指失业人数占劳动力总数的比率，它反映了失业的严重程度。

3. 摩擦性失业指劳动者因生活或工作变动，需要时间寻找新工作而引起的失业。

4. 结构性失业是指由于社会变化、经济结构调整等因素导致劳动力的供给结构与需求结构二者不匹配、不吻合所造成的失业。

5. 周期性失业又称需求不足的失业，是指在经济周期运行到衰退与萧条阶段时，由社会总需求不足所引起的短期失业。

6. 货币工资（即名义工资）易升难降的现象被称为工资向下刚性，简称工资刚性。

7. 季节性失业是指某些行业的生产与服务受自然季节、气候、节假日或社会习俗等因素的影响，存在由季节性波动所引起的失业。

8. 自愿失业，指劳动者不愿意接受现行的工作条件和工资水平，或者说由其要求的工资水平超过其边际生产率而未被雇佣所造成的失业。

9. 通货膨胀是指一般物价水平（包括产品和生产要素的价格）普遍而持续的上涨。

10. 需求拉动的通货膨胀指社会总需求过度增长，超过了总供给的增长，即货币数量相对于产品数量过多所引起的通货膨胀。

11. 成本推动的通货膨胀又称为供给冲击的通货膨胀，指由于供给方面成本的上升，使总供给减少所引起的通货膨胀。

12. 结构型通货膨胀是指即使在供求基本平衡时，经济结构的不平衡也会引发通货膨胀。

13. 菲利普斯曲线描述了失业率与通货膨胀率之间的反向关系，表示两者之间具有此消彼长的替代关系。即当物价通货膨胀率增加时，失业率下降；当物价通货膨胀率下降时，失业率上升。

## 复习思考题

### 一、名词解释

通货膨胀　消费价格指数（CPI）　需求拉动型通货膨胀　成本推动型通货膨胀
摩擦性失业　结构性失业　周期性失业　自然失业率　充分就业　菲利普斯曲线

### 二、判断题

1. 充分就业意味着失业率为零。（　　）

2. 通货膨胀意味着所有商品的价格一起上涨。（　　）

3. 由社会总需求增加所引起的通货膨胀被称为成本推动的通货膨胀。（　　）

4. 菲利普斯曲线描述了失业率与通货膨胀率之间具有此消彼长的替代关系。（　　）

5. 周期性失业是指在经济周期运行到衰退与萧条阶段时，社会总需求不足引起的短期失业。（　　）

### 三、单选题

1. 假设一国人口为 2 000 万，就业人数为 1 200 万，失业人数为 100 万，则该地区的失业率约为（　　）。

A. 11%　　　　　B. 8.3%　　　　　C. 7.7%　　　　　D. 5%

2. 由于经济衰退而形成的失业属于（　　）。

A. 摩擦性失业　　B. 结构性失业　　C. 周期性失业　　D. 季节性失业

3. 只是由于经济结构因素的变动，出现的一般价格水平的持续上涨是（　　）。

A. 成本推动的通货膨胀　　　　　B. 结构性通货膨胀

C. 需求拉动的通货膨胀　　　　　D. 通货膨胀的惯性

4. 菲利普斯曲线描述失业率与通货膨胀率之间关系正确的是（　　）。

A. 物价水平上涨时，失业率增加　　B. 物价水平上涨时，失业率减少

C. 物价水平下降时，失业率下降　　D. 两者无关系

### 四、简答题

1. 简述失业的种类和原因。

2. 简述引起通货膨胀的原因。

3. 简述通货膨胀的影响。

4. 画图表述菲利普斯曲线及其含义。

## 📖 案例讨论

【案例一】如果饭店老板对顾客说："房租、服务员工资、煤气水电等费用都涨了，我也只能跟着涨价了。"这属于需求拉动还是成本推动的通货膨胀？如果这个老板说："可以涨价，不愁卖不了，店门口排队想买的人多着呢。"这又属于什么类型的通货膨胀？

【案例二】结合本地区的经济制度，分析一下如果通货膨胀率增速远远高于GDP、利率、工资、利润等的增速，那么哪些部门或人群会因此受益？哪些人群的生活水平会受到损害？

# 第十二章　开放经济理论

知识目标

1. 国际贸易相关理论；

2. 国际收支的含义及主要内容；

3. 汇率及汇率制度的相关内容；

4. 经济增长的含义及相关理论的介绍。

能力目标

1. 能够理解国际贸易的相关理论；

2. 能够理解国际收支的含义及主要内容；

3. 能够理解汇率及汇率制度的相关内容；

4. 能够理解经济增长的含义及相关理论。

技术目标

能够理解现实生活中用到的各种开放经济理论。

案例导入

### 粮食"变"石油

很久以前有个国家 A，土地肥沃，盛产粮食，但是却缺少石油资源。而与其相邻的另一国 B 却是富有石油，但是粮食却是年年歉收。在 A 国人民正发愁过剩的粮食如何处理时，一个智者站了出来。他说他发明了一个机器，能将粮食变成石油，并让人们将过剩的粮食统统交给他，按一定的比例换成石油。人们都不相信他说的话。于是，只有少数的人将信将疑地把粮食交给他。第二天，奇迹发生了。这位智者如约把石油交给了这些人。于是，人们都将过剩的粮食交给他，而他们也收获了源源不断的石油。有些人还是好奇这个机器的神奇性。于是几个人半夜藏在智者的家里想亲眼目睹奇迹的发生。但是他们等了一夜只听到机器的轰鸣声，却没看见机器是如何将粮食变成石油的。第二天，好奇的人们纷纷堵在智者的家门口质问他奇迹是如何发生的。

这时，智者只能实话实说了。原来，真正使粮食变石油的是两个国家之间的贸易交换。

那么，两个国家之间贸易的产生都需要哪些条件呢？

# 第一节　国际贸易理论

## 一、国际贸易的经典理论

国际贸易是开放经济的一项重要内容，一国经济的开放首先是从国际贸易开始的。国际间的贸易是如何产生的呢？下文我们将简单介绍几种具有代表性的理论，进而研究国际贸易的产生原因和影响。

### （一）绝对优势理论

绝对优势理论是最早的国际贸易理论，其代表人物是 18 世纪的英国经济学家亚当·斯密。他在《国富论》中用一国内不同的职业分工和交换来解释国际贸易，认为一国之所以和别国进行国际贸易在于生产中的绝对优势存在不同。如果一国能够用同样的资源生产出比别国更多的产品，即生产此产品的生产技术优于别国，从而使每单位产品的生产成本低于别国，则称该国在这种产品的生产上具有绝对优势。

1. 生产和贸易模式

建立在绝对优势基础上的贸易理论认为：各国应该集中生产并出口其具有"绝对优势"的产品，进口其不具有绝对优势（或处于绝对劣势）的产品。

怎样确定一国在哪种产品上具有绝对优势呢？绝对优势的衡量办法一般有以下两种。

（1）用劳动生产率，即用单位要素投入的产出率来衡量。一国如果在某种产品上具有比别国更高的劳动生产率，则称该国在这一产品上就具有绝对优势。

（2）用生产成本，即用生产一单位产品所需的要素投入数量来衡量。如在某种产品的生产中，一国单位产量所需的要素投入低于另一国，则称该国在此产品上就具有绝对优势。

假设两个国家"A 国"和"B 国"。两国都生产"大米"和"小麦"，但生产技术不同。假设劳动是唯一的生产要素，两国有相同的劳动力资源，都是 100 人。由于生产技术的不同，同样的劳动人数可能的产出是不同的。假设两国所有的劳动都用来生产大米，假设 A 国可以生产 100 吨，B 国只能生产 80 吨；假设两国的劳动都用来生产小麦，A 国能生产 50 吨，而 B 国能生产 100 吨。两国的生产可能性如表 12-1 所示。

表 12-1　A 国和 B 国的生产可能性

|  | 大米（吨） | 小麦（吨） |
| --- | --- | --- |
| A 国 | 100 | 50 |
| B 国 | 80 | 100 |

从劳动生产率的角度讲，A 国每人每年可以生产 1 吨大米，而 B 国每人每年只生产 0.8 吨，可见 A 国生产大米的劳动效率高于 B 国，所以 A 国在大米生产中具有绝对优势。同理，B 国每人每年可以生产 1 吨小麦，而 A 国每人每年只能生产 0.5 吨，可见 B 国在生产小麦方面具有绝对优势。

从生产成本的角度来说，每吨大米在 A 国只需要 1 个单位的劳动投入，在 B 国则要 1.25 个单位。可见 A 国生产大米的生产成本要低于 B 国，所以 A 国在大米生产方面具有绝对优势。相反，每吨小麦在 A 国需要 2 个单位的劳动投入，在 B 国只需要 1 个。可见 B 国在生产小麦方面具有绝对优势。

根据绝对优势贸易理论，A 国应该集中生产大米（100 吨），然后向 B 国出口一部分大米而进口一部分小麦；B 国则应集中生产小麦（100 吨），然后向 A 国出口部分小麦而进口一部分大米。

2. 贸易所得

绝对优势贸易理论中的这种专业化的分工和交换给两国带来什么好处呢？我们用上面的例子来说明。如果没有贸易的话，两国都是封闭经济，因此，为了满足不同的消费，每个国家都要生产两种产品。为了方便起见，我们假设每个国家都将自己的劳动资源平均分布在两种产品的生产上。那么，根据表 12-1，A 国的大米产量是 50 吨，小麦是 25 吨；而 B 国的产量为 40 吨大米和 50 吨小麦。在封闭经济中，各国的生产量也是各国的消费量。

在两国开放自由贸易和专业化分工之后，A 国生产 100 吨大米而 B 国生产 100 吨小麦。假设 A 国仍然保持自给自足时的大米消费量（50 吨），拿出另外的 50 吨去跟 B 国交换小麦，而 B 国也是如此，保证原来的小麦消费量（50 吨），将余下的 50 吨小麦拿去交换大米。这样，A 国与 B 国用 50 吨大米换 50 吨小麦。贸易的结果是，A 国现在有 50 吨大米（自己生产的）和 50 吨小麦（进口的），比自给自足时多了 25

吨小麦。而 B 国也有 50 吨小麦和 50 吨大米，比自给自足时多了 10 吨大米，两国都比贸易前增加了消费，都得到了在自给自足时不可能达到的消费水平。这就是贸易所得，即通过贸易交换，提高了两国的消费水平，对两国均有利。

在这个例子中，A 国大米与 B 国小麦的交换比例是 1：1，而实际中这一比例会变动。究竟以什么样的比例（即价格）进行交换，取决于国际市场上两种产品的供给与需求。

3. 理论的局限性

绝对优势理论解释了产生贸易的部分原因，也首次论证了贸易双方都可以从国际分工与交换中获得利益的思想。国际贸易可以是一个"双赢"的局面。斯密把国际贸易理论纳入了市场经济的理论体系，开创了对国际贸易的经济分析。但是，绝对优势贸易理论的局限性很大，因为在现实社会中，有些国家比较发达，有可能在各种产品的生产上都具有绝对优势，而另一些国家可能不具有任何生产技术上的绝对优势，但是贸易仍然在这两个国家之间发生，而斯密的理论无法解释这种绝对发达和绝对落后国家之间的贸易。

对前面的例子（表 12-1）作以下改动：假设 B 国的劳动力都用来生产大米的话，每年的生产能力不是 80 吨，而是 150 吨；A 国的生产能力不变。这样，两国的生产可能性变成表 12-2 中的情况。

表 12-2　A、B 两国的生产可能性

|  | 大米（吨） | 小麦（吨） |
| --- | --- | --- |
| A 国 | 100 | 50 |
| B 国 | 150 | 100 |

在这种情况下，B 国小麦和大米的劳动生产率都比 A 国高，在大米和小麦上都有绝对优势。根据斯密的绝对优势贸易理论，B 国应该出口小麦，也出口大米，而 A 国没有任何产品可以出口，不但应该进口小麦，还应该进口大米。可是，如果 A 国不能出口的话就没有能力来支付进口产品，也就无法进口，国际贸易也就没有可能发生。因此，斯密的绝对优势贸易理论在解释国际贸易的实际现象时有很多局限性。

（二）比较优势理论

为了解释发达国家和落后国家之间的贸易产生原因，英国经济学家大卫·李嘉图提出了比较优势理论。比较优势理论认为，国际贸易的基础并不限于生产技术上的绝对差别，只要各国之间存在着生产技术上的相对差别，就会出现生产成本的相对差别，从而使各国在不同的产品上具有比较优势，使国际分工和国际贸易成为可能。

1. 基本假设和生产贸易模式

比较优势模型的假设与绝对优势模型基本一样。比较优势模型强调两国之间生产技术存在相对差别而不是绝对差别。

在比较优势模型中，生产和贸易的模式是由生产技术的相对差别以及由此产生的生产成本的相对差别决定的。比较优势理论认为，各国应该集中生产并出口其具有比较优势的产品，进口其不具有比较优势（或比较劣势）的产品。

怎样才能知道一国是否有生产某种商品的比较优势呢？产品的比较优势可以用相对劳动生产率、相对生产成本或者机会成本来确定。

（1）用产品的相对劳动生产率来衡量。相对劳动生产率是不同产品劳动生产率的比率，或两种不同产品的人均产量之比。用公式表示则可写成：

$$产品 A 的相对劳动生产率 = \frac{产品 A 的劳动生产率}{产品 B 的劳动生产率}$$

如果一个国家某种产品的相对劳动生产率高于其他国家同样产品的相对劳动生产率，该国在这一产品上就拥有比较优势；反之，则只有比较劣势。

表 12-3　A、B 两国的相对劳动生产率

|  | 大米/小麦 | 小麦/大米 |
|---|---|---|
| A 国 | 2 | 0.5 |
| B 国 | 1.5 | 2/3 |

表 12-3 中的数字是根据我们前面假设的例子（见表 12-2）计算得出的相对劳动生产率。A 国大米的相对劳动生产率是 1 吨大米/0.5 吨小麦，即 2 吨大米/吨小麦。B 国大米的相对劳动生产率是 1.5 吨大米/吨小麦，两者相比，2 > 1.5，即 A 国大米的相对劳动生产率高于 B 国，A 国具有生产大米的比较优势。两国小麦的相对劳动生产率则正好相反：A 国为 0.5 吨小麦/吨大米，B 国为 2/3 吨小麦/吨大米，B 国具有生产小麦的比较优势。

（2）用相对成本来衡量。所谓"相对成本"，指的是一个产品的单位要素投入与另一产品单位要素投入的比率。用公式表示：

$$产品 A 的相对成本 = \frac{单位产品 A 的要素投入量}{单位产品 B 的要素投入量}$$

如果一国生产某种产品的相对成本低于别国生产同样产品的相对成本，该国就具

有生产该产品的比较优势。上例中两国每吨大米和小麦的相对成本为：

表 12-4　A、B 两国大米和小麦生产的相对成本

|  | 大米 | 小麦 |
|---|---|---|
| A 国 | 0.5 | 2 |
| B 国 | 2/3 | 1.5 |

A 国大米的相对成本比 B 国的低，而 B 国小麦的相对成本比 A 国的低。因此，结论与用相对劳动生产率来衡量是一致的：A 国有生产大米的比较优势，B 国有生产小麦的比较优势。

（3）一种产品是否具有生产上的比较优势还可用该产品的机会成本来衡量。所谓"机会成本"指的是为了多生产某种产品（例如小麦）而必须放弃的其他产品（例如大米）的数量。用大米来衡量的每单位小麦产量的机会成本为：

$$小麦的机会成本 = \frac{减少的大米产量}{增加的小麦产量}$$

在前面的计算中我们可以看到，在给定的时间（或土地）里，每个 A 国农民可以生产 1 吨大米，也可以生产 0.5 吨小麦，但不能同时生产 1 吨大米和 0.5 吨小麦。也就是说，在 A 国，一个农民要想多生产 1 吨小麦，他就不得不少生产 2 吨大米。每吨小麦的"机会成本"是 2 吨大米。在 B 国，一个农民要想多生产 1 吨小麦，就必须少生产 1.5 吨大米。每吨小麦的"机会成本"是 1.5 吨大米。同样，我们可以算出大米的机会成本（小麦机会成本的倒数）：A 国为 0.5 吨小麦，B 国为 2/3 吨小麦。可见 A 国生产大米的机会成本低，具有比较优势；而 B 国生产小麦的机会成本低，具有比较优势。

由此可见，三种方法的结论是相同的，都能确定本国产品的比较优势。

李嘉图的比较优势理论认为贸易的基础是生产技术相对差别以及由此产生的相对成本的不同。一国之所以能够出口获利，只需在该产品的生产上具有比较优势而不一定要有绝对优势。一国可能会在所有的产品上都不具有绝对优势，但一定会在某些产品上拥有比较优势。因此，任何国家都可以有出口的产品，都有条件参与国际分工和国际贸易。与绝对优势理论相比，比较优势理论更有普遍意义。

2. 贸易影响与贸易所得

在绝对优势贸易理论中，人们对贸易所得比较容易看得清楚，因为一国出口产品的绝对生产成本一定比别国低而且进口的也一定是自己生产成本绝对比别国高的产

品，所以贸易一定能够赚钱或省钱。但在比较优势理论中，贸易所得就不是那么直观。但不容质疑的是，根据比较优势理论进行的国际贸易对两国仍然都有利可图。

### （三）贸易保护的理论

#### 1. 保护幼稚工业论

在发展中国家中，贸易保护的最重要、最流行的依据是保护幼稚工业（infant industry）。全面阐述和发展这一理论的是 19 世纪德国经济学家弗里德思希·李斯特。保护幼稚工业理论的主要观点是：许多工业在发展中国家刚刚起步，处于新生或幼嫩阶段，就像初生婴儿一样，而同类工业在发达国家已是兵强马壮，实力雄厚。如果允许自由贸易、自由竞争的话，发展中国家的幼稚工业肯定被打垮、被扼杀，永远没有成长起来的希望。如果政府对其新建工业实行一段时间的保护，等"新生儿"长大了再取消保护，那么它就不但不怕竞争，还可与先进国家的同类工业匹敌了。

因此，保护幼稚工业论在理论上虽然成立，但实施中往往弊大于利。保护的代价昂贵而保护的效果却不甚理想。

#### 2. 保护就业论

保护就业论虽不像"幼稚工业"论那样具有悠久的历史，但流行范围却同样广泛，而且主要是在西方发达国家。每当经济不景气、失业率上升时，西方国家的一些政治家和工会领袖就把原因归罪于来自外国尤其是发展中国家的竞争，纷纷主张以限制进口来保障本国工业的生产和就业。20 世纪 80 年代的西方贸易保护主义加强的其中一个重要理论依据，就是保护国内的生产和就业。

保护就业论可以从微观和宏观两方面来解释。从微观上说，某个行业得到了保护，生产增加，工人就业也就增加。从宏观上说，保护就业论是建立在凯恩斯主义经济学说上的。

凯恩斯（John M. Keynes）是英国经济学家。在 1929 年至 1933 年的西方大萧条中，凯恩斯看到了古典经济学完全依赖市场机制和只重视供给方面的不足，认为一国的生产和就业主要取决于对本国产品的有效需求。如果有效需求增加，就会带动生产和就业的增加；反之，如果有效需求不足，就会出现生产过剩、经济衰退，造成失业增加。因此，要达到充分就业，就要对商品有足够的有效需求。

增加出口，减少进口有利于增加有效需求，进而增加国民生产和就业水平。反之，如果进口太多，出口太少，则会减少有效需求并降低本国生产和就业水平。保护就业论者就是根据凯恩斯的宏观经济理论提出贸易保护的，他们相信，通过限制进口扩大出口的贸易保护政策，可以提高整个国家的就业水平。

3. 改善国际收支论

贸易虽然是有进有出，但不一定平衡。如果出口所得多于进口所付，就称为贸易出超或贸易顺差；反之，则称为贸易入超或贸易逆差。贸易的出超和入超对一国的国际收支和外汇储备有很大影响，出超时给国家带来外汇净收入，外汇储备增加；入超则是外汇净支出，外汇储备减少。改善国际收支论认为，实行贸易保护可以减少进口，从而减少外汇支出，增加外汇储备。

以国际收支方面的理由作为贸易保护的依据在发展中国家很普遍。从 1979 年东京回合到 20 世纪 80 年代末，发展中国家在向关贸总协定通报进口限制时，85% 以上都以平衡国际收支为理由，这主要与发展中国家普遍出口能力低、外债严重有关。但改善国际收支论在出口能力强的亚洲国家也比较流行，这大概与亚洲国家的文化有一定的联系。一些东亚国家的人们都比较注重储蓄，不太愿意举债。反映在贸易政策上就是追求贸易顺差。

但通过贸易保护（包括限制进口和鼓励出口）来追求出超有时会引起与入超国的矛盾和纠纷。

4. 贸易保护的新理论

20 世纪 70 年代以后，世界贸易格局发生了新的变化。一些第三世界国家在世界贸易中崛起，并在纺织、制鞋、钢铁等原来发达国家垄断的行业中呈现出比较优势。石油输出国家组织起来，控制供给并提高价格，主宰了国际石油市场。传统的发达国家向发展中国家出口工业制造品、发展中国家出口初级产品的情况逐渐改变，取而代之的是工业国家之间的双向贸易和制成品之间的贸易成为世界贸易中的主要部分。贸易结构发生改变，不仅发展中国家，连发达国家也面临着工业制成品市场的剧烈竞争。在新的形势下，贸易保护主义在理论与政策上都有了新发展，被称为"新贸易保护主义"。

（1）分享外国企业的垄断利润

在许多情况下，商品的国际市场是由少数几家大企业控制的"寡头市场"，如出口飞机的主要是美国波音公司和欧洲的空中客车两家；电脑市场上，美国的国际商业机器公司（IBM）占有很大份额。对于每个具体国家来说，某些进口商品更是只来自于少数公司。这些公司在进口国的市场上拥有一定的垄断力量。与完全竞争市场中的企业不同，垄断或寡头企业的商品价格不是市场给定的，而是这些企业根据市场需求制定的。垄断或寡头企业能够利用他们在市场上的地位将产品价格定在高于其边际成本的水平上，并获得超过平均水平的利润。当然，这种利润是通过提高价格从消费者身上赚取的。在国际贸易中，则是由进口国的消费者支付的。新贸易保护主义的理论认为，政府应该通过关税保护措施来分享这些外国垄断或寡头企业的利润，以弥补国民利益的损失。

（2）"战略性"贸易保护政策

由于国际市场上的不完全竞争性质和规模经济的存在，市场份额对各国企业变得更加重要。市场竞争变成一场少数几家企业之间的"博弈"（Game），谁能占领市场，谁就能获得超额利润。新贸易保护主义主张通过政府补贴等来帮助本国企业在国际竞争中获胜，而企业获胜之后所得的利润会大大超过政府所支付的补贴。在这方面的主要贡献者是加拿大经济学家巴巴拉·斯潘塞（Barbara J. Spencer）和詹姆斯·布朗德（James A. Brander）。

政府的保护政策可以使本国企业在国际竞争中获得占领市场的战略性优势并使整个国家受益。新保护主义常常以此来说明保护政策在现代国际竞争中的重要性。但是，这一理论在实施时也同样受到各种实际情况的挑战。

## 二、国际贸易理论的新发展

到了 20 世纪 70 年代后期，随着国际贸易的迅速发展和结构变化，在赫克歇尔—俄林体系中徘徊多年的国际贸易理论又活跃起来，一部分经济学家开始用新的方法来研究贸易的原因和结果，研究新的贸易结构与贸易政策，创立了一系列新的学说。经过十多年的发展，这些学说已逐渐成熟。其中一部分已被编入教科书，另外部分仍在继续讨论之中，仍是贸易的前沿论题，本义将简要介绍这些贸易理论的新发展并阐述其对我国贸易政策的意义。

### （一）规模经济、不完全竞争、工业发达国家之间和相同产业之间的贸易

为贸易起因提出新解释的主要是从 20 世纪 70 年代末发展起来的"规模经济贸易学说"，主要的贡献者是美国经济学家保罗·克鲁格曼（Paul Krugman）。这一理论以企业生产中的规模经济和世界市场的不完全竞争为基础解释了战后增长迅速的工业国之间和相同产业之间的贸易。

规模经济贸易理论的发展建立在两个与以往理论不同的假设上：（1）企业生产具有规模经济；（2）国际市场的竞争是不完全的。

具体而言，在"规模经济"和"垄断竞争"的条件下，企业的长期平均成本随

着产量的增加而下降，企业面对的是市场需求曲线，市场需求量会随着价格的下降而增加。在参与国际贸易以前，企业所面向的只是国内的需求。由于国内市场需求有限，企业不能生产太多，从而使生产成本和产品价格不得不保持在较高的水平上。

如果企业参与国际贸易，产品所面临的市场就会扩大，国内需求加上国外需求，企业生产就可以增加。由于生产处于规模经济阶段，产量的增加反而使产品的平均成本降低，从而增强了该企业在国际市场上的竞争能力。

由于工业产品的多样性，任何一国都不可能囊括一行业的全部产品，从而使国际分工和贸易成为必然。但具体哪一国集中生产哪一种产品，则没有固定的模式，既可以自然（竞争）产生，也可以协议分工。但这种发达国家之间工业产品"双向贸易"的基础是规模经济，而不是技术不同或资源配置不同所产生的比较优势。

### （二）国际贸易、技术外溢与经济增长之间的关系

20世纪80年代末90年代初以来，国际贸易理论的研究主要是围绕国际贸易与技术进步、经济增长的关系来进行的。在经济学文献中，虽然已有许多理论阐述了技术在贸易和经济增长中的作用，但是最新一系列的研究则把技术作为一种内生变量，不仅讨论技术对贸易的影响，也分析国际贸易、经济增长在技术进步中的作用。把技术变动、不完全竞争、规模经济和经济增长等结合起来研究，是国际贸易理论的最新发展和前沿课题。

国际贸易理论的这一新发展的背景也与战后国际贸易格局的变化有关。在用规模经济与不完全竞争的理论说明了当前"北北贸易"和同类产品之间贸易的原因之后，人们自然就会进一步探讨：为什么会有规模经济？产业的规模经济和国际分工是怎样形成的？如果说技术的差异与发展是重要的原因之一，那么，技术又是怎样产生、发展和传递的？技术的发展与国际贸易、经济增长的关系又是如何？这些问题引起了国际经济学家的极大兴趣。学者们将国际贸易理论与增长理论结合起来，提出了许多新的观点。

近年来，在国际经济学的研究中，关于国际贸易、技术变动与经济增长的文章很多。从其理论渊源来说可以分为两个部分，一部分是沿着李嘉图的模型，仍把技术作为一种外生变量，但从动态角度分析技术变动对贸易模式和各国福利水平的影响；另一部分则把技术作为一种内生变量，不仅研究技术怎样影响贸易和增长，同时把技术发展作为科研、投资、贸易和经济增长的一种结果，研究技术变动、国际贸易与经济

增长相互间的关系。

1. 技术作为外生变量的贸易与增长理论

（1）技术差异所形成的贸易模式

除了"规模经济与不完全竞争"的贸易学说外，技术作为外生变量上的差异也被用来说明发达工业国家之间和同类产品之间的贸易，马库森和斯文森（Makusen and Svenson，1985）在他们的研究中假设两国的资源配置比例和需求偏好都是相同的。产品生产需要两种以上的要素投入，但不具有规模经济。但如果两国在生产技术上有某种细微的差别，劳动生产率就会略有不同。在两国的贸易中，各国都会出口其要素生产率相对高的产品。

戴维斯（Davis）在他1994年的研究中也假设两个国家、两种产业。其中第一种产业只生产一种产品，而第二种产业生产两种不可完全替代的产品。假设其中一国在第二种产业的生产中与国外略有技术上的不同，在其中一种产品的生产技术上比别国略胜一筹。在自由贸易条件下，要素价格的相等会使该国生产和出口这种产品，而别国则会生产出口另一种产品。

马库森、斯文森和戴维斯的研究说明，即使在规模报酬不变和完全竞争的市场上，技术上的差异也可引起同行业产品之间（intra-industry）的贸易。

（2）技术变动对贸易模式和福利的影响

克鲁格曼1986年研究了技术进步对发达国家和发展中国家福利的影响。在他的模型中，他假设有两类国家：技术较先进的国家（发达国家）和技术相对落后的国家（发展中国家），产品也分为两类：技术密集型产品与非技术密集型产品。这些假设与赫克歇尔—俄林模型有些相似，它的发展在于：假如技术变动了（而不管为什么会变动），会对各国的贸易模式和福利产生什么影响？

如果这种技术进步发生在发达国家，则结果没有坏处。第一，对于发达国家来讲，它的技术更高了，产品更先进了，由于本来就在技术上领先，更新技术的产生并不面临什么竞争，也不威胁别国，别国也威胁不了它，所以技术进步对它有好处。第二，对落后国家也没有坏处，因为技术差距拉大了，给后进国家更大的空间来发展和赶超，所以技术进步发生在先进国家对这两类国家均有利。对先进国家唯一的不利之处是对于一些本来就有技术优势的产品来说，技术进步和生产出口能力的提高有可能使这些产品的价格下降，贸易条件有可能变得不利。

假如技术进步发生在后进国家呢？克鲁格曼认为其结果是缩小了两类国家之间的差距，对原来先进国家是一种竞争，对他们不利。后进国家会因为自己有能力生产这类产品而减少进口，从而造成两方面的结果：一是使该类产品的价格下降，对先进国不利；二是如果这种产品需要密集使用后进国本来就稀缺的资源，那么对后进国来说也不利。

2. 技术作为内生变量的贸易与增长理论

贸易理论的另外一方面发展是将技术视为内生变量来分析，研究技术变动的原因，也研究技术的进步作为生产和贸易的结果对贸易模式与社会福利的影响。技术变动有两种源泉，一种是被动的，不是经过专门研究开发出来的，而是从看中、干中学会的，是通过经济行为学来的，这叫"干中学"（learning by doing）。这里所说的技术不光是生产技术，还包括管理知识。另外一种是主动的，是自己创造出来的。这种技术变动是一种创新（Innovation）。技术革新一般是研究和发展（Research and Development，R&D）的结果。

（1）"技术外溢"与"干中学"

所谓技术变动或技术进步并非都是一种前所未有的新发明。在许多情况下，所谓技术进步只是学到了别人已有的先进技术。这种学习过程有时并非是最初的目的，而是在从事生产或其他经济行为时自然产生的副产品。作为先进技术的拥有者，有时也并非有意转让或传播他们的技术，而是在贸易或其他经济行为中自然地输出了技术，被称为"技术外溢"（spillovers）。不管是什么技术，其都有一个外溢的过程。"干中学"式的技术进步大部分是从技术外溢中获得的。技术外溢，又可分国际、国内、行业间和行业内几种不同情况。

（2）研究与发展和技术创新

技术变动的另一个来源是技术创新，它是一种投资、开发与研究的结果。新技术的开发主要表现在：①提高要素生产率，用有限的资源生产出更多的产品，或在保证产量的情况下使用更少的资源；②产品质量的提高和新产品的开发。

技术创新或开发型技术进步可以在专业化程度的提高中出现。随着生产的社会化分工越来越细，一个最终产品可以由一个企业变成许多个企业来生产。同一企业中也可分为许多部门，每个部门只生产产品的一个零部件。专业化程度的提高使每个部门只集中于一个小范围内的大规模生产，而在这个具体的零部件生产中，企业有可能通过降低成本来获得利润。换句话说，专业化程度的提高使利润不再只是从最终产品中获得，每个生产环节都独立出来，都有获得利润的可能性。对利润的追逐使生产的每个环节都有改进技术的动力。

开发型技术进步也常常是在对新产品的研制中获得的。市场竞争迫使企业不断开发新产品或提高产品质量，从而产生出新技术。

与"干中学"不同，技术创新或开发型技术进步是需要大量投资和研究的，因此，只有在保证这些投资能够获利的条件下，企业才会去研究新技术。因此，一国能否获得大幅度的开发型技术进步，需要两个必要条件：①对知识产权的保护，因为没有保护的话，企业开发新产品所冒的风险与其收益不对称，也就没动力去投资、研究。②要鼓励对科研的投资。"干中学"虽然也能提高技术，但毕竟有局限性，只能缩短与先进技术的差距，一个国家要想在技术上领先，就必须有开发型的技术进步，但开发型技术进步是需要有法律和投资来保证的。

# 第二节　国际收支

## 一、国际收支平衡表

国际收支平衡表是反映一定时期一国同外国的全部经济往来的收支流量表。国际收支平衡表是对一个国家与其他国家进行经济技术交流过程中所发生的贸易、非贸易、资本往来以及储备资产的实际动态所作的系统记录，是国际收支核算的重要工具。国际收支平衡表可综合反映一国的国际收支平衡状况、收支结构及储备资产的增减变动情况，为制定对外经济政策、分析影响国际收支平衡的基本经济因素、采取相应的调控措施提供依据，并为其他核算表中有关国外部分提供基础性资料。

### （一）国际收支平衡表的主要内容

1. 经常项目

经常项目主要反映一国与他国之间实际资源的转移，是国际收支中最重要的项目。经常项目包括货物（贸易）、服务（无形贸易）、收益和单方面转移（经常转移）四个项目。经常项目顺差表示该国为净贷款人，经常项目逆差表示该国为净借款人。

2. 资本与金融项目

资本与金融项目反映的是国际资本流动，包括长期或短期的资本流出和资本流入，是国际收支平衡表的第二大类项目。

资本项目包括资本转移和非生产、非金融资产的购买或出售，前者主要是投资捐赠和债务注销；后者主要是土地和无形资产（专利、版权、商标等）的购买或出售。

金融账户包括直接投资、证券投资（间接投资）和其他投资（包括国际信贷、预付款等)。

3. 净差错与遗漏

为使国际收支平衡表的借方总额与贷方总额相等,编表人员人为地在平衡表中设立该项目,以抵消净的借方余额或净的贷方余额。

4. 储备与相关项目

储备与相关项目包括外汇、黄金和分配的特别提款权(special drawing right, SDR)。

特别提款权是以国际货币基金组织(IMF)为中心,利用国际金融合作的形式而创设的新的国际储备资产,是国际货币基金组织按各会员国缴纳的份额,分配给会员国的一种记账单位,1970年正式由国际货币基金组织发行。各会员国分配到的 SDR 可作为储备资产,用于弥补国际收支逆差,也可用于偿还国际货币基金组织的贷款。因此,SDR 又被称为"纸黄金"。

国际收支相关计算公式如下:

$$国际收支总差额 = 经常账户差额 + 资本与金融账户差额 + 净差错与遗漏$$

$$国际收支总差额 + 储备资产变化 = 0$$

$$各项差额 = 该项的贷方数字 - 借方数字$$

## (二) 国际收支平衡表的用途

1. 进行国际收支平衡状况分析

国际收支平衡状况分析,重点是分析国际收支差额,并找出原因,以便采取相应对策,扭转不平衡状况。

2. 进行国际收支结构分析

对国际收支结构进行分析,可以揭示各个项目在国际收支中的地位和作用,从结构变化中发现问题找出原因,为指导对外经济活动提供依据。

## (三) 国际收支平衡表的主要项目

国际收支项目众多,各国统计和编制方法也不尽相同。国际货币基金组织编制《国际收支手册》作为范本,以求各国的国际收支平衡表内容大体一致。典型的国际收支平衡表如下:国际收支平衡以货币金额计值,既可用本国货币,也可用国际通用货币;借贷复式记录,按应收应付制记账。平衡表上的项目大致可归并成下列几种。①贸易往来,即各种物质商品的输出和输入。出口列为贷方金额,进口列为借方金额。②非贸易往来，主要包括劳务收支、投资所得等。收入列为贷方金额，支出列为借方金额。③无偿转让，从外国转入本国列为贷方金额，从本国转向外国列为借方金额。④资本往来，分为长期和短期。从外国流入本国的资本列为贷方金额，从本国流向外国的资本列为借方金额。⑤储备，包括本国作为国际货币基金组织的成员国分配得到的特别提款权以及作为国际储备的黄金和外汇等。储备本身是存量，其增减额是流量，将本年度储备增加额列为借方金额，将其减少额列为贷方金额，二者相抵得出储备净增额或净减额。⑥误差与遗漏，由于采用复式记录，国际收支的全部项目同时列在借贷双方，借贷总计应是相等的，每个项目都是一类国际交易，有相应的统计。由于统计口径不一致、数据不全、记录有误等，国际收支平衡表的借贷总计难以恰好相等。表上的"误差与遗漏"一项实是抵补差额，使表上借贷总计得以平衡，但"误差与遗漏"的具体内容各国并不相同。

## 二、我国国际收支平衡表分析

### （一）我国国际收支状况分析

国际收支是一国居民在一定时期内与非居民之间全部政治、经济、文化往来所产生的全部经济交易的系统货币记录。一国的国际收支状况通过该国的国际收支平衡表来体现。国际收支平衡表反映了这些经济交易的规模、结构等状况。下面以2010年中国国际收支平衡表（见附表）进行一些简要分析。

1. 总体情况

2010年，我国国际收支交易总规模为5.3万亿美元，较上年增长20.25%。从表中2010年我国国际收支平衡表的构成来看，可以得出这样的一个初步结论：2010年我国国际收支经常账户、资本与金融账户继续保持顺差，总顺差平稳增长，外汇储备稳步增长，收支总体状况良好。

2010年我国国际收支经常账户顺差3054亿美元。按照国际收支统计口径计算，2010年货物出口15 814亿美元，货物进口13 272亿美元，顺差2542亿美元；服务项目收入1712亿美元，支出1933亿美元，逆差221亿美元；收入项目收入1446亿美元，支出1142亿美元，顺差304亿美元；经常转移收入495亿美元，支出66亿美元，顺差429亿美元。

2010年资本与金融项目顺差2260亿美元。其中，资本项目顺差46亿美元，和2009年相比有所增加；金融项目顺差2214亿美元。在金融项目中，直接投资顺差

1249 亿美元；证券投资顺差 240 亿美元；其他投资顺差 724 亿美元。显然，直接投资仍是我国外资流入的主要形式。

在国际收支总体顺差的推动下，我国国际储备资产保持增长。2010 年我国国际储备较 2009 年年末增加 733 亿美元，其中外汇储备较上年增加 875 亿美元，我国对外清偿能力进一步增强。

2. 差额分析

这里主要就经常账户差额、资本与金融账户差额以及这些差额之间的关系进行横向和纵向比较分析。

（1）横向分析

①经常账户差额分析

在国际经济交往中，经常账户在较大程度上决定一国的国际收支状况，而货物和服务贸易又在很大程度上决定了该国的经常账户状况。在 2010 年我国的国际收支平衡表中，经常账户顺差 3054 亿美元。其中货物贸易实现顺差 2542 亿美元，服务贸易出现 221 亿美元逆差，货物和服务总计 2321 亿美元顺差。在服务项目下的子项目中，通信服务、建筑服务、计算机和信息服务、咨询以及其他商业服务呈现顺差状态，其中又以建筑服务、计算机和信息服务咨询的顺差占绝大部分，这说明我国在这些服务方面的国际竞争力比较强；而包括运输、旅游、保险服务、专有权利使用费和特许费等在内的其他项目均为逆差，其中又以运输、保险服务、专有权利使用费和特许费占逆差前三位，这说明我国在这些服务项目上尚缺乏国际竞争力，有待提高。

②资本与金融项目差额分析

资本与金融项目差额主要体现在金融项目差额上，金融项目的变化决定着资本与金融项目的变化。总体而言，2010 年我国金融账户资金流入 11 032 亿美元，资金流出 8818 亿美元，实现顺差 2214 亿美元。其中，我国在外直接投资净增加额为 602 亿美元，外国在华直接投资净增加额为 1851 亿美元，直接投资项目盈余 1249 亿美元；证券投资净流入 240 亿美元，其他投资净流入 724 亿美元。显然，在金融账户中，外国在直接投资和其他投资项目方面占主要地位，证券投资所占比例小，也就是说，我国金融账户盈余主要来自于直接投资和其他投资项目的盈余。

（2）纵向分析

①经常账户差额分析

从表中得知，2010 年我国经常账户顺差较 2009 年增加 5.45%，主要来源于货物贸易和服务项目顺差的增加。2010 年我国货物和服务贸易总体上保持平稳增长，

2010 年全年货物和服务贸易出口、进口分别较上年增长 36.60% 和 31.45%；货物贸易顺差增长 1.88%。收益项目顺差减少 29.79%，经常转移项目顺差增长 27.3%。这主要是由于运输、旅游、保险服务和专有权利使用费和特许费等项目逆差增加。

②资本与金融项目差额分析

2010 年我国资本和金融项目顺差较 2009 年增加 56.08%，主要来源于金融项目和其他投资的顺差的增加。

2010 年我国资本项目较 2009 年增长较少，总体增长缓慢。

2010 年我国金融项目较 2009 年顺差增长 57.13%，其中主要来源于直接投资和其他投资的增加。直接投资顺差较上年增加 39.71%，其中，外国在华直接投资净流入增加 136.7%，保持较高的水平；对外直接投资净流出增长 37.13%，表明我国企业"走出去"稳步发展，但受国际金融危机的影响，较上年有所减少。

# 第三节  汇率

## 一、汇率

外汇汇率（foreign exchange rate）又称外汇汇价，是一个国家的货币折算成另一个国家货币的比率，即两种不同货币之间的折算比率。

### （一）汇率标价方法

通常将汇率标价中数量固定不变的货币叫做基准货币（based currency）或被报价货币（reference currency），把数量变化的货币叫做报价货币或标价货币（quoted currency）。

1. 直接标价法

直接标价法（direct quotation）是以一定单位的外国货币作为标准，折算为一定数额的本国货币来表示汇率，即"用本币表示外币的价格，外币数量固定而本币数量变化"。例如，2013 年人民币汇率数据如下：

100 美元 = 625.06 元人民币

100 欧元 = 819.48 元人民币

2. 间接标价法

间接标价法（lndirect quotation），是以一定单位的本国货币为标准，折算为一定数额的外国货币来表示汇率，即"用外币表示本币的价格，本币数量固定而外币数量变化"。例如，2013 年人民币汇率数据如下：

$$100 元人民币 = 15.9985 美元$$

$$100 元人民币 = 12.2029 欧元$$

3. 美元标价法

美元标价法（U. S. Dollar quotation）是指，所有其他国家的货币价格一律用 1 美元 = ____该国货币来表示，目的是简化报价并广泛比较各种货币的汇价。例如，2013 年美元汇率数据如下：

$$1 美元 = 6.2506 元人民币$$

$$1 美元 = 0.7590 欧元$$

$$1 美元 = 97.32 日元$$

中国外汇市场上，美元标价法如下：100 美元 = 625.06 元人民币。

在直接标价法下，一定数量的外币折算成本国货币越多，说明本国货币的币值越低，而外国货币的币值越高；在间接标价法下，一定数量的本币折算成外国货币越多，说明本国货币的币值越高，而外国货币的币值越低。

（二）汇率的种类

1. 从银行买卖外汇的角度分为买入汇率、卖出汇率和中间汇率

买入汇率（buying rate），也称买入价（the bid rate），即银行从同业或客户处买入外汇时所使用的汇率。

卖出汇率（selling rate），也称卖出价（the offer rate），即银行向同业或客户卖出外汇时所使用的汇率。

中间汇率（middle rate），指银行买入价和银行卖出价的算术平均数，即两者之和再除以 2。中间汇率主要用于新闻报道和经济分析。

例如，某日纽约外汇市场报价如下：

纽约 GBP1 = USD 1.8870 ~ 1.8890（直接）

纽约 USD1 = SF1.7505 ~ 1.7535（间接）

注意：

（1）买入或卖出都是站在报价银行的立场来说的，而不是站在进口商和出口商

的角度；

（2）银行报出的买入价和卖出价指的是银行买卖外币的价格而不是买卖本币的价格；

（3）按照国际惯例，外汇交易在报价时通常可只报出小数（如上例中的05/35或70/90），大数省略不报（如上例中的1.75或1.88），在交易成交时再标出完整的汇率1.7505或1.8870。

2. 按外汇买卖实际交割期限的不同分为即期汇率和远期汇率

即期汇率（spot exchange rate）又称现汇汇率，是指即期交易中（外汇买卖的双方在成交后的两个营业日内办理交割手续）所使用的汇率。

远期汇率（forward exchange rate）又称期汇汇率，是指远期交易中（外汇买卖的双方事先约定，在未来某一时间按约定价格买卖某种外汇）所使用的汇率。

（1）远期汇率的两种报价方法

①完整汇率（outright rate）报价方法，是直接将各种不同交割期限的远期买入价、卖出价完整地表示出来。

例如，某日伦敦外汇市场上报出：

| | 一个月 | 三个月 | 六个月 |
|---|---|---|---|
| 英镑/美元 | 1.8235/50 | 1.8265/95 | 1.8345/90 |

②远期差价报价法，又称掉期率（swap rate）或点数汇率（points rate）报价方法，是指不直接公布远期汇率，而只报出即期汇率和各期的远期差价即掉期率，据此来计算远期汇率。

远期升水（forward premium）表示外币的远期交易价格比即期交易价格贵；远期贴水（forward discount）表示外币的远期交易价格比即期交易价格便宜；平价（at par）表示两者相等。升贴水的幅度一般用点数来表示，每点（point）为万分之一，即0.0001。

（2）根据即期汇率及升贴水点数计算远期汇率

在直接标价法下，远期点数按"小/大"排列为升水，按"大/小"排列为贴水。

远期汇率＝即期汇率＋升水点数

远期汇率＝即期汇率－贴水点数

在间接标价法下，按"小/大"排列为贴水，按"大/小"排列为升水。

远期汇率＝即期汇率－升水点数

远期汇率＝即期汇率＋贴水点数

（3）升（贴）水年率

按中间汇率把远期差价换成年率来表示，用以分析远期汇率。

**基准货币的升（贴）水年率 ＝ ［（远期汇率 – 即期汇率）÷ 即期汇率］×（12÷远期月数）×100%**

**报价货币的升（贴）水年率 ＝ ［（即期汇率 – 远期汇率）÷ 远期汇率］×（12÷远期月数）×100%**

例如，在纽约外汇市场上，即期汇率为£ 1 ＝ ＄1.8210，1 个月的远期汇率为£ 1 ＝ ＄1.8240，则英镑的升水年率为：

［（1.8240 – 1.8210）÷1.8210］×（12÷1）×100% ＝1.9769%

该计算结果表明，如果英镑按照 1 个月升水 30 点的速度发展下去，那么英镑 1 年将会升水 1.9769%。

3. 按汇率的作用和地位不同分为基本汇率和套算汇率

选择某一货币为关键货币，本币对该关键货币的汇率就称为基本汇率（basic rate）。

公布其他外币对关键货币的兑换比率，由此可套算出任意两种货币的兑换比率，即套算汇率（cross rate）。例如，选择美元作为关键货币。

除以上三组汇率外，还可以按其他不同特征将汇率分类，例如，按汇兑方式的不同，分为电汇汇率、信汇汇率和票汇汇率；按衡量货币价值的角度不同，分为名义汇率和实际汇率等。

## 二、汇率制度

### （一）固定汇率制

固定汇率制（fixed exchange rate system），是指规定本币对外币的基本兑换水平，市场汇率受基本兑换水平制约，只能围绕基本兑换水平在很小的范围内波动。实行固定汇率制的国家有义务干预外汇市场以维持本币汇率的稳定。

### （二）浮动汇率制

浮动汇率制（floating exchange rate system），是指不规定本币对外币的基本兑换水平，也不规定汇率的波动幅度，市场汇率不受基本兑换水平制约，而是随外汇市场供求状况而变动。实行浮动汇率制国家的货币当局不承担维持汇率稳定的义务。

按照政府是否干预来区分，浮动汇率制可分为自由浮动和管理浮动。

自由浮动（free floating），又叫清洁浮动（clean floating），是指货币当局对外汇市场不加任何干预，完全听任汇率随外汇市场供求状况的变动而自由涨落。

管理浮动（managed floating），又叫肮脏浮动（dirty floating），是指货币当局对外汇市场进行干预，以使汇率的变动符合自己实现国内外经济政策目标的需要。

1999 年 1 月国际货币基金组织将各成员国的汇率制度划分为以下八大类：

> 无独立法定通货的汇率安排（exchange arrangements with no separate legal tender）；

> 货币局（Currency Board Arrangements）；

> 固定钉住汇率制（水平钉住）（fixed peg arrangements）；

> 水平区间钉住（pegged exchange rates within horizontal bands）；

> 爬行钉住（crawling pegs）；

> 爬行区间钉住（exchange rates within crawling bands）；

> 有管理的浮动（managed floating）；

> 独立浮动（Independent floating）。

## （三）固定汇率制和浮动汇率制的比较

表 12-5　固定汇率制和浮动汇率制的比较

| | 固定汇率制 | 浮动汇率制 |
|---|---|---|
| 优点 | ①消除汇率风险，有利于国际贸易和国际投资<br>②为汇率预测提供"名义锚"，外汇投机带有稳定性特征<br>③作为外部约束，可防止不当竞争对世界经济的危害<br>④有利于抑制国内通货膨胀，使货币政策摆脱政治压力 | ①汇率自发性地持续微调，反映国际交往真实情况<br>②外部均衡可通过汇率自动调节来实现，不引起国内经济波动<br>③阻止通货膨胀跨国传播，保持本国货币政策的自主性<br>④自动调节短期资金移动，防范投机冲击 |
| 缺点 | ①汇率突然调整产生振荡更大<br>②丧失货币政策独立性，可能损害国家金融安全<br>③容易输入国外通货膨胀，出现内外均衡冲突 | ①增大不确定性和外汇风险<br>②汇率波动引起资金频繁移动，进而又造成汇率更大波动<br>③容易滥用汇率政策，引发贸易摩擦和国际争端 |

### （四）我国的汇率制度

现行人民币汇率制度是以市场供求为基础的、单一的、有管理的浮动汇率制度。对经常项目外汇收支实行结售汇管理；对外汇指定银行的结算周转外汇实行比例管理；对外汇银行之间以及外汇银行与客户之间买卖外汇的价格实行浮动幅度管理；中国人民银行以向外汇交易市场吞吐外汇、调节国内利率和货币供应量的形式调控人民币汇率水平；对资本项目实行相应的外汇管制。

实际上，我国"以市场供求为基础的、单一的、有管理的浮动汇率制"已经异化成"固定的钉住美元汇率制"。

## 三、汇率的经济效应分析

一般来讲，汇率变化对经济的影响表现在以下几个方面。

### （一）汇率变动对进出口贸易的影响

汇率变动会增加国际贸易的风险，不利于国际贸易的顺利发展。但是在一定条件下，汇率下跌会有利于本国的出口，反之，如果汇率上升则有利于进口。这是通过汇率升降对本国进出口商品价格的影响来实现的。其原理是：本币汇率下降意味着外币升值，使一定数额的外币能够兑换更多的本币，这必然会使以外币标识的出口商品价格降低，增强本国商品在国际市场上的竞争力，从而有利于扩大出口。同样，本币汇率下降会使以本币标识的进口商品价格上扬，从而抑制国内对进口商品的需求，减少进口数量，这样该国的贸易状况就能从两个方面得到改善。反之，一国汇率上升则会产生相反的效果。

### （二）汇率变动对资本输出入的影响

国际资本流动的主要目的是追求利润与避险。汇率稳定能确保国外投资者得到预期利润，有利于资本输出入的发展。在货币实行自由兑换的国家，当本币对外价值暴跌时，国内的本币持有者（包括国外投资者）为了避免损失，就会将本币兑换成其他较坚挺的货币或购买其他外国金融资产，从而导致国内资金外流、国际收支恶化，并促使汇率继续下跌。反之，就出现相反情况。

### （三）汇率变动对各国国际储备和国际债务的影响

一方面，汇率变动通过影响国际贸易及国际资本流动引起一国国际储备规模的增减波动；另一方面，汇率波动所引起的风险使得一国管理其国际储备与国际债务的难度大为提高，因为汇率升降会增加或减少一国外汇储备存量的实际价值以及对外的实际债务负担。

### （四）汇率变动对国内物价水平的影响

汇率变动通过影响进出口商品价格从而直接或间接影响国内的物价水平。通常，本币汇率上升，国内物价水平下降；本币汇率下降，国内物价水平上升。

另外，汇率变动通过影响一国的进出口状况及资本流出入也对该国的经济增长与就业、国内利息水平等产生影响。总之，汇率变动对国际、国内的经济影响是多层次、多角度的。上述分析都只是理论上的一般传导关系。由于不同国家、不同时期的经济条件存在差异，汇率变动对经济的影响是有差别的，而且在很多时候，由于诸多因素的综合作用，汇率对经济的影响可能并不是确定的。

# 第四节  经济增长理论

## 一、经济增长的含义及衡量标准

### （一）经济增长的含义

一般说来，经济增长是指一个国家或一个地区生产商品和劳务能力的增长。如果考虑到人口增长和价格的变动情况，经济增长还应包括人均福利的增长。美国经济学家 S. 库兹涅茨给经济增长下了一个经典的定义："一个国家的经济增长可以定义为给居民提供种类日益繁多的经济产品的能力长期上升，这种不断增长的能力是建立在先进技术以及所需要的制度和思想意识相应调整的基础上的。"

S. 库兹涅茨从其定义出发，根据历史资料总结了经济增长的六个特征：（1）按人口计算的产量的高增长率和人口的高增长率。经济增长最显著的特点就在于产量增长率、人口增长率、人均产量增长率三个增长率都相当高；（2）生产率的增长率也是很高的。生产率提高正是技术进步的标志；（3）经济结构的变革速度提高了；（4）社会结构与意识形态结构迅速改革；（5）增长在世界范围内迅速扩大；（6）世界增长是不平衡的。

经济增长一般被定义为产量的增加，这里的产量既可以表示为经济的总产量，也可以表示为人均产量。经济增长的程度可以用增长率来描绘。

（二）经济增长的衡量标准

经济增长通常是指宏观经济增长，即一国在一定时期内产品量和服务量的增加。

衡量经济增长的主要指标是 GDP。它对反映经济增长的状况和程度是有意义的，但存在两个缺陷：一是不能反映社会问题及其变化状态，例如社会保障问题，甚至还会掩盖收入分配差距这样的重要社会问题；二是不能反映经济增长的成本，特别是资源消耗和对环境带来的负面影响。为弥补这一指标的不足，联合国研究机构提出了两个新指标，一个是综合发展指标，包括 16 项内容，反映得比较全面，但过于复杂；另一个是联合国开发署在每年人类发展报告中使用的人类发展指数，包括三个小指标：预期寿命、社会教育水平和人均收入，虽不完整，但在一定程度上反映了经济增长和社会发展。

## 二、经济增长理论简介

现代增长理论力图回答两个关键的问题：（1）为什么现在人们的生活水平（特别是发达国家人们的生活水平）远远高于一百年或两百年前人们的生活水平？人均收入为什么会有如此巨大的增长？（2）为什么在当今世界上发展中国家与发达国家存在着巨大的收入差距？不同国家的人均收入为什么会有如此巨大的差异？

在这一部分我们将分别介绍哈罗德—多马模型、新古典增长模型和新增长理论，分析和研究经济增长的动力、源泉和稳定增长的条件及状态，并力图回答上述增长问题。

（一）哈罗德—多马模型

20 世纪 40 年代，哈罗德和多马相继提出了分析经济增长问题的模型。由于基本分析思路相同，因而被合称为哈罗德—多马模型。这一模型假定，一个经济只生产一种产品，而资本—产出比保持不变，同时，储蓄率、人口增长率保持不变，并且不存在技术进步和资本折旧。基本形式为 $G = s/v$。式中，$v$ 为资本—产出比；$s$ 为储蓄率。模型表示，经济增长率与储蓄率成正比，与资本—产出成反比。哈罗德—多马模型得出的结论是，当实际经济增长率等于资本家意愿的经济增长率并且等于人口增长率时，经济才能处于稳定增长状态，但同时认为，这一增长路径是一"刀锋"。

$$Y = S/K$$

其中，$Y$ 为经济增长，$S$ 为储蓄转化的投资额，$K$ 为国民经济中的产出投入比率。

（二）新古典增长模型

第二次世界大战后发达国家经济发展的经验表明，各国经济虽然经常处于波动之中，但是还没有出现哈罗德模型所描述的大起大落的状态，相反，同战前相比，经济波动的幅度越来越小，经济衰退的时间也越来越短，社会经济呈现出稳定增长的态势。针对这一情况，索洛提出了一个经济稳定增长的模型（即索洛模型，The Solow Model），奠定了现代经济增长理论的基础。他也因此获得了 1987 年诺贝尔经济学奖。

这一模型假定：（1）全社会只生产一种产品；（2）生产要素之间可以相互替代；（3）生产的规模收益不变；（4）储蓄率不变；（5）不存在技术进步；（6）人口增长率不变。从而得到：

$$sf(k) = dk/dt + nk$$

式中，$s$ 为储蓄率；$k$ 为人均资本占有量；$y = f(k)$ 为人均形式的生产函数；$n$ 为人口（或劳动力）增长率；$k$ 为单位时间内人均资本的改变量。

模型表明，一个经济社会在单位时期内（如 1 年）按人口平均的储蓄量被用于两个部分：一部分为人均资本的增加 $k$，即为每一个人配备更多的资本设备；另一部分是为新增加的人口配备按原有的人均资本配备设备 $nk$。第一部分被称为资本的深化，而后一部分则被称为资本的广化。

### （三）新增长理论

近半个世纪以来，现代经济增长理论经历了一条由外生增长到内生增长的演进道路。在 20 世纪 80 年代中期，以罗默（Romer. P）、卢卡斯（Lucas. R）等人为代表的一批经济学家，在对新古典增长理论重新思考的基础上，提出了一组以"内生技术变化"为核心的论文，探讨了长期增长的可能前景，重新引起了人们对经济增长理论和问题的兴趣，掀起了一股"新增长理论"（New Growth Theory）的研究潮流。

这一理论自 20 世纪 80 年代产生以来，迅速成为理论关注的焦点，对世界经济增长，尤其对发展中国家经济产生了重要的影响。

新增长理论最重要的突破是将知识、人力资本等内生技术变化因素引入经济增长模式中，提出要素收益递增假定，其结果是资本收益率可以不变或增长，人均产出可以无限增长，并且增长在长期内可以单独递增。技术内生化的引入，说明技术不再是外生的、人类无法控制的东西，而是人类出于自身利益而进行投资的产物。新增长理论主要有以下五大研究思路。

1. 知识外溢和边干边学的内生增长思路

以罗默、卢卡斯等人为代表，强调知识和人力资本是"增长的发动机"。这是因为，知识和人力资源本身就是一个生产投入要素：一方面它是投资的副产品，即每一个厂商的资本增加会导致其知识存量的相应提高；另一方面知识和人力资本具有"外溢效应"，即一个厂商的新资本积累对其他厂商的资本生产率有贡献。这意味着，每一个厂商的知识水平是与整个经济中的边干边学，进而与全行业积累的总投资成比例的。通过这种知识外溢的作用，资本的边际产出率会持久地高于贴现率，使生产出现递增收益。也就是说，任一给定厂商的生产力是全行业积累的总投资的递增函数，随着投资和生产的进行，新知识将被发现，并由此形成递增收益。因此，通过产生正的外在效应的投入（知识和人力资本）的不断积累，增长就可以持续。

2. 内生技术变化的增长思路

罗默、赫尔普曼（Helpman）等人，强调发展研究是经济刺激的产物，即有意识的发展研究所取得的知识是经济增长的源泉。大量的创新和发明正是厂商为追求利润最大化而有意识投资的产物。由于这一研究与开发产生的知识必定具有某种程度的排他性，因此开发者拥有某种程度的市场力量。可见，创新需要垄断利润的存在，因此，这种经济不全是完全竞争的，它需要某种垄断力。但是，发明者的垄断地位具有暂时的性质，在新的创新出现时，它就会被取代并丧失其垄断利润。正是这种对垄断利润的追求，以及垄断利润的暂时性质，使得创新不断继续，从而，经济就进入持续的长期增长中。

3. 线性技术内生的增长思路

这一增长思路以雷贝洛（Rebdo. S）和巴尔迈（Barm. R）等人为代表，其显著特点是生产函数的线性技术（或称凸性技术，eonvextechnology），产出是资本存量的函数。与新古典模式不同的是，这里的资本是广义概念的资本，它不仅包括物质资本，还包括人力资本，即两者的复合。它们在生产中未被完全替代，因而虽然每一种都具有递减收益，但两种资本在一起就具有不变规模收益。从而随着资本存量的增加，产出同比例地增加，使长期增长成为可能。这一研究思路的另一特点是对政府政策的分析，提出政府服务是与私人投入一样的生产性支出，是"增长的催化剂"（catalyst of growth），政府的活动被完全内生化。同时，政府政策效应——是增长效应还是水平效应——取决于各种政策的配套，具有复杂性，由此评估政策效应必须"面面俱到"。

4. 开放经济中的内生增长思路

以罗默、赫尔普曼和克鲁格曼（Krugman. R. P）等人为代表，他们受 20 世纪 80 年代初兴起的"新贸易理论"的启发，把内生创新的模式扩展到国际的商品、资本和思想流动：这一研究强调政府贸易政策对世界经济的长期增长具有影响，即政府政策对技术投资结构产生的作用将会使世界经济的增长状况呈现相应的变化。同时由于知识外溢和边干边学的作用，国际贸易对发达国家和发展中国家的经济增长都有促进作用，并且偶然的主要技术变化的作用可能会导致后进国家的"蛙跳"式增长，实现赶超。

5. 专业化和劳动分工的内生增长思路

这一增长思路以柏兰德（Borland. J）和杨小凯等人为代表，他们在对亚当·斯密的专业化和劳动分工理论重新思考的基础上，提出劳动分工不仅如亚当·斯密所强调的那样受市场范围的限制，而且主要受协调成本（coordination cost）以及可获得一般知识的数量的限制，并且分工的扩展与知识的积累相互作用。如果参与分工的人数在协调分工的成本函数中算出的弹性，与其在生产函数中算出的产出弹性之间的相对差异小于人力资本的产出弹性，那么，均衡的增长率将大于零，即增长可以无限地持续下去。

## 本章小结

1. 国际贸易的传统理论主要有绝对优势理论、比较优势理论和贸易保护理论。随着经济的发展，近些年国际贸易理论又有了新的发展，主要分支有规模经济、不完全竞争、工业发达国家之间和相同产业之间的贸易以及国际贸易、技术外溢与经济增长之间的关系。

2. 国际收支平衡表的主要内容有经常项目、资本与金融项目、净差错与遗漏以及储备及相关项目。

3. 汇率的标价方法主要有直接标价法、间接标价法及美元标价法。常见的汇率制度有两种：固定汇率制和浮动汇率制，我国现在实行的是以市场供求为基础的、单一的、有管理的浮动汇率制度。

4. 经济增长是指一个国家或一个地区生产商品和劳务能力的增长，本章主要介绍了三种经济增长理论，分别是哈罗德—多马模型、新古典增长模型和新增长理论。

## 复习思考题

### 一、名词解释

比较优势　国际收支平衡表　汇率　浮动汇率制　经济增长

### 二、单选题

1. 比较优势理论认为，国际贸易的基础在于各国之间（　　）。

A. 生产技术上的绝对差别　　　　B. 生产成本上的相对差别

C. 生产效率上的绝对差别　　　　D. 生产成本上的绝对差别

2. 汇率下降，能（　　）。

A. 促进进口　　　　　　　　　　B. 促进出口

C. 对进出口没有任何影响　　　　　　D. 使贸易收支恶化

3. 国际收支平衡表中的经常项目可分为（　　　）。

A. 有形贸易和无形贸易两个部分

B. 商品贸易、劳务贸易和其他收入三个部分

C. 投资收入和转移支付两个部分

D. 商品贸易和劳务贸易两个部分

## 三、简答题

1. 简述绝对优势理论的内容。

2. 简述比较优势理论的内容。

3. 贸易保护主义的基本政策。

4. 简述汇率上升对经济的影响。

### 📖 案例讨论

#### 人民币汇率节节攀升

人民币在 1994 年起与美元非正式地挂钩，汇率只能在 1 美元兑 8.27 至 8.28 元人民币这样非常窄的范围内浮动。从 1994 年开始，人民币汇率持续升值，1 美元兑换人民币的数值变化趋势如下：1995 年 8.351 —2005 年 8.0702（年末价）—2006 年 7.8087（年末价）—2007 年 7.7035—2008 年 6.8505 —2009 年 6.8189—2010 年 6.6227（12 月 31 日）—2011 年 6.6185（1 月 12 日）—2011 年 6.4990（4 月 29 日）。

汇率升值给我国经济发展带了一些好处：一国货币能够升值，一般说明该国经济状况良好。这是因为，在正常情况下，只有经济健康稳定地增长，货币才有可能升值。这种由经济状况良好带来的币值的稳中有升，对外资的吸引力是极大的。中国仍然有居高不下的外贸顺差和巨额的外汇储备，中国的经济增长仍然是世界范围内最有看点的风景，因此货币升值的长期趋势不会改变。货币升值有利于减轻外债还本付息的压力，人民币汇率上升，未偿还外债还本付息所需本币的数量相应减少，从而在一定程度上减轻了外债负担。人民币升值也有利于产业升级和促进中国经济结构的改革，有利于产业向中西部贫困地区转移，有利于服务业与非贸易产业的发展。

当然，有利必有弊。人民币的升值对我国的经济发展也存在一定的负面影响。

1. 结合案例，阐述汇率对一国经济的具体影响。

2. 请分析讨论：人民币升值对我国经济发展的负面影响有哪些？

# 第十三章　政府宏观经济政策

┌─ **知识目标**

1. 宏观经济政策的含义和目标；

2. 财政政策；

3. 货币政策；

4. 供给管理政策。

┌─ **能力目标**

1. 能够掌握宏观经济政策的四个目标；

2. 能够理解财政政策的内涵与作用；

3. 能够理解货币政策的内涵与作用。

┌─ **技术目标**

能够理解现实生活中政府实行的各种财政政策和货币政策的目的和意义。

┌─ **案例导入**

### 美国财政政策的实践

20 世纪 60 年代，肯尼迪总统采用凯恩斯主义经济学的观点，使财政政策成为美国对付衰退和通货膨胀的主要武器之一。肯尼迪总统提出削减税收来帮助经济走出低谷。这些措施实施以后，美国经济开始迅速增长。但是，减税再加上 1965—1966 年财政扩张的影响，又使得产出增长过快，超过了潜在水平，于是通货膨胀开始升温。为了应对不断上升的通货膨胀，并抵消战争所增开支的影响，1968 年国会批准开征了一项临时性收入附加税。不过，在许多经济学家看来，这项税收增加的政策力度太小，也太迟了一些。

20 世纪 80 年代的美国是另一个典型例子。1981 年国会通过了里根总统提出的一揽子财政政策计划，包括大幅度降低税收，大力扩张军费开支同时并不削减民用项目。这些措施将美国经济从 1981—1982 年的严重衰退中拯救出来，并进入 1983—

1985 年的高速扩张。

　　克林顿总统一上台，就面临着一个两难困境：一方面高赤字依然顽固地存在着；另一方面经济不景气且失业率高得难以接受。总统必须决定财政政策应从何处着手，是应该先处理赤字，通过增加税收、降低支出来增加公共储蓄，进而靠储蓄水平提高来带动国民投资的增长呢，还是应该关注财政紧缩会减少并排挤投资，而税收增加又会降低产出呢？最后，克林顿总统还是决定优先考虑削减财政赤字。1993 年预算法案决定，在其后五年中落实减少赤字 1500 亿美元的财政举措。

　　通过阅读上述案例，你能总结出宏观经济政策都有哪些？分别能起到什么作用？

# 第一节　宏观经济政策概述

　　宏观经济学的任务是说明国家为什么必须干预经济，以及应该如何干预经济，即要为国家干预经济提供理论依据与政策指导。因此，宏观经济政策在宏观经济学中占有十分重要的地位。

　　宏观经济政策是指国家或政府为了增进整个社会的经济福利、改进国民经济的运行状况、达到一定的政策目标而有意识和有计划地运用一定的政策工具而制定的解决经济问题的指导原则和措施。

## 一、宏观经济政策目标

　　宏观经济政策是要对经济进行总量调控的，那么，这种调控的具体目标是什么呢？现在，经济学家一般都认为，宏观经济政策应该同时达到四个目标：充分就业、物价稳定、经济增长和国际收支平衡。

　　充分就业是宏观经济政策的首要目标。按照凯恩斯的观点，失业一般分为三类：摩擦性失业、自愿失业和非自愿失业。摩擦性失业是因劳动力市场不完善、信息不对称而产生的一种暂时的、短期的失业，是人们在变换工作和寻找新工作的过程中而存在的失业。自愿失业指工人不愿意接受现行工资水平和工作条件而导致的失业。非自愿失业是指即使工人愿意接受现行工资水平和工作条件但仍然找不到工作的失业。充分就业并非百分之百的就业，充分就业时仍有一定的失业，凯恩斯认为，消除了非自愿失业但仍存在摩擦性失业和自愿失业的就业状态就是充分就业。也就是说，经济社会实现了充分就业时，仍然有摩擦性失业和自愿失业存在。

物价稳定是宏观经济政策的第二个目标。物价稳定就是避免或减少通货膨胀，但并不是通货膨胀率为零。物价稳定是指整体物价总水平的稳定。在任何一个经济社会中，由于受各种经济和非经济因素的影响，物价不可能保持在一个固定不变的水平上，一般来说，随着经济的发展，或多或少地会有一些或高或低的通货膨胀，因此，物价稳定并不意味着每种商品和劳务的价格固定不变。

经济增长是指达到一个适度的增长率，这种增长率要既能满足社会发展的需要，又是人口增长和技术进步所能达到的。通常用一定时期内实际年均 GDP 或年人均 GDP 来衡量。

国际收支平衡则是指既无国际收支赤字又无国际收支盈余。不论是国际收支赤字还是盈余，都会对国内经济发展带来不利的影响，会对其他宏观经济目标的实现造成障碍。具体说来，若国际收支长期处于盈余状态，会减少国内消费与投资，使社会总需求减少，不利于充分就业实现和经济持续稳定地增长；如果出现长期的国际收支赤字，赤字将由外汇储备或通过对外举债偿还，必将导致国内通货膨胀的发生。

这四种经济目标之间是存在矛盾的。充分就业与物价稳定是矛盾的。因为要实现充分就业，就必须运用扩张性财政政策和货币政策，而这些政策又会由于财政赤字的增加和货币供给量的增加而引起通货膨胀。充分就业与经济增长有一致的一面，也有矛盾的一面。这就是说，经济增长一方面会提供更多的就业机会，有利于充分就业；另一方面经济增长中的技术进步又会引起资本对劳动的替代，相对缩小对劳动的需求，使部分工人，尤其是文化技术水平低的工人失业。充分就业与国际收支平衡之间也有矛盾。因为充分就业的实现引起国民收入增加，而在边际进口倾向既定的情况下，国民收入增加必然引起进口增加，从而使国际收支状况恶化。此外，在物价稳定与经济增长之间也存在矛盾，因为经济增长过程中，通货膨胀是难以避免的。

经济政策之间的矛盾给制定宏观经济政策带来了一定的困难，但宏观经济政策是为了全面实现这四个宏观经济目标，而不仅仅是要达到其中某一、两个目标，这就需要综合考虑各种因素以对各种政策目标进行协调。

## 二、宏观经济政策工具

宏观经济政策工具是实现政策目标的手段。一般说来，政策工具是多种多样的，不同的政策工具都有各自的作用，但也往往可以达到相同的政策目标。政策工具的选择与运用是一门艺术。在宏观经济政策工具中，常用的有需求管理、供给管理以及国际经济政策。

## （一）需求管理

需求管理是通过调节总需求来达到一定政策目标的宏观经济政策工具。这也是凯恩斯主义所重视的政策工具。凯恩斯主义产生于 20 世纪 30 年代大危机时期。这时经济中资源严重闲置，限制国民收入增加的重要因素不是总供给，关键是总需求不足。凯恩斯主义的国民收入决定理论是在假定总供给无限的条件下解释总需求对国民收入的决定作用，因此，由这种理论所引出的政策工具就是需求管理。

需求管理是通过对总需求的调节来实现总需求和总供给的相等，达到既无失业又无通货膨胀的目标。在总需求小于总供给时，经济中会由于需求不足而产生失业，这时就需要运用扩张性的政策工具来刺激总需求。在总需求大于总供给时，经济中会由于需求过度而引起通货膨胀，这时就需要运用紧缩性的政策工具来压抑总需求。需求管理包括财政政策与货币政策两种手段。

## （二）供给管理

总需求—总供给模型分析了总供给对国民收入和价格水平的影响。这样，宏观经济政策工具中就不仅有需求管理，还有供给管理。

供给管理是通过对总供给的调节来达到一定的政策目标。在短期内影响供给的主要因素是生产成本，特别是生产成本中的工资成本。在长期内影响供给的主要因素是生产能力，即经济潜力的增长。因此，供给管理包括控制工资与物价的收入政策、指数化政策和改善劳动力市场状况的人力政策以及促进经济增长的增长政策。

## （二）国际经济政策

现实中每一个国家的经济都是开放型经济，各国经济之间存在着日益密切的往来与相互影响。一国的宏观经济政策目标中既有国际收支平衡，又有其他目标，而其他目标的实现不仅有赖于国内经济政策，也有赖于国际经济政策。因此，在宏观经济政策中应该包括国际经济政策，或者说政府对经济的宏观调控中也应该包括对国际经济关系的调节。

## 三、宏观经济政策的发展与演变

自从 20 世纪 30 年代以来，宏观经济政策的发展大致经历了三个阶段。

从 20 世纪 30 年代到第二次世界大战前是第一阶段。20 世纪 30 年代的大危机迫使各国政府走上了国家干预经济的道路。凯恩斯于 1936 年发表的《就业、利息与货币通论》一书，正是要为这种干预提供理论依据。这时是宏观经济政策的试验时期，其中最全面而且成功的试验是美国罗斯福总统的"新政"。

第二次世界大战以后，宏观经济政策的发展进入了第二个阶段。1944 年英国政府发表的《就业政策白皮书》和 1946 年美国政府通过的《就业法》都把实现充分就业、促进经济繁荣作为政府的基本职责。这标志着国家将全面而系统地干预经济，宏观经济政策的发展进入了一个新时期。这一时期的宏观经济政策是以凯恩斯主义为基础的，主要政策工具是财政政策与货币政策。

20 世纪 70 年代初，西方国家出现了高通货膨胀率与高失业率并存的"滞胀"局面。这就迫使他们对国家干预经济的政策进行反思，于是，宏观经济政策的发展进入了第三个阶段。在这个阶段，最重要的特征是自由放任思潮的复兴。自由放任思潮主张减少国家干预，加强市场机制的调节作用。因此，经济政策的自由化和多样化，成为宏观经济政策的重要发展。

值得注意的是，1992 年美国总统克林顿上台后，又强调了国家干预，希望依靠国家的力量振兴美国经济。这也许是又一次加强国家干预经济的一个信号。

应该说，20 世纪 30 年代以后资本主义国家进入了国家垄断资本主义时代。这一时期，总的趋势是要借助国家的力量克服市场经济本身所固有的缺陷。当然，资本主义社会的基础是市场经济，利用市场机制来调节经济是基本的，但国家的宏观调控已是现代市场经济的一个重要组成部分。正如经济学家们所说的，现代经济是一种混合经济。就国家干预而言，并不是一成不变的，也不是不断加强的。有时国家会干预的多一些，有时会少一些。国家干预的总趋势是不变的，但不同时期，干预程度与干预方式会有所不同。我们正是应该从这个角度来分析和理解宏观经济政策的发展与变化。

## 四、宏观经济政策实施中的困难

### （一）政策时延问题

任何一项政策，从决策到在经济中达到预期目标都会有一定的时间间隔，这种时间间隔就叫做政策时延。这种政策时延的长短对政策能否达到预期目标具有重要的影响。

政策时延可以分为内在时延与外在时延。内在时延是指从经济中发生了引起不稳定的变动到决策者制定出适当的经济政策并付诸实施之间的时间间隔。其中包括从经济中发生了引起不稳定的变动到决策者认识到有必要采取某种政策的认识时延；从认识到有必要采取某种政策到实际作出决策的决策时延以及从作出决策到政策付诸实施的实施时延。

外在时延是指从政策实施到政策在经济中完全发挥作用、达到预期目标之间的时间间隔。

各种宏观经济政策的时延是不同的。一般来说，财政政策从决策、议会批准到实施，需要经过许多中间环节，内在时延较长，但其作用比较直接，见效快，外在时延较短。货币政策由中央银行直接决定，所经过的中间环节少，内在时延较短，但它的作用比较间接，外在时延就较长。缩短政策时延以使政策更快地发挥作用是十分必要的。但是时延是客观存在的，无法消除。这样，在制定政策时一定要考虑到各种政策的时延，以免政策无法达到预定的目标。

## （二）预期对政策效应的影响

政策的效应如何，还要受到公众对政策本身和经济形势预期的影响。如果公众认为政策的变动只是暂时的，从而不对政策作出反应，那么，政策就很难达到预期的目标。例如，如果公众认为某次减税只是暂时的、一次性的，那么，他们就不会由于这次减税而增加消费或投资，从而减税也就起不到刺激总需求的作用。再假定，如果公众认为未来的经济会发生严重衰退，这样，即使政府减税，公众也不会增加消费或投资，减税也起不到刺激总需求的作用，只有公众认为政策是一种长期的政策，并与政府有大致相近的经济预期时，才会配合政策，使政策发挥作用，达到预期的效应。但要公众能作出正确的预期，自动配合政府又是困难的，这就使政策的实施有时得不到公众的配合，从而使政策难以完全达到预期目标。

## （三）非经济因素对政策的影响

经济政策不是孤立的，它要受到许多因素，特别是国内外政治因素的影响。这首先在于制定政策时所应考虑的不仅有经济因素，而且有政治因素，有时政治因素比经济因素还重要。例如，在大选前夕，尽管经济中已出现通货膨胀，但本届总统为了连选连任，一般不会采取紧缩性政策，因为紧缩性政策会使失业增加，经济萧条会对他的当选带来不利的影响。其次，在政策的实施中也会由于各种因素的影响，而使政策难以达到预期的目标。例如，减少政府支出的政策会遇到被减少了订货的企业集团与工人，以及接受政府补助的穷人的反对或抵制。政府出于政治上的考虑，也会中止或减少这种政策，从而使原定政策难于达到预定的目标。此外，国际政治关系的变动、某些重大事件的发生，甚至意想不到的自然灾害，都会影响政策的实施与效应。

以上问题说明，运用宏观政策来调节经济并不是一件轻而易举的事。如何结合实际情况运用各种宏观经济政策，的确是一种艺术。各国政府一般会采取相机抉择的原则来运用各种宏观经济政策。

相机决择是指政府在运用宏观经济政策调节经济时，可以根据市场情况和各项调节措施的特点，机动地决定和选择当前究竟应采取哪一种或哪几种政策措施。例如，宏观财政政策与宏观货币政策各有自己的特点。它们的猛烈程度不同；政策效应的时延不一样；政策受到阻力的大小也不同，因此，在需要进行调节时，究竟应采取哪一项政策，或者如何对不同的政策手段进行搭配使用，并没有一个固定不变的程式，政府应根据不同的情况灵活决定。这种对政策的配合在于要根据不同的经济形势采取不同的政策。相机决择的实质是灵活地运用各种政策，其所包括的范围相当广泛。

# 第二节　财政政策

凯恩斯主义出现之前，财政政策的目的主要是为政府的各项开支筹集资金，以实现财政收支平衡，它影响的主要是收入分配以及资源在私人部门与公共部门之间的配置。凯恩斯主义出现之后，财政政策被用作需求管理的重要工具，以实现既定的政策目标。凯恩斯的财政政策包含了三个选择：第一，选择开支政策，即开支多少以及用于哪些方面的开支；第二，征税，即征收多少税以及采用何种手段征税；第三，赤字政策，即确定赤字的规模和分配。财政政策就是指一国为了实现宏观经济目标而对政府支出、税收和借债水平所作出的一系列决策。

## 一、财政政策的内容与运用

### （一）财政政策的内容

财政政策的主要内容包括政府支出与税收。财政政策就是要运用政府开支与税收来调节经济。政府支出包括政府公共工程支出、政府购买和转移支付。政府公共工程支出主要包括政府投资兴建基础设施等；政府购买主要包括政府对各种产品与劳务的购买等；转移支付主要是政府不以取得产品与劳务为目的的支出，例如各种福利支出等。政府税收主要是个人所得税、公司所得税和其他税收。

### （二）财政政策的具体运用

财政政策的运用具体来说分为以下两种情况。

（1）在经济萧条时期，总需求小于总供给，经济中存在失业，政府要通过扩张性的财政政策来刺激总需求，以实现充分就业。

扩张性的财政政策包括增加政府支出与减少税收。政府公共工程支出与购买的增加有利于刺激私人投资，转移支付的增加可以增加个人消费，这样就会刺激总需求。减少个人所得税（主要是降低税率）可以增加个人可支配收入，从而使消费增加；减少公司所得税可以使公司收入增加，从而使投资增加，这样也会刺激总需求。

（2）在经济繁荣时期，总需求大于总供给，经济中存在通货膨胀，政府则要通过紧缩性的财政政策来抑制总需求，以实现物价稳定。

紧缩性的财政政策包括减少政府支出与增税。政府公共工程支出与购买的减少有利于抑制投资，转移支付的减少可以减少个人消费，这样就抑制了总需求。增加个人所得税（主要是提高税率）可以使个人可支配收入减少，从而使消费减少；增加公司所得税可以使公司收入减少，从而投资减少，这样也会抑制总需求。

## 二、财政政策的内在稳定器作用

西方经济学家认为，由于财政制度本身的某些特点，一些财政支出与税收政策具有某种自动调整经济的灵活性，这种灵活性有助于经济稳定，对需求管理起到了自动配合的作用。这些能起自动配合作用的财政政策被称为"内在稳定器"。具有"内在稳定器"作用的财政政策主要包括以下几种。

### （一）个人所得税

个人所得税的征收有一定的起征点与固定税率，所以具有内在稳定器作用。具体来说，在经济萧条时期，由于经济衰退，个人收入减少了，符合纳税规定的人少，应交的税额也少了，这样税收就会自动减少，从而抑制了消费与投资的减少，有助于维持总需求。

在经济繁荣时期，由于经济高涨，个人收入增加，符合纳税的人多了，应交的税额也多了，这样税收就会自动增加，从而抑制了消费与投资的增加，抑制了总需求的增加。

### （二）公司所得税

公司所得税也同样有一定的起征点与固定税率，所以也能起到内在稳定器的作用。具体来说，经济萧条时期，由于经济衰退，公司利润减少，符合纳税规定的公司少了，应交税额也少了，这样税收就会自动减少，从而抑制了投资的减少，有助于维持总需求。经济繁荣时期，由于经济高涨，公司收入增加，符合纳税的公司多了，在纳税的公司中应交的税额也多了，这样税收就会自动增加，从而抑制了投资的增加，抑制了总需求的增加。

### （三）失业救济金

失业救济金有一定的发放标准，它发放的多少主要取决于失业人数的多少。经济繁荣时期，失业人数减少，这样失业救济金的发放就自动减少了。失业救济金的减少同样是转移支付的减少，这样有利于消费的减少。经济萧条时期，失业人数增多，这样失业救济金的发放就自动增加了。失业救济金的增加就是转移支付的增加，这样有利于抑制消费的减少。

### （四）各种福利支出

各种福利支出都有一定的发放标准，它发放的多少取决于就业与收入状况。经济繁荣时期，就业增加，个人收入增加，符合接受福利支出的人减少了，从而作为转移支付之一的福利支出减少，抑制了个人消费的增加。经济萧条时期，就业减少，个人收入减少，符合接受福利支出的人增加了，从而作为转移支付之一的福利支出增加，抑制了个人消费的减少。

### （五）农产品支持价格

政府要按照农产品维持法案把农产品价格维持在一定水平上，高于这一价格，政府会抛售农产品，以压低农产品价格；低于这一价格，政府会收购农产品，以提高农产品价格。经济繁荣时期，农产品价格上升，政府抛售农产品，既可以抑制农场主收入与消费的增加，又可以稳定农产品价格，防止通货膨胀。经济萧条时期，农产品价格下跌，政府收购剩余农产品，就会增加农场主的收入，维持他们既定的收入与消费水平。

西方经济学家特别强调，这些财政政策的内在稳定器作用是十分有限的，它只能配合需求管理来稳定经济，而本身并不足以稳定经济。萧条时期，它们只能缓和经济衰退的程度，而不能改变经济衰退的总趋势；繁荣时期，它们只能抑制过分的高涨，缓和通货膨胀的程度，而不能改变通货膨胀的总趋势。因此，仅仅依靠某些财政政策的内在稳定器作用是不行的，必须采用更加有力的财政政策措施。

## 三、赤字财政政策

经济萧条时期，财政政策是增加政府支出，减少政府税收，这样就必然出现财政赤字。凯恩斯认为，财政政策应该为实现充分就业服务，因此，必须放弃财政收支平衡的旧信条，实行赤字财政政策。20世纪60年代，美国的凯恩斯主义经济学家强调了要把财政政策从害怕赤字的框框下解放出来，以充分就业为目标来制定财政预算，而不管是否有赤字。这样，赤字财政就成为财政政策的一项重要内容。

凯恩斯主义经济学家认为，赤字财政政策不仅是必要的，而且也是可能的。这是因为：第一，债务人是国家，债权人是公众。国家与公众的根本利益是一致的。政府的财政赤字是国家欠公众的债务，也就是自己欠自己的债务；第二，政府的政权是稳定的，这就保证了债务的偿还是有保证的，不会引起信用危机；第三，债务用于发展经济，使政府有能力偿还债务，弥补赤字。这就是一般所说的"公债哲学"。

政府实行赤字财政政策是通过发行公债来进行的。公债并不是直接卖给公众或厂商，因为这样可能会减少公众与厂商的消费和投资，使赤字财政政策起不到应有的刺激经济的作用。公债由政府财政部发行，卖给中央银行，中央银行向财政部支付货币，财政部就可以用这些货币来进行各项支出，刺激经济。中央银行购买的政府公债，可以作为发行货币的准备金，也可以在金融市场上卖出。

## 四、财政政策的挤出效应

财政政策的挤出效应是指政府开支增加所引起的私人支出的减少，以政府开支代替了私人开支。这样，扩张性财政政策刺激经济的作用就会被减弱。财政政策挤出效应存在的最重要原因就是政府支出增加引起了利率的上升，而利率的上升又会引起私人投资与消费的减少。

财政政策挤出效应的大小取决于多种因素。在实现了充分就业的情况下，挤出效应最大，即挤出效应为1，也就是政府的支出增加等于私人支出的减少，扩张性财政政策对经济没有任何刺激作用。在没有实现充分就业的情况下，挤出效应一般大于零而小于1，其大小主要取决于政府支出增加所引起的利率上升的多少。利率上升越多，则挤出效应越大；反之，利率上升越少，则挤出效应越小。

# 第三节　货币政策

货币政策在宏观经济政策中的作用是不断加强的。货币政策是指为达到一定经济目标，中央银行通过运用货币政策工具控制经济中的货币供给量来调节利息率，进而影响投资和整个经济的一系列措施。

凯恩斯认为，由于人们心理上对货币的偏好，利息率的下降是有一定限度的，所以，依靠降低利息率来刺激私人投资的货币政策的效果是有限的。宏观经济政策的重点在于财政政策，尤其是大规模的公共工程投资。20 世纪 60 年代以后，美国的凯恩斯主义经济学家强调货币政策与财政政策同样重要，主张双管齐下，以促进经济繁荣。在 20 世纪 70 年代后期，由于通货膨胀严重，西方各国又采用了货币主义经济学家所主张的控制货币供给量的政策。

## 一、货币政策的机制

货币政策是通过对货币供给量的调节来调节利息率，再通过利息率的变动来影响总需求。这样，凯恩斯主义货币政策的机制就是：货币量→利率→总需求。

在这种货币政策中，政策的直接目标是利率，利率的变动通过货币量调节来实现，所以调节货币量是手段。调节利率的目的是要调节总需求，所以总需求变动是政策的最终目标。因此可以看出，要了解凯恩斯主义货币政策的机制就必须弄清两个问题：第一，货币量如何影响利率；第二，利率如何影响总需求。

凯恩斯主义之所以认为货币量可以调节利息率，是以人们的财富只有货币与债券这两种形式的假设为前提的。在这一假设之下，债券是货币的唯一替代物，人们在保存财富时只能在货币与债券之间作出选择。持有货币无风险，但也没有收益；持有债券有收益，但也有风险。人们在保存财富时总要使货币与债券之间保持一定的比例。如果货币供给量增加，人们就要以货币购买债券，债券的价格就会上升；反之，如果货币供给量减少，人们就要抛出债券以换取货币，债券的价格就会下降。根据下列公式：

**债券价格＝债券收益/利息率**

可得，债券价格与债券收益的大小成正比，与利息率的高低成反比。因此，货币量增加，债券价格上升，利息率就会下降；反之，货币量减少，债券价格下降，利息率就会上升。

利息率的变动会影响总需求，因为利息率的变动首先要影响投资。利息率下降会降低投资者贷款所付的利息，从而降低投资成本，增加投资的收益，同时，利息率的下降也会使人们更多地购买股票，从而使股票价格上升，而股票价格的上升有利于刺激投资。此外，利息率的下降也会鼓励人们更多地消费。反之，利息率的上升就会减少投资和消费。

## 二、货币政策的工具

在凯恩斯主义的货币政策中，中央银行能够使用的政策工具主要有：公开市场业务、再贴现政策以及调整法定准备金率政策。

### （一）公开市场业务

公开市场业务是指中央银行在金融市场上买进或卖出有价证券。其中主要有国库券、其他联邦政府债券、联邦机构债券和银行承兑汇票，买进或卖出有价证券是为了调节货币供给量。

买进有价证券实际上就是发行货币，从而增加货币供给量；卖出有价证券实际上就是回笼货币，从而减少货币供给量。公开市场业务是一种灵活而有效地调节货币量，进而影响利息率的工具，因此它是一种重要的货币政策工具。

### （二）再贴现政策

再贴现是商业银行向中央银行贷款的方式。当商业银行资金不足时，可以用客户借款时提供的票据到中央银行要求再贴现，或者以政府债券或中央银行同意接受的其他"合格的证券"作为担保来贷款。再贴现与抵押贷款都称为贴现，目前以后一种方式为主。贴现的期限一般较短，为一天到两周。商业银行向中央银行进行这种贴现时所付的利息率就称为再贴现率。

再贴现政策包括变动贴现率与贴现条件，其中最主要的是变动贴现率。中央银行降低贴现率或放松贴现条件，使商业银行得到更多的资金，这样就可以增加它对客户的放款，放款的增加又可以通过银行创造货币的机制增加流通中的货币供给量，降低利息率。相反，中央银行提高贴现率或严格贴现条件，使商业银行资金短缺，这样就不得不减少对客户的放款或是将贷款收回，贷款的减少也可以通过银行创造货币的机制减少流通中的货币供给量，从而提高利息率。此外，贴现率作为官方利息率，它的变动也会影响到一般利息率水平，使一般利息率与之同方向变动。

### （三）调整法定准备金率

准备金率是商业银行吸收的存款中用作准备金的比率，准备金包括库存现金和在中央银行的存款。中央银行调整准备金率从而可以通过对准备金的影响来调节货币供给量。假定商业银行的准备金率正好达到了法定要求，这时，中央银行降低准备金率就会使商业银行产生超额准备金，这部分超额准备金可以作为贷款放出，从而又通过银行创造货币的机制增加货币供给量、降低利息率。相反，中央银行提高准备金率就会使商业银行原有的准备金低于法定要求，于是商业银行不得不收回贷款，从而又通过银行创造货币的机制减少货币供给量，提高利息率。

### （四）其他措施

除了以上三种主要的工具外，货币政策还有几项次要的工具，具体如下。

• 道义上的劝告，即中央银行对商业银行的贷款、投资业务进行指导，要求商业银行采取与其一致的做法。这种劝告没有法律上的约束力，但也能起作用。

• 垫头规定，即规定购买有价证券必须付出的现金比例。

• 利息率上限，又称 Q 号条例，即规定商业银行和其他储蓄机构对定期存款和储蓄存款的利息率上限。控制分期付款与抵押贷款条件。

## 三、货币政策的运用

在不同的经济形势下，中央银行要运用不同的货币政策来调节经济。

萧条时期，总需求小于总供给，为了刺激总需求，就要运用扩张性的货币政策。其中包括在公开市场上买进有价证券、降低贴现率并放松贴现条件、降低准备金率，等等。这些政策可以增加货币供给量、降低利息率、刺激总需求。

繁荣时期，总需求大于总供给，为了抑制总需求，就要运用紧缩性货币政策。其中包括在公开市场上卖出有价证券、提高贴现率并严格贴现条件、提高准备金率，等等。这些政策可以减少货币供给量、提高利息率、抑制总需求。

从美国的实际情况来看，其在 20 世纪 50 年代侧重于用财政政策刺激经济，货币政策则注重稳定物价、抑制通货膨胀，所以货币供给量的增加并不快。20 世纪 60 年代之后则注重运用扩张性的货币政策刺激经济，从而使货币供给量迅速增加，以至于引起了 20 世纪 70 年代初严重的通货膨胀。70 年代中期以后则实际上放弃了凯恩斯主义的货币政策，而代之以货币主义的货币政策。

### 四、货币主义的货币政策

货币主义的货币政策并不属于需求管理。为了使读者对宏观经济政策的货币政策有较全面的了解，我们对这一政策进行一些简单的介绍。

货币主义的货币政策在传递机制上与凯恩斯主义的货币政策不同。货币主义的基础理论是现代货币数量论，即认为影响国民收入与价格水平的不是利息率而是货币量。货币量直接影响国民收入与价格水平这一机制的前提是：人们的财富具有多种形式：货币、债券、股票、住宅、珠宝、耐用消费品等。这样，人们在保存财富时就不仅是在货币与债券中作出选择，而是在各种财富形式中进行选择。在这一假设之下，货币供给量的变动主要并不是影响利息率，而是影响各种形式资产的相对价格。在货币供给量增加后，各种资产的价格上升，从而直接刺激生产，在短期内使国民收入增加，以后又会使整个价格水平上升。

货币主义者反对把利息率作为货币政策的目标。因为货币供给量的增加只会在短期内降低利息率，而其主要影响还是提高利息率。这首先在于，货币供给量的增加使总需求增加，总需求增加一方面增加了货币需求量，另一方面提高了价格水平，从而减少了货币的实际供给量，这两种作用的结果就会使利息率提高。其次，利息率还要受到人们对通货膨胀预期的影响。这也就是说，名义利息率等于实际利息率加预期的通货膨胀率。货币供给量增加提高了预期的通货膨胀率，从而也就提高了名义利息率。因此，货币政策无法限定利息率，利息率是一个会把人们引入歧途的指示器。

货币主义者还认为，货币政策不应该是一项刺激总需求的政策，而应该作为防止货币本身成为经济失调的根源的政策，为经济提供一个稳定的环境，并抵消其他因素所引起的波动。因此，货币政策不应该是多变的，而应该以控制货币供给量为中心，即根据经济增长的需要，按一固定比率增加货币供给量，这也被称为"简单规则的货币政策"。这种政策可以制止通货膨胀，为经济的发展创造一个良好的环境。

## 第四节　供给管理政策

自 20 世纪 70 年代以后，西方经济学家重视了总供给对经济的影响，分析了供给对通货膨胀的影响（即成本推动的通货膨胀理论）以及劳动市场结构对失业的影响。根据这种分析，他们提出了供给管理政策。

## 一、收入政策

收入政策是通过控制工资与物价来制止通货膨胀的政策，因为控制的重点是工资，故称收入政策。

根据成本推动的通货膨胀理论，通货膨胀是由于成本增加，特别是由于工资成本的增加而引起的。因此，要制止通货膨胀就必须控制工资增长率，而要有效地控制工资增长率，还要同时控制价格水平。收入政策一般有以下三种形式。

### （一）工资—物价冻结

政府采用法律手段禁止在一定时期内提高工资与物价。这种措施一般是在特殊时期（例如战争时期）采用的。但在某些通货膨胀严重时期，也可以采用这一强制性措施。

这种措施在短期内可以有效地控制通货膨胀，但它破坏了市场机制的正常作用，在长期中不仅不能抑制通货膨胀，反而还会引起资源配置失调，给经济带来更多的困难。所以，一般不宜采用这种措施。

### （二）工资与物价指导线

政府为了抑制通货膨胀，根据劳动生产率的增长率和其他因素规定出工资与物价上涨的限度，其中主要是规定工资增长率，所以又称"工资指导线"。工会和企业要根据这一指导线来确定工资增长率，企业也要根据这一规定确定物价上涨率。如果工会或企业违反规定，使工资增长率和物价上涨率超过了这一指导线，政府就要以税收或法律形式进行惩罚。这种做法比较灵活，在20世纪70年代以后被西方国家广泛采用。

### （三）税收刺激计划

这种收入政策是以税收为手段来控制工资的增长。其具体做法是：政府规定货币工资增长率即工资指导线，以税收为手段来付诸实施，如果企业的工资增长率超过这一指导线，就课以重税，如果企业的工资增长率低于这一规定，就给予减税。但这种计划在实施中会遇到企业与工会的反对。美国卡特政府在1978年曾提出过这一政策，但被议会否决，而未付诸实施。

## 二、指数化政策

通货膨胀会引起收入分配的变动，使一些人受害，而另一些人受益，从而对经济产生不利的影响。指数化就是为了消除这种不利影响，以应对通货膨胀的一种政策。它的具体做法是，定期根据通货膨胀率来调整各种收入的名义价值，以使其实际价值保持不变。主要的指数化措施有以下几种。

### （一）工资指数化

按通货膨胀率指数来调整名义工资，以保持实际工资水平不变。在经济发生通货膨胀时，如果工人的名义工资没变，实际工资就下降了。这就会引起有利于资本家而不利于工人的收入再分配。

为了保持工人的实际工资不变，在工资合同中就要确定有关条款，规定在一定时期内按消费物价指数来调整名义工资，这项规定称为"自动调整条款"。此外，也可以通过其他措施按通货膨胀率来调整工资增长率。工资指数化可以使实际工资不下降，从而维护社会的安定。但在有些情况下，工资指数化也引起工资成本推动的通货膨胀。与工资指数化相关是其他的收入指数化。

### （二）税收指数化

这一指数化政策是指按通货膨胀率指数来调整起征点与税率等级。当经济中发生了通货膨胀时，实际收入不变而名义收入增加了，这样，纳税的起征点实际降低了。在累进税制下，纳税者名义收入的提高使原来的实际收入进入了更高的税率等级，从而使交纳的实际税金增加。如果不实行税收指数化，就会使收入分配发生不利于公众而有利于政府的变化，成为政府加剧通货膨胀的动力。只有根据通货膨胀率来调整税收，即提高起征点并调整税率等级，才能避免不利的影响，使政府采取有力的措施来抑制通货膨胀。

此外，利息率等也应该根据通货膨胀率来进行调整。

## 三、人力政策

人力政策又称就业政策，是一种旨在改善劳动市场结构，以减少失业的政策。其主要有以下几种。

### （一）人力资本投资

由政府或有关机构向劳动者投资，以提高劳动者的文化技术水平与身体素质，适应劳动力市场的需求。从长期来看，人力资本投资的主要内容是增加教育投资，普及教育；从短期来看，是对工人进行在职培训，或者对由于技术不适应而失业的工人进行培训，以增强他们的就业能力。

### （二）完善劳动市场

失业产生的一个重要原因是劳动市场的不完善，例如劳动供求的信息不畅通、就业介绍机构缺乏，等等。因此，政府应该不断完善和增加各类就业介绍机构，为劳动的供求双方提供迅速、准确而完全的信息，使工人找到满意的工作，企业也能得到他们所需要的工人。这无疑会有效地减少失业，尤其是降低自然失业率。

### （三）协助工人进行流动

劳动者在地区、行业和部门之间的流动，有利于劳动的合理配置与劳动者人尽其才，也能减少由于劳动力的地区结构和劳动力的流动困难等原因而造成的失业。对工人流动的协助包括提供充分的信息，以及必要的物质帮助与鼓励。

## 四、经济增长政策

从长期来看，影响总供给的最重要因素还是经济潜力或生产能力。因此，提高经济潜力或生产能力的经济增长政策就是供给管理政策的重要内容。促进经济增长的政策是多方面的，其主要有以下几种。

### （一）增加劳动力的数量和质量

劳动力的增加对经济增长有重要的作用。劳动力包括数量与质量两方面。增加劳动力数量的方法有提高人口出生率、鼓励移民入境，等等。提高劳动力质量的方法则是以上所讲的增加人力资本投资。

### （二）资本积累

资本的增加可以提高资本—劳动比率，即提高每个劳动力的资本装备率、发展资本密集型技术、利用更先进的设备，以提高劳动生产率。资本的积累主要来源于储蓄，因此，应该通过减少税收、提高利息率等途径来鼓励人们储蓄。从各国的经验看，但凡储蓄率高的国家，其经济增长率也高。例如德国、日本等经济发展迅速的国家，其储蓄率都是比较高的。

### （三）技术进步

技术进步在现代经济增长中起着越来越重要的作用。因此，促进技术进步成为各国经济政策的重点。其主要措施有以下几种。

第一，国家对全国的科学技术发展进行规划与协调。例如，美国在1976年成立的科学技术政策办公室，就是在总统领导下进行这一工作的。

第二，国家直接投资于重点科学技术研究工作，例如，美国的原子弹、阿波罗登月等都是直接由政府投资进行的。

第三，政府采取鼓励科学技术发展的政策措施。诸如重点支持工业企业的科学研究，以取得直接经济效益；支持大学与工业企业从事合作研究，促进科研与生产的结合；实行技术转让，加速科技成果的推广，等等。

第四，加强对科技人才的培养。其中包括加强与改革中小学基础教育、发展各种职业教育、发展与改革高等教育、加强对在职科技人员的继续教育、引进国外科技人才，等等。

### （四）计划化与平衡增长

现代经济中各个部门之间是相互关联的，各部门之间协调增长是经济本身所要求的。在以私有制为基础的资本主义经济中，这种各部门之间的平衡增长，要通过国家的计划化或政策指导来实现。国家的计划与协调要通过间接的方式来实现。因此，各国都要制定本国经济增长的短期、中期与长期计划，并通过各种经济政策来实现。

## 本章小结

1. 宏观经济政策应该同时达到四个目标：充分就业、物价稳定、经济增长和国际收支平衡。

2. 财政政策的主要内容包括政府支出与税收。财政政策就是要运用政府支出与税收来调节经济。政府支出包括政府公共工程支出、政府购买和转移支付。政府公共工程支出主要包括政府投资兴建基础设施等；政府购买主要包括政府对各种产品与劳务的购买等；转移支付主要是政府不以取得产品与劳务为目的的支出，例如各种福利支出等。政府税收主要是个人所得税、公司所得税和其他税收。

3. 货币政策是要通过对货币供给量的调节来调节利息率，再通过利息率的变动来影响总需求。这样，凯恩斯主义货币政策的机制就是：货币量→利率→总需求。

4. 中央银行能够使用的政策工具主要有公开市场业务、再贴现政策以及变动法定准备金率。

5. 公开市场业务就是中央银行在金融市场上买进或卖出有价证券。

6. 供给管理政策主要包括收入政策、指数化政策、人力政策以及经济增长政策等。

## 复习思考题

### 一、名词解释

货币政策　公开市场业务　财政政策　充分就业　相机抉择

### 二、单选题

1. 当经济中存在通货紧缩时，应该采取的财政政策工具是（　　）。

A. 减少政府支出和增加税收　　　　　B. 减少政府支出和减少税收

C. 增加政府支出和减少税收　　　　　D. 增加政府支出和增加税收

2. 紧缩性财政政策是指（　　）。

A. 增加税收、增加政府支出　　　　　B. 减少税收、减少政府支出

C. 增加税收、减少政府支出　　　　　D. 减少税收、增加政府支出

3. 当总需求大于总供给时，应该采取的政策是（　　）。

A. 增加税收　　　　　　　　　　　　B. 减少税收

C. 增加政府支出　　　　　　　　　　D. 中央银行买入债券

4. 当经济中存在总需求不足时，应该采取的财政政策措施是（　　）。

A. 增加政府支出　　　　　　　　　　B. 减少政府支出

C. 提高个人所得税　　　　　　　　　D. 提高公司所得税

5. 以下选项除一个外，均被认为是宏观经济的"疾病"，该选项是（　　）。

A. 高失业　　　　　　　　　　　　　B. 高通货膨胀

C. 经济停滞　　　　　　　　　　　　D. 价格稳定

6. 在经济萧条时期，中央银行采取的公开市场业务措施应该是（　　）。

A. 买进政府债券，把货币投向市场　　B. 卖出政府债券，使得货币回笼

C. 增税　　　　　　　　　　　　　　D. 增加政府购买

### 三、简答题

1. 简述宏观经济政策的目标。

2. 财政政策的工具有哪些?

3. 货币政策的工具有哪些?

## 📖 案例讨论

### 美国 1982 年衰退中的货币政策

由于低失业率和第二次石油价格的冲击,1979 年美国的年通货膨胀率上升到 13%,对经济产生了不良影响,所以,美国联邦储备当局决定利用紧缩性货币政策来抑制这次通货膨胀。与以往不同的是,美联储倾向于关注准备金和货币供给的增长,而不是利率,以便能够迅速降低通货膨胀。

通过这次政策,美国的货币供给量大幅度减少,利率上升到自南北战争以来的最高水平。随着利率的上升,投资及其他利率敏感性支出显著减少。这次政策确实对抑制通货膨胀产生了很好的效果,到 1982 年为止,通货膨胀率已降到 4%。

但是,进一步的发展表明,这次的紧缩性货币政策过于严厉,导致了美国经济的衰退,失业率超过了 10%。

结合本章的知识点,分析讨论以下问题:

1. 什么是货币政策? 实施货币政策的手段主要有哪些?

2. 货币政策实施的局限性有哪些?

# 附表 2010年中国国际收支平衡表

单位：亿美元

| 项目 | 行次 | 2010 年 | | | 2009 年 | | |
|---|---|---|---|---|---|---|---|
| | | 差额 | 贷方 | 借方 | 差额 | 贷方 | 借方 |
| 一、经常项目 | 1 | 3 054 | 19 468 | 16 414 | 2 971 | 14 846 | 11 874 |
| A. 货物和服务 | 2 | 2 321 | 17 526 | 15 206 | 2 201 | 13 333 | 11 132 |
| a. 货物 | 3 | 2 542 | 15 814 | 13 272 | 2 495 | 12 038 | 9 543 |
| b. 服务 | 4 | −221 | 1 712 | 1 933 | −294 | 1 295 | 1 589 |
| 1. 运输 | 5 | −290 | 342 | 633 | −230 | 236 | 466 |
| 2. 旅游 | 6 | −91 | 458 | 549 | −40 | 397 | 437 |
| 3. 通信服务 | 7 | 1 | 12 | 11 | 0 | 12 | 12 |
| 4. 建筑服务 | 8 | 94 | 145 | 51 | 36 | 95 | 59 |
| 5. 保险服务 | 9 | −140 | 17 | 158 | −97 | 16 | 113 |
| 6. 金融服务 | 10 | −1 | 13 | 14 | −3 | 4 | 7 |
| 7. 计算机和信息服务 | 11 | 63 | 93 | 30 | 33 | 65 | 32 |
| 8. 专有权利使用费和特许费 | 12 | −122 | 8 | 130 | −106 | 4 | 111 |
| 9. 咨询 | 13 | 77 | 228 | 151 | 52 | 186 | 134 |
| 10. 广告、宣传 | 14 | 8 | 29 | 20 | 4 | 23 | 20 |
| 11. 电影、音像 | 15 | −2 | 1 | 4 | −2 | 1 | 3 |
| 12. 其他商业服务 | 16 | 184 | 356 | 172 | 59 | 247 | 188 |
| 13. 别处未提及的政府服务 | 17 | −2 | 10 | 11 | 1 | 9 | 8 |
| B. 收益 | 18 | 304 | 1 446 | 1 142 | 433 | 1 086 | 653 |
| 1. 职工报酬 | 19 | 122 | 136 | 15 | 72 | 92 | 21 |
| 2. 投资收益 | 20 | 182 | 1 310 | 1 128 | 361 | 994 | 632 |
| C. 经常转移 | 21 | 429 | 495 | 66 | 337 | 426 | 89 |
| 1. 各级政府 | 22 | −3 | 0 | 3 | −2 | 0 | 3 |

（续表）

| 项目 | 行次 | 2010 年 | | | 2009 年 | | |
|---|---|---|---|---|---|---|---|
| | | 差额 | 贷方 | 借方 | 差额 | 贷方 | 借方 |
| 2. 其他部门 | 23 | 432 | 495 | 63 | 340 | 426 | 86 |
| 二、资本和金融项目 | 24 | 2 260 | 11 080 | 8 820 | 1 448 | 7 464 | 6 016 |
| A. 资本项目 | 25 | 46 | 48 | 2 | 40 | 42 | 2 |
| B. 金融项目 | 26 | 2 214 | 11 032 | 8 818 | 1 409 | 7 422 | 6 014 |
| 1. 直接投资 | 27 | 1 249 | 2 144 | 894 | 343 | 1 142 | 799 |
| 1.1 我国在外直接投资 | 28 | −602 | 76 | 678 | −439 | 42 | 481 |
| 1.2 外国在华直接投资 | 29 | 1 851 | 2 068 | 217 | 782 | 1 100 | 318 |
| 2. 证券投资 | 30 | 240 | 636 | 395 | 387 | 981 | 594 |
| 2.1 资产 | 31 | −76 | 268 | 345 | 99 | 669 | 570 |
| 2.1.1 股本证券 | 32 | −84 | 115 | 199 | −338 | 122 | 461 |
| 2.1.2 债务证券 | 33 | 8 | 154 | 146 | 437 | 547 | 110 |
| 2.1.2.1（中）长期债券 | 34 | 19 | 128 | 110 | 370 | 479 | 110 |
| 2.1.2.2 货币市场工具 | 35 | −11 | 25 | 36 | 67 | 68 | 0 |
| 2.2 负债 | 36 | 317 | 368 | 51 | 288 | 312 | 24 |
| 2.2.1 股本证券 | 37 | 314 | 345 | 32 | 282 | 288 | 7 |
| 2.2.2 债务证券 | 38 | 3 | 22 | 19 | 6 | 23 | 17 |
| 2.2.2.1（中）长期债券 | 39 | 3 | 22 | 19 | 6 | 23 | 17 |
| 2.2.2.2 货币市场工具 | 40 | 0 | 0 | 0 | 0 | 0 | 0 |
| 3. 其他投资 | 41 | 724 | 8 253 | 7 528 | 679 | 5 299 | 4 620 |
| 3.1 资产 | 42 | −1 163 | 750 | 1 912 | 94 | 1 174 | 1 080 |
| 3.1.1 贸易信贷 | 43 | −616 | 5 | 621 | −544 | 0 | 544 |

（续表）

| 项目 | 行次 | 2010 年 | | | 2009 年 | | |
|---|---|---|---|---|---|---|---|
| | | 差额 | 贷方 | 借方 | 差额 | 贷方 | 借方 |
| 长期 | 44 | −43 | 0 | 43 | −38 | 0 | 38 |
| 短期 | 45 | −573 | 4 | 578 | −506 | 0 | 506 |
| 3.1.2 贷款 | 46 | −210 | 197 | 407 | 130 | 450 | 320 |
| 长期 | 47 | −277 | 0 | 277 | −315 | 0 | 315 |
| 短期 | 48 | 66 | 197 | 131 | 445 | 450 | 5 |
| 3.1.3 货币和存款 | 49 | −580 | 303 | 883 | 52 | 267 | 216 |
| 3.1.4 其他资产 | 50 | 244 | 245 | 1 | 456 | 457 | 1 |
| 长期 | 51 | 0 | 0 | 0 | 0 | 0 | 0 |
| 短期 | 52 | 244 | 245 | 1 | 456 | 457 | 1 |
| 3.2 负债 | 53 | 1 887 | 7 503 | 5 616 | 585 | 4 125 | 3 540 |
| 3.2.1 贸易信贷 | 54 | 495 | 583 | 88 | 321 | 321 | 0 |
| 长期 | 55 | 35 | 41 | 6 | 22 | 22 | 0 |
| 短期 | 56 | 460 | 542 | 81 | 298 | 298 | 0 |
| 3.2.2 贷款 | 57 | 791 | 5 860 | 5 069 | 37 | 3 222 | 3 185 |
| 长期 | 58 | 100 | 264 | 163 | −97 | 135 | 232 |
| 短期 | 59 | 691 | 5 596 | 4 906 | 134 | 3 087 | 2 953 |
| 3.2.3 货币和存款 | 60 | 603 | 1 038 | 435 | 116 | 456 | 340 |
| 3.2.4 其他负债 | 61 | −3 | 22 | 25 | 111 | 126 | 15 |
| 长期 | 62 | −4 | 1 | 5 | 110 | 110 | 0 |
| 短期 | 63 | 1 | 22 | 20 | 1 | 16 | 15 |
| 三、储备资产 | 64 | −4 717 | 0 | 4 717 | −3 984 | 0 | 3 984 |
| A. 货币黄金 | 65 | 0 | 0 | 0 | −49 | 0 | 49 |
| B. 特别提款权 | 66 | −1 | 0 | 1 | 111 | | 111 |
| C. 在基金组织的储备头寸 | 67 | −21 | 0 | 21 | −4 | 0 | 4 |
| D. 外汇 | 68 | −4 696 | 0 | 4 696 | −3 821 | 0 | 3 821 |
| E. 其他债权 | 69 | 0 | 0 | 0 | 0 | 0 | 0 |
| 四、净误差与遗漏 | 70 | −597 | 0 | 597 | −435 | 0 | 435 |

# 参考文献

[1] （美）萨缪尔森，诺德豪斯. 宏观经济学. 北京：人民邮电出版社，2004

[2] 高鸿业. 西方经济学（第四版）. 北京：中国人民大学出版社，2005

[3] 厉以宁. 西方经济学. 北京：高教出版社，2005

[4] （美）曼昆著，梁小民译. 经济学原理（上、下册）. 北京：北京大学出版社，2000

[5] （美）约瑟夫·斯蒂格利茨著，梁小民译. 经济学（上、下册）（第二版）. 北京：中国人民大学出版社，2001

[6] 梁瑞华. 微观经济学. 北京：北京大学出版社，中国农业大学出版社，2009

[7] 梁小民. 西方经济学基础教程. 北京：北京大学出版社，2003

[8] 魏文静. 金融学基础. 北京：清华大学出版社，2005

[9] （美）盖瑞. 金融学. 北京：清华大学出版社，2006

[10] 杨逢华、林桂军. 世界市场行情. 北京：中国人民大学出版社，2006

[11] 刘凤良. 经济学. 北京：高等教育出版社，1998

[12] 徐炽强. 经济学基础. 北京：清华大学出版社，2006

[13] 王波. 经济学基础. 北京：中国计量出版社，2009

[14] 武康平. 高级宏观经济学. 北京：清华大学出版社，2006

[15] （美）布兰查德著，钟笑寒等译. 宏观经济学. 北京：清华大学出版社，2004

[16] （美）克鲁格曼，奥伯斯法尔德. 国际经济学. 北京：中国人民大学出版社，2006

[17] （美）亚蒂什·N. 巴格瓦蒂等. 高级国际贸易学. 上海：财经大学出版社，2004

[18] 克鲁格曼. 国际贸易新理论. 北京：中国社会科学出版社，2001

[19] 张思峰等. 政治经济学教程（第二版）. 西安：西安交通大学出版社，2003

[20] 朱春梅、崔京波. 政治经济学. 济南：山东大学出版社，2009

[21] 宋涛. 政治经济学教程（第八版）. 北京：中国人民大学出版社，2008

# 教辅产品及教师会员申请表

| 申请教师姓名 | | | | |
|---|---|---|---|---|
| 所在学校 | | 所在院系 | | |
| 联系电话 | | 电子邮件地址 | | |
| 通信地址 | | | | |
| 教授课程名称 | | 学生人数 | | |
| 您的授课对象 | 本科□ 研究生□ MBA□ EMBA□ 高职高专□ 其他□ | | | |
| 教材名称 | | 作者 | | |
| 书号 | | 订购册数 | | |
| 您对该教材的评价 | | | | |
| 您教授的其他课程名称 | | 学生人数 | | |
| 准备选用或正在使用的教材<br><br>（教材名称　出版社） | | | | |
| 您的研究方向 | | 是否对教材翻译或改编感兴趣? | 是□ 否□ | |
| 您是否对编写教材感兴趣? | 是□ 否□ | | | |
| 您推荐的教材是：＿＿＿＿＿＿＿＿＿＿＿＿＿＿＿＿＿＿＿＿<br><br>　　推荐理由：＿＿＿＿＿＿＿＿＿＿＿＿＿＿＿＿＿＿＿＿ | | | | |

为确保教辅资料仅为教师获得，请将此申请表加盖院系公章后传真或寄回给我们，谢谢!

教师签名：

院/系办公室公章

地　　址：北京市崇文区龙潭路甲 3 号翔龙大厦 218 室

北京普华文化发展有限公司

邮　　编：100061

传　　真：(010) 67120121

读者热线：(010) 67129879　67129872 转 201

网　　址：http://www.puhuabook.com.cn

邮购电话：(010) 67129872 转 818

编辑信箱：wangnannan@puhuabook.com